# SÚMULAS
## COMENTADAS
### DO
# TST

## COM JURISPRUDÊNCIA

© Copyright 2010
Ícone Editora Ltda.

**Projeto Gráfico de Capa e Diagramação**
Richard Veiga

**Revisão**
Isaías Zilli
Marsely De Marco Dantas
Rosa Maria Cury Cardoso

Proibida a reprodução total ou parcial desta obra, de qualquer forma ou meio eletrônico, mecânico, inclusive através de processos xerográficos, sem permissão expressa do editor. (Lei nº 9.610/98)

Todos os direitos reservados para:

**ÍCONE EDITORA LTDA.**

Rua Anhanguera, 56 – Barra Funda
CEP: 01135-000 – São Paulo/SP
Fone/Fax.: (11) 3392-7771
www.iconeeditora.com.br
iconevendas@iconeeditora.com.br

Autor e Coordenador
## Prof. Gleibe Pretti

# SÚMULAS COMENTADAS DO TST
## COM JURISPRUDÊNCIA

**Inclui:**

- Comentários às Súmulas do TST
- Jurisprudência nas Súmulas mais Utilizadas no Dia-a-Dia
- Orientações Jurisprudenciais da SDI e SDC

Ideal para Utilizar em Provas e
no Escritório de Advocacia

1ª Edição
Brasil – 2010

Ícone editora

**Dados Internacionais de Catalogação na Publicação (CIP)**
**(Câmara Brasileira do Livro, SP, Brasil)**

Pretti, Gleibe
   Súmulas comentadas do TST, com jurisprudência /
Gleibe Pretti. -- 1. ed. -- São Paulo : Ícone,
2010.

   Inclui : Comentários às súmulas do TST --
Jurisprudência nas súmulas mais utilizadas no dia
a dia -- Orientações jurisprudenciais da SDI e
SDC.
   ISBN 978-85-274-1074-8

   1. Brasil - Tribunal Superior do Trabalho -
Jurisprudência 2. Direito processual do trabalho -
Jurisprudência - Brasil I. Título.

09-12081             CDU-347.998:331(81)(094.56)

Índices para catálogo sistemático:

1. Brasil : Súmulas comentadas : Tribunal
    Superior do Trabalho : Direito
    347.998:331(81)(094.56)
2. Brasil : Tribunal Superior do Trabalho :
    Súmulas : Comentários : Direito
    347.998:331(81)(094.56)

# Apresentação

A obra ora apresentada tem o objetivo de trazer ao leitor comentários pertinentes às súmulas do TST.

Este trabalho auxiliará o leitor na elaboração de uma peça processual em sua tese apresentada, pois, além de apontar a súmula correspondente, irá demonstrar o entendimento sobre ela.

Isso faz com que tenhamos um esclarecimento sobre o tema desenvolvido, acarretando um sucesso ainda maior, quer seja na advocacia ou, ainda, na realização de uma prova prática profissional.

Saliento que nas súmulas mais utilizadas no dia a dia foram inseridos julgados pertinentes ao assunto.

Na parte final do livro temos as Orientações Jurisprudenciais (OJs) da Seção de Dissídios Individuais (SDI) e da Seção de Dissídios Coletivos (SDC) do Tribunal Superior do Trabalho (TST).

Bons estudos!

Gleibe Pretti
Valeska Sostenes

# Agradecimentos

Agradeço primeiramente a Deus por mais esta inspiração.

A minha esposa e filhos.

Ao meu pai, mãe e minha irmã.

Agradeço à prof. Valeska Sostenes, que me auxiliou neste trabalho.

Aos meus amigos Antônio Carlos Marcato e José Horácio Cintra, pelas oportunidades.

Aos meus irmãos da Loja Acácia de Vila Carrão.

A todos os professores que encontro no dia a dia, durante as aulas e aos alunos também.

# Dedicatória

Dedico este livro a minha esposa, Greasy, e aos meus filhos, Pedro e Guilherme – sempre os amarei e estarei com vocês.

PARTE I
SÚMULAS

# SÚMULAS DO
# TRIBUNAL SUPERIOR DO TRABALHO

(ATUALIZADAS ATÉ A RESOLUÇÃO 158/2009)

**1. PRAZO JUDICIAL.** *(Res. 121/2003, DJ 19.11.2003)*

Quando a intimação tiver lugar na sexta-feira, ou a publicação com efeito de intimação for feita nesse dia, o prazo judicial será contado da segunda-feira imediata, inclusive, salvo se não houver expediente, caso em que fluirá no dia útil que se seguir.

Os atos processuais deverão ser praticados em dias úteis, conforme o art. 775 da CLT, não podendo ser realizados aos sábados, domingos ou feriados; se a data cair em um dia que não seja útil, será realizado o ato processual no próximo dia útil.

A contagem do referido prazo terá a exclusão do dia do começo e a inclusão do dia do vencimento, podendo ser prorrogados pelo juiz em casos excepcionais, com a devida comprovação.

**6. Equiparação salarial. Art. 461 da CLT.** *(Incorporação das Súmulas nⁿˢ 22, 68, 111, 120, 135 e 274 e das Orientações Jurisprudenciais nⁿˢ 252, 298 e 328 da SDI-1 – Res. 129/2005, DJ 20.04.2005)*

**I – Para os fins previstos no § 2º do art. 461 da CLT, só é válido o quadro de pessoal organizado em carreira quando homologado pelo Ministério do Trabalho, excluindo-se, apenas, dessa exigência o quadro de carreira das entidades de direito público da administração direta, autárquica e fundacional aprovado por ato administrativo da autoridade competente.** *(ex-Súmula nº 6 – Res. 104/2000, DJ 20.12.2000)*

O Ministério do Trabalho vai analisar a veracidade do documento para não haver abuso do empregador com o empregado; o objetivo do inciso é exatamente esse, evitar abusos.

Não existindo artigo de lei específico sobre o assunto, somente o art. 358, *"b"*, da CLT, que menciona sobre a proporcionalidade de estrangeiros e brasileiros que exerçam função análoga e que devem organizar o quadro de carreira mediante aprovação do Ministério do Trabalho.

**II – Para efeito de equiparação de salários em caso de trabalho igual, conta-se o tempo de serviço na função e não no emprego.** *(ex-Súmula nº 135 – RA 102/1982, DJ 11.10.1982 e DJ 15.10.1982)*

Para efeito de equiparação e contado o tempo na função e não no emprego, podendo ter trabalhado dez anos na empresa, porém somente está na função há um ano.

Sendo requisito necessário estar na mesma função, conforme a Súmula nº 202 do STF, que aduz: "Na equiparação de salário, em caso de trabalho igual, toma-se em conta o tempo de serviço na função, e não no emprego".

**III – A equiparação salarial só é possível se o empregado e o para-**

digma exercerem a mesma função, desempenhando as mesmas tarefas, não importando se os cargos têm, ou não, a mesma denominação. *(ex-OJ da SDI-1 nº 328, DJ 09.12.2003)*

Pouco importa se o empregado e o paradigma têm cargos diferentes, é necessário que desempenhem a mesma função, não podendo o empregador usar a denominação do cargo para evitar a equiparação salarial. Somente a denominação do cargo é irrelevante para ambos serem equiparados.

**IV – É desnecessário que, ao tempo da reclamação sobre equiparação salarial, reclamante e paradigma estejam a serviço do estabelecimento, desde que o pedido se relacione com situação pretérita.** *(ex-Súmula nº 22 – RA 57/1970, DO-GB 27.11.1970)*

Fica claro nesse inciso que o empregado não precisa estar trabalhando na empresa juntamente com seu paradigma no momento de propor a ação trabalhista, somente é necessário que tenham trabalhado em um determinado período na empresa, período este em que deveriam receber o mesmo salário, pois faziam as mesmas tarefas, com a mesma perfeição técnica e com igual produtividade.

**V – A cessão de empregados não exclui a equiparação salarial, embora exercida a função em órgão governamental estranho à cedente, se esta responde pelos salários do paradigma e do reclamante.** *(ex-Súmula nº 111 – RA 102/1980, DJ 25.09.1980)*

Não importa quem é o empregador, se órgão governamental estranho à cedente, haverá necessidade de equiparar os salários, se forem devidos. Se o empregado tiver os requisitos do art. 461 da CLT, mesma função, perfeição técnica, igual produtividade e estar na função por mais de dois anos.

**VI – Presentes os pressupostos do art. 461 da CLT, é irrelevante a circunstância de que o desnível salarial tenha origem em decisão judicial que beneficiou o paradigma, exceto se decorrente de vantagem pessoal ou de tese jurídica superada pela jurisprudência de Corte Superior.** *(ex-Súmula nº 120 – Res. 100/2000, DJ 18.09.2000)*

Salvo se não for respeitado o tempo na função, e os requisitos do art. 461, o empregado terá direito a equiparação, inclusive se o paradigma tiver o salário em virtude de decisão judicial.

**VII – Desde que atendidos os requisitos do art. 461 da CLT, é possível a equiparação salarial de trabalho intelectual, que pode ser avaliado por sua perfeição técnica, cuja aferição terá critérios objetivos.** *(ex-OJ da SDI-1 nº 298, DJ 11.08.2003)*

Na omissão do art. 461 da CLT, proibindo a equiparação salarial de trabalho intelectual, esta será devida, cuja comprovação será dada por critérios objetivos.

**VIII – É do empregador o ônus da prova do fato impeditivo, modificativo ou extintivo da equiparação salarial.** *(ex-Súmula nº 68 – RA 9/1977, DJ 11.02.1977)*

Esse inciso está em consonância com o art. 333 do CPC, deixa claro ao mencionar que cabe ao réu provar os fatos alegados, nesse caso, cabe ao empregador demonstrar o não cabimento da equiparação salarial, que há quadro de carreira, e que a produtividade e o tempo na função são diferentes.

**IX – Na ação de equiparação salarial, a prescrição é parcial e só alcança as diferenças salariais vencidas no período de 5 *(cinco) anos que precedeu o ajuizamento.*** *(ex-Súmula nº 274 – Res. 121/2003, DJ 19.11.2003)*

Essa é a prescrição quinquenal em que ficam prescritas as verbas ou diferenças salariais dos 5 anos anteriores ao período solicitado, vale ressaltar que essa prescrição está elencada no inciso XXIX do art. 7º da Constituição Federal.

**X – O conceito de "mesma localidade" de que trata o art. 461 da CLT refere-se, em princípio, ao mesmo município, ou a municípios distintos que, comprovadamente, pertençam à mesma região metropolitana.** *(ex-OJ da SDI-1 nº 252 – Inserida em 13.03.2002)*

Com mesma Região Metropolitana, mesma localidade, deixando claro que em outro local os valores são diferentes, o custo de vida é diferente, não podendo equiparar o salário de uma Região com o de outra.

**• Julgados do TST acerca de equiparação salarial**

*Diante da realidade fática revelada no acórdão, não há que se cogitar sobre violação do art. 461 da CLT, pois restou comprovado que o desnível salarial existente entre o Reclamante e o paradigma é decorrente de incorporação de vantagens de caráter pessoal.*

*Como posto, a decisão amparou-se nos termos dos arts. 818 da CLT e 333, II, do CPC e o contido no item VI da Súmula 6 do TST, que dispõe o seguinte: "presentes os pressupostos do art. 461 da CLT, é irrelevante a circunstância de que o desnível salarial tenha origem em decisão judicial que beneficiou o paradigma, exceto se decorrente de vantagem pessoal ou de tese jurídica superada pela jurisprudência de Corte Superior".* **(TST-RR-11658/2007-003-09-00.1)**

*A Turma decidiu em consonância com a Súmula 6/IX/ TST, o que impede que a matéria seja discutida em sede extraordinária de recurso de revista (Súmula 333/TST).* **(TST-AIRR-927/2008-017-02-40.0)**

*O reclamante renova nas razões do agravo os fundamentos do recurso de revista no tocante à negativa de prestação jurisdicional, aduzindo que, apesar da oposição dos embargos de declaração, a Turma não se manifestou acerca da aplicação do art. 818 da CLT e Súmula 6 do TST, que determina que a prova dos fatos impeditivos incumbe à reclamada, além de não se manifestar sobre o fato de as duas testemunhas comprovarem que o obreiro exercia a função de suporte técnico.* (**TST-AIRR-1978/2006-061-02-40.6**)

*O Agravante sustenta que o acórdão recorrido permitiu o tratamento diferenciado entre empregados que realizam as mesmas funções, sendo que o art. 461, § 1º, da CLT não autoriza tal procedimento pelo simples fato do paradigma ter ocupado cargo de maior remuneração em data pretérita ao pedido de equiparação. Renova a indicação de afronta aos artigos 5º, caput, e 7º, XXXII, da Constituição Federal e 461, § 1º, da CLT, contrariedade às Súmulas 202 do STF e 135 do TST (atualmente, Súmula 6, II, do TST) e transcreve aresto para o cotejo de teses.* (**TST-AIRR-523/2001-043-12-00.8**)

*AGRAVO DE INSTRUMENTO. EQUIPARAÇÃO SALARIAL. CARGO DE CONFIANÇA. BANCÁRIO. Art. 224, § 2º, DA CLT. DESPROVIMENTO. Não merece provimento o agravo de instrumento que tem por objetivo o processamento do recurso de revista, quando não demonstrada violação literal de dispositivo constitucional ou legal, nem divergência jurisprudencial apta ao confronto de tese. Art. 896, e alíneas, da CLT.* (**TST-AIRR-180/2008-001-03-40.0**)

*Pelo que se infere da leitura do acórdão Regional, a prova testemunhal comprovou o exercício das mesmas atividades entre o reclamante e o paradigma.*

> *Assim, a decisão encontra-se em consonância com o item*
> *III da Súmula 6 do TST. (**TST-RR-138/2002-003-19-00.4**)*

**7. FÉRIAS.** *(Res. 121/2003, DJ 19.11.2003)*

**A indenização pelo não deferimento das férias no tempo oportuno será calculada com base na remuneração devida ao empregado na época da reclamação ou, se for o caso, na da extinção do contrato.**

As férias não concedidas serão indenizadas, nada mais justo ao empregado receber o valor devido na época que lhe for pago, pois pode ter passado algum tempo, consoante o art. 142 da CLT, que aduz: "o empregado perceberá, durante as férias, a remuneração que lhe for devida na data da sua concessão".

**8. JUNTADA DE DOCUMENTO.** *(Res. 121/2003, DJ 19.11.2003)*

**A juntada de documentos na fase recursal só se justifica quando provado o justo impedimento para sua oportuna apresentação ou se referir a fato posterior à sentença.**

Os documentos deverão instruir a petição inicial, entretanto, depois de proposta a ação ou interposto o recurso, poderão surgir documentos novos não existentes no momento, sendo pertinentes à juntada do documento no ato do conhecimento, quando justificado.

**9. AUSÊNCIA DO RECLAMANTE.** *(Res. 121/2003, DJ 19.11.2003)*

**A ausência do reclamante, quando adiada a instrução após contestada a ação em audiência, não importa arquivamento do processo.**

O art. 884 da CLT regulamenta o arquivamento da ação trabalhista, quando o reclamante não comparece à primeira audiência; essa súmula regula a ausência do reclamante quando adiada a instrução, não importando em arquivamento.

### 10. PROFESSOR. *(Res. 121/2003, DJ 19.11.2003)*

**É assegurado aos professores o pagamento dos salários no período de férias escolares. Se despedido sem justa causa ao terminar o ano letivo ou no curso dessas férias, faz jus aos referidos salários.**

Os professores têm direito a férias anuais remuneradas, e essas férias sempre coincidem com as férias escolares; nesse período não poderão ser convocados para nenhum trabalho, por ser seu período de descanso.

Entretanto, no período de recesso escolar, que seria como uma licença remunerada, poderão ser convocados a qualquer momento.

O art. 322 da CLT regulamenta o assunto, esclarecendo em seu *caput*: "no período de exames e no de férias escolares, é assegurado aos professores o pagamento, na mesma periodicidade contratual, da remuneração por eles percebida, na conformidade dos horários, durante o período de aulas".

### 12. CARTEIRA PROFISSIONAL. *(Res. 121/2003, DJ 19.11.2003)*

**As anotações apostas pelo empregador na carteira profissional do empregado não geram presunção *"juris et de jure"*, mas apenas *"juris tantum"*.**

No geral a prova da existência do contrato de trabalho é feita pelas anotações em carteira, porém poderá ser provado por outros meios permitidos em direito, conforme o art. 456 da CLT, e, ainda, pela Súmula nº 225 do STF que aduz: "não é absoluto o valor probatório das anotações da carteira profissional".

### • Julgado sobre a CTPS

*O reconhecimento da relação de emprego traz como consequência o deferimento das seguintes verbas rescisórias: aviso prévio indenizado; FGTS com a multa de 40%; férias dos períodos de 96/97, 97/98, 98/99, 2000/2001, sendo as três primeiras, de forma dobrada, e proporcionais de 2002, na razão de 4/12, com os respectivos terços; salários trezenos de 96 (1/12), 97, 98, 99, 2000, 2001 e 2002 (3/12); liberação das guias do seguro-desemprego, sob pena de indenização substitutiva desta obrigação de fazer e multa do art. 477 da CLT, nos termos da Súmula 12 deste Eg. Regional, que tem total pertinência ao caso. (**TST-RR-1014/2003-023-03-00.9**)*

## 13. Mora. *(Res. 121/2003, DJ 19.11.2003)*

**O só pagamento dos salários atrasados em audiência não ilide a mora capaz de determinar a rescisão do contrato de trabalho.**

Mesmo com o pagamento dos salários em atraso pode-se pedir a rescisão indireta do contrato de trabalho, pois implica o sustento do reclamante e de sua família; o empregado trabalha e precisa receber seu salário.

## 14. Culpa recíproca. *(Res. 121/2003, DJ 19.11.2003)*

**Reconhecida a culpa recíproca na rescisão do contrato de trabalho (*art. 484 da CLT*), o empregado tem direito a 50% (cinquenta por cento) do valor do aviso prévio, do décimo terceiro salário e das férias proporcionais.**

*A priori* ambas as partes deram ensejo à rescisão do contrato de trabalho, e concorrendo empregado e empregador de forma proporcional para o fim do contrato de trabalho, acarretará a culpa recíproca, conforme o art. 484 da CLT, que diz: "havendo culpa recíproca no ato que determinou a rescisão do contrato de trabalho, o tribunal do trabalho reduzirá a indenização à que seria devida em caso de culpa exclusiva do empregador, por metade".

O art. 487 da CLT é claro quando dispõe ser devido o aviso prévio somente quando não houver justo motivo, porém ambos deram ensejo à justa causa, sendo devido o aviso prévio, e as outras verbas, décimo terceiro salário e férias proporcionais em 50% (cinquenta por cento).

### • Julgado sobre a culpa recíproca

*Em primeiro lugar, não há possibilidade de contrariedade à Súmula 14/TST, ante a diversidade temática entre a hipótese dos autos e a matéria nela contida (culpa recíproca).*

*Por outro lado, os julgados colacionados nas razões recursais não servem para o fim colimado, uma vez que foram transcritos arestos inválidos, irregularmente citados (sem indicação do órgão prolator e da fonte de publicação) e totalmente inespecíficos.* (**TST-AIRR-1.895/1999-094-15-00.2**)

## 15. ATESTADO MÉDICO. *(Res. 121/2003, DJ 19.11.2003)*

**A justificação da ausência do empregado motivada por doença, para a percepção do salário-enfermidade e da remuneração do repouso semanal, deve observar a ordem preferencial dos atestados médicos estabelecida em lei.**

Caso a empresa tenha serviço médico próprio ou convênio, eles serão competentes para abonar as faltas correspondentes do período em que o empregado estiver fora, devendo enviar o empregado segurado para a Previdência Social somente quando a incapacidade ultrapassar 15 (quinze) dias.

Existe uma ordem preferencial dos atestados médicos estabelecida na Lei nº 605/1949, adaptada pela Lei nº 8.213/1991 e pelo Decreto-Lei nº 3.048/1999, que será: primeiro o médico da empresa ou do convênio, e na sequência médico do Sistema Único de Saúde – SUS; médico do SESI ou SESC; médico a serviço da repartição federal, estadual ou municipal, incumbido de assuntos de higiene ou saúde pública; médico de serviço sindical; médico de livre escolha do próprio empregado no caso de ausência dos anteriores na respectiva localidade em que trabalha.

Concluímos que a ordem preferencial dos atestados médicos, estabelecida em lei, será do médico da empresa ou do convênio e, caso ultrapasse os 15 (quinze) dias, o atestado médico da Previdência Social.

Ver Súmula nº 282 do TST.

## 16. Notificação. *(Res. 121/2003, DJ 19.11.2003)*

**Presume-se recebida a notificação 48 (quarenta e oito) horas depois de sua postagem. O seu não recebimento ou a entrega após o decurso desse prazo constitui ônus de prova do destinatário.**

O art. 774 da CLT, no seu parágrafo único, dispõe sobre o assunto, esclarecendo que se não for encontrado o destinatário o servidor deverá fazer a devolução no prazo de 48 horas sob responsabilidade do servidor.

As notificações dão-se por satisfeitas quando entregues no endereço do destinatário; presume-se que foi feita a notificação, sendo ônus e responsabilidade do destinatário provar o alegado.

**18. Compensação.** *(Res. 121/2003, DJ 19.11.2003)*

**A compensação, na Justiça do Trabalho, está restrita a dívidas de natureza trabalhista.**

Só podem ser compensadas verbas de mesma natureza, impossível a compensação de dívida trabalhista com dívida civil.

O CPC regulamenta a compensação no seu art. 368, dizendo: "as declarações constantes do documento particular, escrito e assinado, ou somente assinado, presumem-se verdadeiras em relação ao signatário.

**• Julgado sobre a compensação**
*Não resta violada a Súmula 18/TST, que veda a compensação, na Justiça do Trabalho, de verbas trabalhistas com verbas de outra natureza, o que não é a hipótese dos autos.* **(TST-E-RR-1066/2006-041-03-00.0)**

**19. Quadro de carreira.** *(Res. 121/2003, DJ 19.11.2003)*

**A Justiça do Trabalho é competente para apreciar reclamação de empregado que tenha por objeto direito fundado em quadro de carreira.**

Cabe à Justiça do Trabalho apreciar os conflitos entre empregado e empregador, no caso presente está explícita sua competência, pois o quadro de carreira é necessário para não haver a equiparação salarial, matéria de competência da Justiça do Trabalho.

**23. Recurso.** *(Res. 121/2003, DJ 19.11.2003)*

**Não se conhece de recurso de revista ou de embargos, se a decisão recorrida resolver determinado item do pedido por diversos fundamentos e a jurisprudência transcrita não abranger a todos.**

Somente será reconhecido o recurso de revista se estiverem inclusos todos os pedidos, como na jurisprudência.

## 24. SERVIÇO EXTRAORDINÁRIO. *(Res. 121/2003, DJ 19.11.2003)*

**Insere-se no cálculo da indenização por antiguidade o salário relativo a serviço extraordinário, desde que habitualmente prestado.**

O art. 477 da CLT é claro ao estabelecer que a indenização será calculada sobre o maior valor recebido pela empresa. Se as horas extras são prestadas habitualmente deverão ser integradas ao salário.

## 25. CUSTAS. *(Res. 121/2003, DJ 19.11.2003)*

**A parte vencedora na primeira instância, se vencida na segunda, está obrigada, independentemente de intimação, a pagar as custas fixadas na sentença originária, das quais ficará isenta a parte então vencida.**

A referida súmula determina que em caso de reforma da decisão no tribunal as custas são devidas tendo em vista a mudança de situação. Se as custas já foram recolhidas, não há que falar em novo recolhimento. Se já foram pagas e ficar uma diferença, deverão ser recolhidas.

## 27. COMISSIONISTA. *(Res. 121/2003, DJ 19.11.2003)*

**É devida a remuneração do repouso semanal e dos dias feriados ao empregado comissionista, ainda que pracista.**

A Lei nº 605/1949, em seu art. 1º, estabeleceu que todos empregados terão direito ao repouso semanal remunerado, de

24 (vinte e quatro) horas consecutivas, e nessa Súmula o entendimento é reafirmado.

Porém, o STF tem outro entendimento: "o vendedor pracista, remunerado mediante comissão, não tem direito ao repouso semanal remunerado" *(Súmula nº 201)*.

### 28. INDENIZAÇÃO. *(Res. 121/2003, DJ 19.11.2003)*

**No caso de se converter a reintegração em indenização dobrada, o direito aos salários é assegurado até a data da primeira decisão que determinou essa conversão.**

O empregado estável poderá receber a indenização em dobro caso haja uma incompatibilidade em sua reintegração que traga prejuízo para ambas as partes; o tribunal decidirá a esse respeito, fazendo a conversão conforme o art. 496 da CLT.

E no caso dessa conversão de salário em indenização dobrada, o direito aos salários serão assegurados até a data da referida conversão.

### 29. TRANSFERÊNCIA. *(Res. 121/2003, DJ 19.11.2003)*

**Empregado transferido, por ato unilateral do empregador, para local mais distante de sua residência, tem direito a suplemento salarial correspondente ao acréscimo da despesa de transporte.**

Esse suplemento será devido para complementar os valores gastos com as despesas pelo empregado.

Os arts. 469 e 470 da CLT disciplinam o assunto, mas dizem só ser devido o suplemento salarial quando resultar em mudança de domicílio; o TST ampliou o entendimento com essa súmula.

**30. INTIMAÇÃO DA SENTENÇA.** *(RA Res. 121/2003, DJ 19.11.2003)*

**Quando não juntada a ata ao processo em 48 horas, contadas da audiência de julgamento *(art. 851, § 2º, da CLT)*, o prazo para recurso será contado da data em que a parte receber a intimação da sentença.**

Só haverá necessidade de notificação das partes se a ata não for juntada em 48 (quarenta e oito horas) contadas da audiência; o art. 852 da CLT dispõe que os litigantes serão notificados na própria audiência e, caso ocorra à revelia, o revel será notificado pelo correio.

**32. ABANDONO DE EMPREGO.** *(Res. 121/2003, DJ 19.11.2003)*

**Presume-se o abandono de emprego se o trabalhador não retornar ao serviço no prazo de 30 (trinta) dias após a cessação do benefício previdenciário nem justificar o motivo de não o fazer.**

O prazo de 30 dias é o suficiente para que o empregado possa voltar e explicar os motivos de suas faltas, porém, se ele não se manifestar dentro do prazo estipulado pela lei, será presumido o abandono de emprego.

**33. MANDADO DE SEGURANÇA. DECISÃO JUDICIAL TRANSITADA EM JULGADO.** *(Res. 121/2003, DJ 19.11.2003)*

**Não cabe mandado de segurança de decisão judicial transitada em julgado.**

Não é cabível o mandado de segurança, pois há um remédio próprio contra esse ato, que é a ação rescisória, já existe o recurso previsto. Inclusive o STF já pronunciou-se sobre o assunto na

Súmula nº 268: "não cabe mandado de segurança contra decisão judicial com trânsito em julgado".

## 36. CUSTAS. *(Res. 121/2003, DJ 19.11.2003)*

**Nas ações plúrimas, as custas incidem sobre o respectivo valor global.**

A súmula veio esclarecer que quando o juiz for arbitrar o valor da condenação será sobre o valor principal, acrescido de juros e correção, sendo que esse valor será a base para o cálculo da condenação.

## 39. PERICULOSIDADE. *(Res. 121/2003, DJ 19.11.2003)*

**Os empregados que operam em bomba de gasolina têm direito ao adicional de periculosidade** *(Lei nº 2.573, de 15.08.1955)*.

O TST corrobora com a Lei nº 2.573/1955 que em seu art. 2º esclarece que a periculosidade será caracterizada quando o empregado se expor a serviços com inflamáveis.

E também com STF que decidiu sobre o tema na Súmula nº 212, que aduz: "tem direito ao adicional de serviço perigoso o empregado de posto de revenda de combustível líquido".

## 43. TRANSFERÊNCIA. *(Res. 121/2003, DJ 19.11.2003)*

**Presume-se abusiva a transferência de que trata o § 1º do art. 469 da CLT, sem comprovação da necessidade do serviço.**

Por não ter previsão em lei, a súmula supracitada vem preencher uma lacuna para que o empregador não transfira o empregado por castigo ou perseguição, tendo que demonstrar a real necessidade do serviço.

Sendo a real necessidade relativa, ou seja, admitindo prova contrária do empregador.

Por exemplo, a transferência de um empregado que detém cargo de confiança para o estado do Acre, pois teve um desentendimento com ele.

**44. Aviso prévio.** *(Res. 121/2003, DJ 19.11.2003)*

**A cessação da atividade da empresa, com o pagamento da indenização, simples ou em dobro, não exclui, por si só, o direito do empregado ao aviso prévio.**

O empregado tem direito ao aviso prévio, mesmo se houver a cessação das atividades da empresa, o aviso prévio será devido ao empregado até mesmo por força maior, pois o art. 502 da CLT traz essa previsão.

**45. Serviço suplementar.** *(Res. 121/2003, DJ 19.11.2003)*

**A remuneração do serviço suplementar, habitualmente prestado, integra o cálculo da gratificação natalina prevista na Lei nº 4.090, de 13.07.1962.**

Para haver a remuneração do serviço suplementar, ele deverá ser prestado habitualmente para integrar o cálculo do 13º salário, caso prestado esporadicamente, não haverá a integração das horas extras no 13º salário.

A habitualidade não está definida na lei, porém, para considerar habitual, terá que ser prestada na maior parte do ano.

**46. Acidente de trabalho.** *(Res. 121/2003, DJ 19.11.2003)*

**As faltas ou ausências decorrentes de acidente do trabalho não são**

consideradas para os efeitos de duração de férias e cálculo da gratificação natalina.

O acidente de trabalho suspende o contrato de trabalho, mas não o interrompe, fazendo jus ao empregado o direito de receber o devido, pois o acidente de trabalho ocorre por estar o empregado trabalhando, caso não tivesse, não teria se ferido.

## 47. Insalubridade. *(Res. 121/2003, DJ 19.11.2003)*

**O trabalho executado em condições insalubres, em caráter intermitente, não afasta, só por essa circunstância, o direito à percepção do respectivo adicional.**

A Súmula nº 361 do TST corrobora esse entendimento, aduzindo:

> *"O trabalho exercido em condições perigosas, embora de forma intermitente, dá direito ao empregado a receber o adicional de periculosidade de forma integral, porque a Lei nº 7.369, de 20.09.1985 não estabeleceu nenhuma proporcionalidade em relação ao seu pagamento".*

Explicitando as súmulas supracitadas que mesmo que o trabalho exercido de forma perigosa seja intermitente, o empregado terá direito ao adicional de periculosidade, pois nesse período corre um grande risco, devendo ter direito ao benefício, entretanto esse contato deverá ser diário, ainda que por tempo mínimo.

## 48. Compensação. *(Res. 121/2003, DJ 19.11.2003)*

**A compensação só poderá ser arguida com a contestação.**

A CLT em seu art. 767 disciplina o tema, esclarecendo que a compensação só poderá ser arguida como matéria de defesa, a contestação é meio adequado para arguí-la, sendo impossível arguir em outro momento processual.

## 50. GRATIFICAÇÃO NATALINA. *(Res. 121/2003, DJ 19.11.2003)*

**A gratificação natalina, instituída pela Lei nº 4.090, de 13.07.1962, é devida pela empresa cessionária ao servidor público cedido enquanto durar a cessão.**

Esse assunto é pacífico, inclusive a Constituição Federal em seu art. 39, § 3º, esclarece que o servidor público tem direito a gratificação natalina.

## 51. NORMA REGULAMENTAR. VANTAGENS E OPÇÃO PELO NOVO REGULAMENTO. ART. 468 DA CLT. *(Incorporada à Orientação Jurisprudencial nº 163 da SDI-1 – Res. 129/2005, DJ 20.04.2005)*

**I – As cláusulas regulamentares, que revoguem ou alterem vantagens deferidas anteriormente, só atingirão os trabalhadores admitidos após a revogação ou alteração do regulamento.** *(ex-Súmula nº 51 – RA 41/1973, DJ 14.06.1973)*

O TST nessa súmula teve a intenção de proteger o direito do empregado, prevalecendo sempre as melhores condições de trabalho.

**II – Havendo a coexistência de dois regulamentos da empresa, a opção do empregado por um deles tem efeito jurídico de renúncia às regras do sistema do outro.** *(ex-OJ nº 163 da SDI-1 – Inserida em 26.03.1999)*

O empregado poderá optar no caso de 2 regulamentos pelo que entender melhor para si, porém, quando fizer essa escolha, abrirá mão do outro regulamento.

## 52. TEMPO DE SERVIÇO. *(Res. 121/2003, DJ 19.11.2003)*

**O adicional de tempo de serviço (quinquênio) é devido, nas condições estabelecidas no art. 19 da Lei nº 4.345, de 26.06.1964, aos contratados sob o regime da CLT, pela empresa a que se refere a mencionada lei, inclusive para o fim de complementação de aposentadoria.**

Só será devida essa gratificação se estiver determinada em lei. Essa verba tem natureza salarial, devendo ser incorporada para efeitos de cálculos rescisórios.

## 53. CUSTAS. *(Res. 121/2003, DJ 19.11.2003)*

**O prazo para pagamento das custas, no caso de recurso, é contado da intimação do cálculo.**

Antes não se tinha legislação sobre o assunto e essa súmula veio suprir a lacuna existente, porém, com o advento da Lei nº 10.537/2002, que trouxe nova redação ao § 1º do art. 789 da CLT, que deixa claro que as custas deverão ser pagas após o trânsito em julgado da decisão.

## 54. OPTANTE. *(Res. 121/2003, DJ 19.11.2003)*

**Rescindindo por acordo seu contrato de trabalho, o empregado estável optante tem direito ao mínimo de 60% (sessenta por cento) do total da indenização em dobro, calculada sobre o maior salário percebido no emprego. Se houver recebido menos do que esse total, qualquer que**

**tenha sido a forma de transação, assegura-se-lhe a complementação até aquele limite.**

Essa súmula é específica para os decenais, que hoje em dia não existem mais, pois o FGTS não é mais uma opção; foi opção até antes de 5 de outubro de 1988.

E o empregado que recebesse menos de 60% da indenização teria o direito de reivindicar a diferença.

### 55. FINANCEIRAS. *(Res. 121/2003, DJ 19.11.2003)*

**As empresas de crédito, financiamento ou investimento, também denominadas financeiras, equiparam-se aos estabelecimentos bancários para os efeitos do art. 224 da CLT.**

O art. 224 da CLT disciplina a jornada de trabalho dos bancários e das instituições financeiras, por terem trabalho muito semelhante, assemelham-se também em relação à jornada, somente não se aplicando àqueles que exercem funções de direção, gerência ou aqueles que desempenhem cargo de confiança.

### 58. PESSOAL DE OBRAS. *(Res. 121/2003, DJ 19.11.2003)*

**Ao empregado admitido como pessoal de obras, em caráter permanente e não amparado pelo regime estatutário, aplica-se a legislação trabalhista.**

A súmula veio regulamentar o regime desses trabalhadores, pois não tem lei específica, além de esclarecer que será aplicada a legislação trabalhista.

**60. Adicional noturno. Integração no salário e prorrogação em horário diurno.** *(Incorporada à Orientação Jurisprudencial nº 6 da SDI-1 – Res. 129/2005, DJ 20.04.2005)*

**I – O adicional noturno, pago com habitualidade, integra o salário do empregado para todos os efeitos.** *(ex-Súmula nº 60 – RA 105/1974, DJ 24.10.1974)*

O adicional noturno pago eventualmente não integra o salário. A lei não diz o que é habitual, mas para esse caso é claro que deverá ser pago na maior parte do ano.

Sendo devido o adicional noturno, ele será integrado ao 13º salário, às férias, ao DRS, ao aviso prévio e ainda incidirá no FGTS.

**II – Cumprida integralmente a jornada no período noturno e prorrogada esta, devido é também o adicional quanto às horas prorrogadas. Exegese do art. 73, § 5º, da CLT.** *(ex-OJ nº 6 da SDI-1 – Inserida em 25.11.1996)*

Em qualquer caso de prorrogação de horas será devido o adicional noturno, pois o empregado começou a trabalhar já nesse período e caso termine no período diurno esse adicional será obrigatoriamente devido, pois a jornada teve início no período noturno.

**61. Ferroviário.** *(Res. 121/2003, DJ 19.11.2003)*

**Aos ferroviários que trabalham em estação do interior, assim classificada por autoridade competente, não são devidas horas extras** *(art. 243 da CLT).*

A CLT, por entender ser um trabalho de pouca intensidade, disciplinou o assunto no art. 243, entretanto, deixa claro que é necessário um repouso contínuo de 10 horas, no mínimo entre dois períodos.

## 62. Abandono de emprego. *(Res. 121/2003, DJ 19.11.2003)*

**O prazo de decadência do direito do empregador de ajuizar inquérito em face do empregado que incorre em abandono de emprego é contado a partir do momento em que o empregado pretendeu seu retorno ao serviço.**

A súmula diz que será contado do momento em que o obreiro pretende voltar ao serviço, porém o entendimento não é o mais correto a nosso ver, pois conta-se do momento em que houve o abandono de emprego, como na Súmula n° 32, que menciona um prazo de 30 dias para o empregado voltar e explicar seus motivos, impossível para o empregador deixar aquele cargo vago até a volta desse obreiro. Depois desse prazo será considerado abandono de emprego.

## 63. Fundo de garantia. *(Res. 121/2003, DJ 19.11.2003)*

**A contribuição para o Fundo de Garantia do Tempo de Serviço incide sobre a remuneração mensal devida ao empregado, inclusive horas extras e adicionais eventuais.**

O FGTS deverá englobar a remuneração mensal, as horas extras e adicionais se for o caso, a Súmula n° 593 do STF, esclarece sobre o assunto das horas extraordinárias.

## 65. Vigia. *(Res. 121/2003, DJ 19.11.2003)*

**O direito à hora reduzida de 52 minutos e 30 segundos aplica-se ao vigia noturno.**

A súmula disciplina o assunto, pois não há um artigo específico em nossa legislação trabalhista sobre o vigia noturno; o art. 73, § 1°, da CLT não diz que algum obreiro será excluído, e o STF em sua Súmula n° 402 mencionou que o "vigia noturno tem direito a salário adicional".

Fazendo jus a hora reduzida de 52 minutos e 30 segundos.

### 67. GRATIFICAÇÃO. FERROVIÁRIO. *(Res. 121/2003, DJ 19.11.2003)*

**Chefe de trem, regido pelo estatuto dos ferroviários *(Decreto n° 35.530, de 19.09.1959)*, não tem direito à gratificação prevista no respectivo art. 110.**

O art. 110 da CLT tratava dos ferroviários, porém o referido decreto foi revogado.

### 69. RESCISÃO DO CONTRATO. *(Res. 121/2003, DJ 19.11.2003)*

**A partir da Lei n° 10.272, de 05.09.2001, havendo rescisão do contrato de trabalho e sendo revel e confesso quanto à matéria de fato, deve ser o empregador condenado ao pagamento das verbas rescisórias, não quitadas na primeira audiência, com acréscimo de 50% (cinquenta por cento).**

A CLT em seu art. 467 também disciplina o assunto, e protege a parte menos favorecida, o obreiro, pois ele não pode ser prejudicado caso o empregador não compareça à audiência, e esse não comparecimento deverá ter uma penalidade para o empregador, que pagará as verbas com acréscimo de 50% (cinquenta por cento).

### 70. ADICIONAL DE PERICULOSIDADE. *(Res. 121/2003, DJ 19.11.2003)*

**O adicional de periculosidade não incide sobre os triênios pagos pela Petrobras.**

Esse adicional tem como base o salário contratual desses empregados e não poderá incidir no triênio, sob pena de um adicional ser calculado sobre outro adicional.

## 71. ALÇADA. *(Res. 121/2003, DJ 19.11.2003)*

**A alçada é fixada pelo valor dado à causa na data de seu ajuizamento, desde que não impugnado, sendo inalterável no curso do processo.**

A fixação do valor da causa é muito importante, pois depois desse passo será descoberto o rito que o processo deverá seguir. E será estabelecido pelo salário mínimo vigente na época da interposição da ação.

## 72. APOSENTADORIA. *(Res. 121/2003, DJ 19.11.2003)*

**O prêmio-aposentadoria instituído por norma regulamentar da empresa não está condicionado ao disposto no § 2º do art. 14 da Lei nº 8.036, de 11.05.1990.**

Esse prêmio é devidamente instituído por normas da empresa e não tem natureza salarial.

## 73. DESPEDIDA. JUSTA CAUSA. *(Res. 121/2003, DJ 19.11.2003)*

**A ocorrência de justa causa, salvo a de abandono de emprego, no decurso do prazo do aviso prévio dado pelo empregador, retira do empregado qualquer direito às verbas rescisórias de natureza indenizatória.**

O empregado que durante o aviso prévio cometer qualquer falta que incidir em justa causa perde o direto às verbas indenizatórias, e somente terá direito a saldo de salário, das férias vencidas mais 1/3 constitucional.

**74. CONFISSÃO.** *(Incorporada à Orientação Jurisprudencial nº 184 da SDI-1 – Res. 129/2005, DJ 20.04.2005)*

**I – Aplica-se a pena de confissão à parte que, expressamente intimada com aquela cominação, não comparecer à audiência em prosseguimento, na qual deveria depor.** *(ex-Súmula nº 74 – RA 69/1978, DJ 26.09.1978)*

A audiência processual é uma, não terá outro momento processual para a parte faltosa expor seus argumentos, tidos os fatos ditos pela outra parte como verdadeiros, aplicando a pena de confissão.

**II – A prova pré-constituída nos autos pode ser levada em conta para confronto com a confissão ficta (*art. 400, I, CPC*), não implicando cerceamento de defesa o indeferimento de provas posteriores.** *(ex-OJ nº 184 da SDI-1 – Inserida em 08.11.2000)*

A prova pré-constituída nos autos poderá, sem nenhum problema jurídico, ser confrontada com a confissão ficta que é prova relativa, e as provas posteriores poderão ser indeferidas, não implicando o cerceamento de defesa.

**77. PUNIÇÃO.** *(Res. 121/2003, DJ 19.11.2003)*

**Nula é a punição de empregado se não precedida de inquérito ou sindicância internos a que se obrigou a empresa por norma regulamentar.**

As regras regulamentares da empresa não poderão prejudicar o empregado em hipótese alguma, e a empresa deverá seguir essa regulamentação, pois essas regras passarão a fazer parte do contrato de trabalho.

E a Súmula nº 51 menciona que as cláusulas que revogar ao alterar as regras só serão válidas para os novos obreiros, não valendo para os antigos.

## 80. INSALUBRIDADE. *(Res. 121/2003, DJ 19.11.2003)*

**A eliminação da insalubridade mediante fornecimento de aparelhos protetores aprovados pelo órgão competente do Poder Executivo exclui a percepção do respectivo adicional.**

A referida súmula está de acordo com a CLT em seu art. 194, que fala sobre a eliminação da insalubridade; cessando-a, cessará também o recebimento do adicional, entretanto, para não ser feito esse pagamento, deverá ter sido totalmente eliminada a insalubridade, sendo competente para dar esse parecer uma perícia técnica.

E somente o Ministério do Trabalho tem competência para aprovar os equipamentos de proteção, e a Súmula nº 289, também do TST, esclarece que o empregado deverá usar este equipamento, não adiantando somente ser fornecido pela empresa, devendo ser feita a fiscalização do uso desses equipamentos.

## 81. FÉRIAS. *(Res. 121/2003, DJ 19.11.2003)*

**Os dias de férias gozados após o período legal de concessão deverão ser remunerados em dobro.**

O TST na edição dessa súmula disciplinou o tema de uma forma justa, pois as férias não gozadas no período correto ensejam pagamento em dobro, porém, somente serão pagos em dobro aqueles dias não gozados dentro do período legal.

**82. Assistência.** *(Res. 121/2003, DJ 19.11.2003)*

**A intervenção assistencial, simples ou adesiva, só é admissível se demonstrado o interesse jurídico e não o meramente econômico.**

A antiga redação da Súmula nº 82 trazia no final "perante a Justiça onde é postulada", com isso entendemos que poderá passar do limite da Justiça em que será postulada.

A intervenção somente poderá ser feita se houver um interesse jurídico, pois se o terceiro entrar no processo pelo receio de ter que pagar as verbas ao final do processo, não poderá fazê-lo, pois a Súmula impede, ficando claro seu interesse meramente econômico.

**83. Ação rescisória. Matéria controvertida.** *(Incorporada à Orientação Jurisprudencial nº 77 da SDI-2 – Res. 137/2005, DJ 22.08.2005)*

**I – Não procede pedido formulado na ação rescisória por violação literal de lei se a decisão rescindenda estiver baseada em texto legal infraconstitucional de interpretação controvertida nos Tribunais.** *(ex-Súmula nº 83, alterada pela Res. 121/2003, DJ 19.11.2003).*

Não caberá ação rescisória caso a decisão esteja baseada em texto controvertido dos Tribunais, a decisão somente não pode estar em desacordo com a Lei Maior, porém uma interpretação errônea de um julgado não dá ensejo a ação rescisória.

A Súmula nº 343 do STF também já pronunciou-se sobre o assunto, explicitando da mesma forma: "não cabe ação rescisória por ofensa à literal disposição de lei, quando a decisão rescindenda se tiver baseado em texto legal de interpretação controvertida nos tribunais".

**II – O marco divisor quanto a ser, ou não, controvertida, nos Tribu-**

nais, a interpretação dos dispositivos legais citados na ação rescisória é a data da inclusão, na Orientação Jurisprudencial do TST, da matéria discutida. *(ex-OJ nº 77 da SDI-2 – Inserida em 13.03.2002)*

Poderá ser definido quanto a ser ou não controvertida quando a interpretação tiver sido incluída na Orientação Jurisprudencial, marco que a Lei não disciplinou.

**84. ADICIONAL REGIONAL.** *(Res. 121/2003, DJ 19.11.2003)*

**O adicional regional, instituído pela Petrobras, não contraria o art. 7º, XXXII, da CF/1988.**

Nessa situação não há nenhum tipo de prejuízo ao empregado, muito pelo contrário, receberá um adicional ainda mais vantajoso, o que é permitido pela legislação.

**85. COMPENSAÇÃO DE JORNADA.** *(Incorporadas às Orientações Jurisprudenciais nºs 182, 220 e 223 da SDI-1 – Res. 129/2005, DJ 20.04.2005)*

**I. A compensação de jornada de trabalho deve ser ajustada por acordo individual escrito, acordo coletivo ou convenção coletiva.** *(ex-Súmula nº 85 – primeira parte – Res. 121/2003, DJ 19.11.2003)*

A súmula corrobora o art. 7º, XIII, da Constituição Federal.

O empregado não poderá pactuar acordo individual para compensação de jornada de trabalho, somente acordo ou convenção coletiva, regra esta clara na nossa Lei Maior, art. 7º, *XIII*, que diz: "duração do trabalho normal não superior a oito horas diárias e quarenta e quatro semanais, facultada a compensação de horários e a redução da jornada mediante acordo ou convenção coletiva de trabalho".

**II. O acordo individual para compensação de horas é válido, salvo se houver norma coletiva em sentido contrário.** *(ex-OJ nº 182 da SDI-1 – Inserida em 08.11.2000)*

A extensão da jornada de trabalho sem o respectivo acordo, gera a obrigação de pagar adicional extraordinário.

**III. O mero não atendimento das exigências legais para a compensação de jornada, inclusive quando encetada mediante acordo tácito, não implica a repetição do pagamento das horas excedentes à jornada normal diária, se não dilatada a jornada máxima semanal, sendo devido apenas o respectivo adicional.** *(ex-Súmula nº 85 – segunda parte – Res. 121/2003, DJ 19.11.2003)*

Será devida apenas a hora extra, caso seja desrespeitado o horário diário ou semanal, caso contrário não será devida, pois o empregado não permaneceu por tempo superior ao estabelecido.

**IV. A prestação de horas extras habituais descaracteriza o acordo de compensação de jornada. Nesta hipótese, as horas que ultrapassarem a jornada semanal normal deverão ser pagas como horas extraordinárias e, quanto àquelas destinadas à compensação, deverá ser pago a mais apenas o adicional por trabalho extraordinário.** *(ex-OJ nº 220 da SDI-1 – Inserida em 20.06.2001)*

A partir da CF de 1988, trabalhar além da 8ª hora diária, dá ao empregado direito ao adicional de horas extras.

**86. Deserção. Massa falida. Empresa em liquidação extrajudicial.** *(Incorporada à Orientação Jurisprudencial nº 31 da SDI-1 – Res. 129/2005, DJ 20.04.2005)*

**Não ocorre deserção de recurso da massa falida por falta de paga-**

mento de custas ou de depósito do valor da condenação. Esse privilégio, todavia, não se aplica à empresa em liquidação extrajudicial. *(Primeira parte – ex-Súmula nº 86 – RA 69/1978, DJ 26.09.1978; segunda parte – ex-OJ nº 31 da SDI-1 – Inserida em 14.03.1994)*

Muitas vezes a massa falida não tem dinheiro para pagar as custas ou o depósito recursal, o síndico neste caso fica encarregado de separar esse valor e pagar ao final do processo de falência, entretanto, a empresa em liquidação judicial não tem esse privilégio, devendo pagar as custas ou o depósito recursal.

## 87. PREVIDÊNCIA PRIVADA. *(Res. 121/2003, DJ 19.11.2003)*

Se o empregado, ou seu beneficiário, já recebeu da instituição previdenciária privada, criada pela empresa, vantagem equivalente, é cabível a dedução de seu valor do benefício a que faz jus por norma regulamentar anterior.

A empresa poderá deduzir do valor do benefício a importância já recebida pela instituição previdenciária privada criada pela empresa, evitando assim o enriquecimento ilícito e o recebimento em duplicidade.

## 89. FALTA AO SERVIÇO. *(Res. 121/2003, DJ 19.11.2003)*

Se as faltas já são justificadas pela lei, consideram-se como ausências legais e não serão descontadas para o cálculo do período de férias.

A súmula corrobora o entendimento dos arts. 131 e 473 da CLT, que esclarecem os casos que não serão considerados faltas ao serviço ou faltas justificadas que não podem ser descontadas nas férias.

**90. Horas "*in itinere*". Tempo de serviço.** *(Incorporadas às Súmulas n^{os} 324 e 325 e as Orientações Jurisprudenciais n^{os} 50 e 236 da SDI-1 – Res. 129/2005, DJ 20.04.2005)*

**I – O tempo despendido pelo empregado, em condução fornecida pelo empregador, até o local de trabalho de difícil acesso, ou não servido por transporte público regular, e para o seu retorno é computável na jornada de trabalho.** *(ex-Súmula nº 90 – RA 80/1978, DJ 10.11.1978)*

A referida súmula está de acordo com o art. 58, § 2º, da CLT, a condução será devida quando o local for de difícil acesso ou não servido por transporte público e o empregador fornecer a condução, também chamado de hora *"in itinere"*.

**II – A incompatibilidade entre os horários de início e término da jornada do empregado e os do transporte público regular é circunstância que também gera o direito às horas *"in itinere"*.** *(ex-OJ nº 50 da SDI-1 – Inserida em 01.02.1995)*

A jornada de trabalho em lugar de difícil acesso deverá coincidir com o horário do transporte público, caso contrário será devida a remuneração da hora. Não podendo o obreiro ficar horas aguardando seu transporte, salvo raros casos.

**III – A mera insuficiência de transporte público não enseja o pagamento de horas *"in itinere"*.** *(ex-Súmula nº 324 – RA 16/1993, DJ 21.12.1993)*

Para dar ensejo ao pagamento de horas *"in itinere"* é necessário não ter transporte público devido ao local ser de difícil acesso; caso haja a insuficiência de transporte, o fato deixa de ser um problema do empregador e sim da administração pública, não podendo o empregador arcar com essa dívida.

**IV – Se houver transporte público regular em parte do trajeto percorrido em condução da empresa, as horas *"in itinere"* remuneradas limitam-se ao trecho não alcançado pelo transporte público.** *(ex-Súmula nº 325 – Res. 17/1993, DJ 21.12.1993)*

Considerando ter o transporte público em parte do trajeto não será devida a hora *"in itinere"*, pois o art. 58 é claro quando diz ser local de difícil acesso e não servido de transporte público; nesse caso o empregador pagará somente a parte não servida pelo transporte público.

**V – Considerando que as horas *"in itinere"* são computáveis na jornada de trabalho, o tempo que extrapola a jornada legal é considerado como extraordinário e sobre ele deve incidir o adicional respectivo.** *(ex-OJ nº 236 da SDI-1 – Inserida em 20.06.2001)*

As horas *"in itinere"* são computadas na jornada de trabalho. E o tempo excedente deverá ser pago como adicional de horas extras, pois, conforme o art. 4º da CLT, o empregado estava à disposição do empregador.

• **Julgado sobre hora *in itinere***

*AGRAVO DE INSTRUMENTO. RECURSO DE REVISTA – DESCABIMENTO. PROCEDIMENTO SUMARÍSSIMO. HORAS "IN ITINERE". PERÍODO POSTERIOR À EDIÇÃO DA LEI Nº 10.243/2001. Art. 58, § 2º, DA CLT. POSSIBILIDADE DE DEFINIÇÃO DA DURAÇÃO DO TRAJETO EM NORMA COLETIVA. 1. Não há dúvidas de que o art. 7º, inciso XXVI, da Constituição Federal chancela a relevância que o Direito do Trabalho empresta à negociação coletiva. Até a edição da Lei nº 10.243/2001, o conceito de horas "in itinere" decorria de construção jurisprudencial, extraída do art. 4º da CLT, não havendo, à época, preceito legal que, expressamente, normati-*

*zasse o instituto. Estavam os atores sociais, em tal conjuntura, livres para a negociação coletiva. 2. Modificou-se a situação com o diploma legal referido, quando acresceu ao art. 58 da CLT o § 2º: a matéria alcançou tessitura legal, incluindo-se a remuneração das horas "in itinere" entre as garantias mínimas asseguradas aos trabalhadores. 3. Não se poderá, de um lado, ajustar a ausência de remuneração do período de trajeto. Não há como se chancelar a supressão de direito definido em Lei, pela via da negociação coletiva. Além de, em tal caso, estar-se negando a vigência, eficácia e efetividade de norma instituída pelo Poder Legislativo, competente para tanto, ofender-se-ia o limite constitucionalmente oferecido pelo art. 7º, VI, da Carta Magna, que, admitindo a redução de salário, não tolerará a sua supressão. 4. Por outro ângulo, será razoável a definição da duração do percurso, em acordo ou convenção coletiva de trabalho. Em regra, a definição da duração do tempo gasto em trajeto exige nem sempre tranquilas provas e pesquisas. Também não serão uniformes os valores devidos a todos os trabalhadores que se desloquem em tais circunstâncias. Estes aspectos criam incerteza hábil a autorizar a transação, nos termos do art. 840 do Código Civil. O § 2º do art. 58 da CLT, ao contrário do quanto definido no § 1º, não estabeleceu mínimos ou máximos. Assim, convindo às categorias interessadas, dentro da dialética inerente ao conglobamento, estabelecer duração única para a apuração de horas "in itinere", desta forma devidas a todo o universo de trabalhadores alcançados, nenhum ilícito remanescerá, resguardado que permanece o direito à percepção da parcela. Agravo de instrumento conhecido e desprovido.* **(TST-AIRR-44/2008-070-15-40.9)**

**91. Salário complessivo.** *(Res. 121/2003, DJ 19.11.2003)*

**Nula é a cláusula contratual que fixa determinada importância ou**

**percentagem para atender englobadamente vários direitos legais ou contratuais do trabalhador.**

No Direito do Trabalho é vedada a cláusula contratual que engloba os direitos devidos ao empregado, sendo uma forma de preservar seus direitos, discriminando cada verba a ser paga uma a uma, isso para o direito do obreiro não ser fraudado.

### 92. APOSENTADORIA. *(Res. 121/2003, DJ 19.11.2003)*

**O direito à complementação de aposentadoria, criado pela empresa, com requisitos próprios, não se altera pela instituição de benefício previdenciário por órgão oficial.**

Uma vez recebida a complementação de aposentadoria pela empresa não pode a instituição previdenciária modificar esse complemento.

Se instituído, esse complemento só valerá para os obreiros que forem contratados futuramente conforme a Súmula nº 51 do TST.

### 93. BANCÁRIO. *(Res. 121/2003, DJ 19.11.2003)*

**Integra a remuneração do bancário a vantagem pecuniária por ele auferida na colocação ou na venda de papéis ou valores mobiliários de empresas pertencentes ao mesmo grupo econômico, se exercida essa atividade no horário e no local de trabalho e com o consentimento, tácito ou expresso, do banco empregador.**

As comissões sobre as vendas serão devidas ao empregado bancário, quando feitas em seu horário de trabalho, mesmo o empregador maquiando seu cargo ao inscrever seus funcionários como autônomos. Pois, se for feito, será com consentimento do empregador, que pagará devidamente o que é de direito.

**96. Marítimo.** *(Res. 121/2003, DJ 19.11.2003)*

A permanência do tripulante a bordo do navio, no período de repouso, além da jornada, não importa presunção de que esteja à disposição do empregador ou em regime de prorrogação de horário, circunstâncias que devem resultar provadas, dada a natureza do serviço.

A prova nesse caso deverá ser feita pelo empregado, pois no seu horário de descanso é impossível sair do local de trabalho tratando-se de alto-mar. O empregador nesse período não poderá pedir nenhuma tarefa para o obreiro, pois, se o fizer, deverá pagar a hora adicional.

**97. Aposentadoria. Complementação** *(Res. 121/2003, DJ 19.11.2003)*

Instituída complementação de aposentadoria por ato da empresa, expressamente dependente de regulamentação, as condições desta devem ser observadas como parte integrante da norma.

Importante salientar que o empregado só fará jus a esse direito se desejar.

**98. FGTS. Indenização. Equivalência. Compatibilidade.** *(Incorporada à Orientação Jurisprudencial nº 299 da SDI-1 – Res. 129/2005, DJ 20.04.2005)*

I – A equivalência entre os regimes do Fundo de Garantia do Tempo de Serviço e da estabilidade prevista na CLT é meramente jurídica e não econômica, sendo indevidos valores a título de reposição de diferenças. *(ex-Súmula nº 98 – RA 57/1980, DJ 06.06.1980)*

A partir da CF de 1988 foi extinto o regime decenal e assim sendo ficou obrigatório o regime do FGTS em que os dois regimes não podem ter equivalência ou seja, são distintos entre si.

**II – A estabilidade contratual ou a derivada de regulamento de empresa são compatíveis com o regime do FGTS. Diversamente ocorre com a estabilidade legal** *(decenal, art. 492 da CLT)*, **que é renunciada com a opção pelo FGTS.** *(ex-OJ nº 299 da SDI-1 – DJ 11.08.2003)*

> Quando a norma for mais favorável ao empregado é válida, ou seja, caso a empresa tenha um regulamento que conceda o direito ao empregado de estabilidade, mesmo que receba o FGTS terá esse direito.

**99. Ação rescisória. Deserção. Prazo.** *(Incorporada à Orientação Jurisprudencial nº 117 da SDI-2 – Res. 137/2005, DJ 22.08.2005)*

**Havendo recurso ordinário em sede de rescisória, o depósito recursal só é exigível quando for julgado procedente o pedido e imposta condenação em pecúnia, devendo este ser efetuado no prazo recursal, no limite e nos termos da legislação vigente, sob pena de deserção.** *(ex-Súmula nº 99 – RA 62/1980, DJ 11.06.1980 e alterada pela Res. 110/2002, DJ 11.04.2002 e ex-OJ nº 117 da SDI-2 – DJ 11.08.2003)*

> Se o recurso ordinário for julgado procedente haverá a necessidade do pagamento do depósito recursal, no prazo do recurso, sob pena de deserção. Caso a decisão seja meramente declaratória, não há necessidade do depósito.

**100. Ação rescisória. Decadência.** *(Incorporadas às Orientações Jurisprudenciais nºs 13, 16, 79, 102, 104, 122 e 145 da SDI-2 – Res. 137/2005, DJ 22.08.2005)*

**I – O prazo de decadência, na ação rescisória, conta-se do dia imediatamente subsequente ao trânsito em julgado da última decisão proferida na causa, seja de mérito ou não.** *(ex-Súmula nº 100 – Res. 109/2001, DJ 20.04.2001).*

O inciso é claro ao dispor que o prazo de dois anos é decadencial na ação rescisória e conta-se do dia subsequente ao trânsito em julgado da última decisão proferida.

**II – Havendo recurso parcial no processo principal, o trânsito em julgado dá-se em momentos e em tribunais diferentes, contando-se o prazo decadencial para a ação rescisória do trânsito em julgado de cada decisão, salvo se o recurso tratar de preliminar ou prejudicial que possa tornar insubsistente a decisão recorrida, hipótese em que flui a decadência a partir do trânsito em julgado da decisão que julgar o recurso parcial.** *(ex-Súmula nº 100 – Res. 109/2001, DJ 20.04.2001)*

Caso haja recurso parcial o prazo para a ação rescisória conta-se dessa decisão proferida, mesmo se ocorrer em tribunais diferentes, salvo no caso mencionado, se o recurso tratar de preliminar ou prejudicial que possa tornar insubsistente a decisão recorrida.

**III – Salvo se houver dúvida razoável, a interposição de recurso intempestivo ou a interposição de recurso incabível não protrai o termo inicial do prazo decadencial.** *(ex-Súmula nº 100 – Res. 109/2001, DJ 20.04.2001)*

Para a propositura da ação rescisória sempre será da última decisão proferida, caso o recurso interposto seja intempestivo, será da sentença proferida.

**IV – O juízo rescindente não está adstrito à certidão de trânsito em julgado juntada com a ação rescisória, podendo formar sua convicção através de outros elementos dos autos quanto à antecipação ou postergação do *"dies a quo"* do prazo decadencial.** *(ex-OJ nº 102 da SDI-2 – DJ 29.04.2003)*

Caso o cartório tenha errado a data, a contagem do prazo será feita de outra maneira, pois dependerá da vista dos autos.

**V – O acordo homologado judicialmente tem força de decisão irrecorrível, na forma do art. 831 da CLT. Assim sendo, o termo conciliatório transita em julgado na data da sua homologação judicial.** *(ex-OJ nº 104 da SDI-2 – DJ 29.04.2003)*

Desse acordo homologado somente caberá ação rescisória, transitando em julgado na data de sua homologação; no dia subsequente começará o prazo para a propositura da rescisória.

**VI – Na hipótese de colusão das partes, o prazo decadencial da ação rescisória somente começa a fluir para o Ministério Público, que não interveio no processo principal, a partir do momento em que tem ciência da fraude.** *(ex-OJ nº 122 da SDI-2 – DJ 11.08.2003).*

Somente começará a fluir o prazo para o Ministério Público a partir do momento em que tiver conhecimento da fraude.

**VII – Não ofende o princípio do duplo grau de jurisdição a decisão do TST que, após afastar a decadência em sede de recurso ordinário, aprecia desde logo a lide, se a causa versar questão exclusivamente de direito e estiver em condições de imediato julgamento.** *(ex-OJ nº 79 da SDI-2 – Inserida em 13.03.2002).*

O tribunal tem capacidade de adentrar ao mérito quando afasta a decadência. Desde que tenha elementos suficientes para julgar a ação.

**VIII – A exceção de incompetência, ainda que oposta no prazo recursal, sem ter sido aviado o recurso próprio, não tem o condão de afastar a consumação da coisa julgada e, assim, postergar o termo inicial do prazo decadencial para a ação rescisória.** *(ex-OJ nº 16 da SDI-2 – Inserida em 20.09.2000)*

Mesmo opondo a exceção não altera a data que trânsitou em julgado a decisão.

**IX – Prorroga-se até o primeiro dia útil, imediatamente subsequente, o prazo decadencial para ajuizamento de ação rescisória quando expira em férias forenses, feriados, finais de semana ou em dia em que não houver expediente forense. Aplicação do art. 775 da CLT.** *(ex-OJ nº 13 da SDI-2 – Inserida em 20.09.2000)*

Os prazos trabalhistas conforme o art. 775 da CLT, parágrafo único, se vencerem em sábado, domingo ou feriado terminarão no primeiro dia útil subsequente. O inciso acima corrobora o artigo citado.

**X – Conta-se o prazo decadencial da ação rescisória, após o decurso do prazo legal previsto para a interposição do recurso extraordinário, apenas quando esgotadas todas as vias recursais ordinárias.** *(ex-OJ nº 145 da SDI-2 – DJ 10.11.2004)*

O prazo decadencial para a propositura da ação rescisória somente terá seu computo quando esgotadas as vias recursais possíveis.

**• Julgados sobre a ação rescisória e seu prazo decadencial**
*AÇÃO RESCISÓRIA – COLUSÃO – MINISTÉRIO PÚBLICO DO TRABALHO – DECADÊNCIA – DIES A QUO – INCISO VI DA SÚMULA 100/TST. I – Na hipótese de colusão das partes, o prazo decadencial da ação rescisória somente começa a fluir para o Ministério Público, que não interveio no processo principal, a partir do momento em que tem ciência da fraude. II – Recurso a que se nega provimento.* ***(TST-ROAR-121/2006-000-24-00.4)***

*Data maxima venia, não comungo do entendimento adotado pela Corte de origem. Isso porque não se fala em antecipação do início da contagem do prazo da decadência, valendo a regra geral insculpida no item I da Súmula 100/TST, no sentido de que "o prazo de decadência, na ação rescisória, conta-se do dia imediatamente subsequente ao trânsito em julgado da última decisão proferida na causa, seja de mérito ou não", sendo que tal disposição apenas não tem incidência nas hipóteses excepcionais em que o recurso interposto contra a decisão rescindenda tenha sido declarado intempestiva ou incabível, pois a coisa julgada forma-se antecipadamente, nos moldes preconizados no seu item III, o que, todavia, não ocorreu in casu.*

*Ora, a sentença rescindenda de fls. 145/146, complementada às fls. 151/153, foi impugnada por recurso ordinário reputado deserto por decisão monocrática. (**TST-ROAR-588/2002-000-12-00.6**)*

*RECURSO ORDINÁRIO EM AÇÃO RESCISÓRIA. 1. AÇÃO RESCISÓRIA. DECADÊNCIA. NÃO CONFIGURA-ÇÃO. APLICAÇÃO DA DIRETRIZ DA SÚMULA 100, IX, DESTA CORTE. Nos termos da Súmula 100 do TST, item I, "o prazo de decadência, na ação rescisória, conta-se do dia imediatamente subsequente ao trânsito em julgado da última decisão proferida na causa, seja de mérito ou não". Já o seu item III dispõe que "salvo se houver dúvida razoável, a interposição de recurso intempestivo ou a interposição de recurso incabível não protrai o termo inicial do prazo decadencial". Na hipótese, o Autor, contra o acórdão rescindendo, apresentou recurso de revista, o qual teve seu seguimento denegado pelo TRT, com base na ex-O.J. 177/SBDI-1/TST, na O.J. 247/SBDI-1/TST, na Súmula 333/TST e no § 4º do art. 896 da CLT. Interposto agravo de instrumento, o Ministro Relator nesta Corte negou-lhe seguimento, por deficiência de traslado. Não houve interposição de recurso dessa decisão, publicada no DJ de 4.8.2005, quinta-*

*-feira. O trânsito em julgado da última decisão proferida nos autos, portanto, ocorreu em 12.8.2005, sexta-feira, ao passo que a ação rescisória foi ajuizada em 13.8.2007, segunda-feira. Ao contrário do posicionamento adotado pelo TRT no acórdão recorrido, aplica-se a compreensão do item IX da Súmula 100/ TST, pois o dia 12.8.2007 caiu em um domingo, prorrogando-se o "dies ad quem" para o manejo de ação rescisória para o dia seguinte, segunda-feira, 13.8.2007, data em que protocolizada a ação. Dessa forma, não há que se cogitar de decadência. Recurso ordinário em ação rescisória provido, para afastar a decadência declarada. (**TST-ROAR-551/2007-000-12-00.2**)*

**101. Diárias de viagem. Salário.** *(Incorporada à Orientação Jurisprudencial nº 292 da SDI-1 – Res. 129/2005, DJ 20.04.2005)*

**Integram o salário, pelo seu valor total e para efeitos indenizatórios, as diárias de viagem que excedam a 50% *(cinquenta por cento)* do salário do empregado, enquanto perdurarem as viagens.** *(Primeira parte – ex-Súmula nº 101 – RA 65/1980, DJ 18.06.1980; segunda parte – ex-OJ nº 292 da SDI-1 – Inserida em 11.08.2003)*

De acordo com a súmula e o art. 457 da CLT, § 2º, da CLT, integram-se ao salário do obreiro as ajudas de custo, como as diárias para viagem que excedam a 50% (cinquenta por cento) do seu salário, enquanto perdurarem as viagens, a Súmula nº 318 vem complementar a súmula supracitada.

Isso acontece para que o empregador não tente burlar a lei, visando preservar os direitos do empregado.

**102. Bancário. Cargo de confiança.** *(Incorporadas às Orientações Jurisprudenciais nºs 15, 222 e 288 da SDI-1 – Res. 129/2005, DJ 20.04.2005)*

**I – A configuração, ou não, do exercício da função de confiança a**

que se refere o art. 224, § 2º, da CLT, dependente da prova das reais atribuições do empregado, é insuscetível de exame mediante recurso de revista ou de embargos. *(ex-Súmula nº 204 – RA 121/2003, DJ 19.11.2003)*

II – O bancário que exerce a função a que se refere o § 2º do art. 224 da CLT e recebe gratificação não inferior a um terço de seu salário já tem remuneradas as duas horas extraordinárias excedentes de seis. *(ex-Súmula nº 166 – RA 102/1982, DJ 11.10.1982 e DJ 15.10.1982)*

III – Ao bancário exercente de cargo de confiança previsto no art. 224, § 2º, da CLT são devidas as 7ª e 8ª horas, como extras, no período em que se verificar o pagamento a menor da gratificação de 1/3. *(ex-OJ nº 288 da SDI-1 – DJ 11.08.2003)*

IV – O bancário sujeito à regra do art. 224, § 2º, da CLT cumpre jornada de trabalho de 8 (oito) horas, sendo extraordinárias as trabalhadas além da oitava. *(ex-Súmula nº 232 – RA 14/1985, DJ 19.09.1985)*

V – O advogado empregado de banco, pelo simples exercício da advocacia, não exerce cargo de confiança, não se enquadrando, portanto, na hipótese do § 2º do art. 224 da CLT. *(ex-OJ nº 222 da SDI-1 – Inserida em 20.06.2001)*

VI – O caixa bancário, ainda que caixa executivo, não exerce cargo de confiança. Se perceber gratificação igual ou superior a um terço do salário do posto efetivo, essa remunera apenas a maior responsabilidade do cargo e não as duas horas extraordinárias além da sexta. *(ex-Súmula nº 102 – RA 66/1980, DJ 18.06.1980 e DJ 14.07.1980)*

VII – O bancário exercente de função de confiança, que percebe a gratificação não inferior ao terço legal, ainda que norma coletiva contemple percentual superior, não tem direito às sétima e oitava horas como extras, mas tão-somente às diferenças de gratificação de função, se postuladas. *(ex-OJ nº 15 da SDI-1 – Inserida em 14.03.1994)*

Essa situação depende de prova por parte do reclamante, tendo em vista que está arguindo em sede de reclamação trabalhista. Para caracterizar cargo de confiança, além do poder de mando, deverá ter uma gratificação de 1/3 sobre seu salário a título de gratificação.

**109. Gratificação de função.** *(Res. 121/2003, DJ 19.11.2003)*

**O bancário não enquadrado no § 2º do art. 224 da CLT, que receba gratificação de função, não pode ter o salário relativo a horas extraordinárias compensado com o valor daquela vantagem.**

Se não está enquadrado no art. 224, § 2º, da CLT, sua jornada será de seis horas contínuas e só poderão ser compensadas verbas da mesma natureza, tendo direito de receber as horas extras caso as faça.

**110. Jornada de trabalho. Intervalo.** *(Res. 121/2003, DJ 19.11.2003)*

**No regime de revezamento, as horas trabalhadas em seguida ao repouso semanal de 24 horas, com prejuízo do intervalo mínimo de 11 horas consecutivas para descanso entre jornadas, devem ser remuneradas como extraordinárias, inclusive com o respectivo adicional.**

Caso o empregado trabalhe além de sua jornada de trabalho deverá receber o adicional de horas extras, e ainda se trabalhar no período do seu descanso o empregador sofrerá uma penalidade, pagará as horas trabalhadas em dobro, conforme a Lei nº 605/1949, art. 9º.

## 112. TRABALHO NOTURNO. PETRÓLEO. *(Res. 121/2003, DJ 19.11.2003)*

**O trabalho noturno dos empregados nas atividades de exploração, perfuração, produção e refinação do petróleo, industrialização do xisto, indústria petroquímica e transporte de petróleo e seus derivados, por meio de dutos, é regulado pela Lei nº 5.811, de 11.10.1972, não se lhe aplicando a hora reduzida de 52 minutos e 30 segundos prevista no art. 73, § 2º, da CLT.**

O trabalho noturno desses obreiros deveria ter aplicação do art. 73, § 2º, da CLT, uma vez que a lei não proíbe, entretanto é obrigatório o pagamento do adicional noturno.

## 113. BANCÁRIO. SÁBADO. DIA ÚTIL. *(Res. 121/2003, DJ 19.11.2003)*

**O sábado do bancário é dia útil não trabalhado, não dia de repouso remunerado. Não cabe a repercussão do pagamento de horas extras habituais em sua remuneração.**

Nem poderia haver reflexo sobre esse dia, pois não é um descanso remunerado e sim um dia útil não trabalhado. Somente haverá reflexo sobre o descanso remunerado.

## 114. PRESCRIÇÃO INTERCORRENTE. *(Res. 121/2003, DJ 19.11.2003)*

**É inaplicável na Justiça do Trabalho a prescrição intercorrente.**

Essa súmula vai contra a Súmula nº 327 do STF, que diz: "o direito trabalhista admite a prescrição intercorrente".

Caso o processo fique parado por 2 (dois) anos ou mais, ele será arquivado com resolução de mérito, ou seja, nada mais vai ser devido ao reclamante.

## • Julgados acerca da prescrição intercorrente

*A Súmula 327/STF, que dispõe que o Direito Trabalhista admite a prescrição intercorrente – invocada na decisão regional – não estipula que se aplica a todos os casos tratados por esta Justiça Especializada, especialmente após o advento da Emenda Constitucional 045/2004. Nesse sentido, vigora a Súmula 114/TST, que continua considerando inaplicável a prescrição intercorrente, naquelas demandas envolvendo empregado e empregador, conforme o caso presente.*

*Na sistemática da Constituição Federal/1988, o instituto da prescrição na Justiça do Trabalho encontra regência no art. 7º, XXIX, verbis:*

*"Art. 7º São direitos dos trabalhadores urbanos e rurais, além de outros que visem à melhoria de sua condição social*

*(...)*

*XXIX – ação, quanto aos créditos resultantes das relações de trabalho, com prazo prescricional de cinco anos para os trabalhadores urbanos e rurais, até o limite de dois anos após a extinção do contrato de trabalho".*

*Da leitura desse preceito normativo, compreendo que o legislador constitucional, sistematizando o instituto da prescrição na Justiça do Trabalho, quanto aos créditos resultantes das relações de labor, consagrou a prescrição nuclear, na hipótese do exercício do direito de ação quando já extinto o contrato do trabalho, e a quinquenal, caso em curso o pacto de labor, sem, contudo, fazer qualquer remissão à espécie intercorrente de prescrição. Nesse leque, julgo inaplicável tal espécie nesta Justiça especializada.*

*Não é outro o entendimento consagrado na Súmula 114/TST, verbis:*

*"PRESCRIÇÃO INTERCORRENTE (mantida) – Res. 121/2003, DJ 19, 20 e 21.11.2003*

*É inaplicável na Justiça do Trabalho a prescrição intercorrente".* Colho os seguintes precedentes da SDI-1/TST: "PRESCRIÇÃO INTERCORRENTE. É inaplicável na Justiça do Trabalho a prescrição intercorrente (Súmula 114 desta Corte). Recurso de Embargos de que não se conhece". **(TST-E-ED-RR-107/1998-006-17-00.6, Rel. Min. João Batista Brito Pereira, DJ 19.9.2008)**

"PRESCRIÇÃO INTERCORRENTE. Inocorre as violações trazidas aos artigos 5º, incisos LIV e LV e 7º, inciso XXIX, da Lei Maior, posto que o decidido pelo E. TRT, no sentido de não se aplicar na Justiça do Trabalho a prescrição intercorrente, encontra-se em harmonia com a jurisprudência pacífica nesta Colenda Corte Trabalhista, prevista na sua Súmula 114. Agravo de Instrumento a que se nega provimento". **(TST-E-AIRR-67.733/2002-900-02-00.7, Rel. Min. João Batista Brito Pereira, DJ 23.6.2006). (TST-ED-RR-168/2006-920-20-40.2)**

*De outra senda, a Súmula 327/STF, que dispõe que o Direito Trabalhista admite a prescrição intercorrente – invocada na decisão regional – não estipula que se aplica a todos os casos tratados por esta Justiça Especializada, especialmente após o advento da Emenda Constitucional 45/2004. Nesse sentido, vigora a Súmula 114/TST, que continua considerando inaplicável a prescrição intercorrente, naquelas demandas envolvendo empregado e empregador, conforme o caso presente.* **(TST-A-AIRR-83/1992-091-14-41.7)**

### 115. HORAS EXTRAS. GRATIFICAÇÕES SEMESTRAIS. *(Res. 121/2003, DJ 19.11.2003)*

O valor das horas extras habituais integra a remuneração do trabalhador para o cálculo das gratificações semestrais.

Caso exista uma convenção ou acordo coletivo que trate de uma gratificação semestral, ela deverá ter a incidência das horas extras prestadas com habitualidade.

**117. Bancário. Categoria diferenciada.** *(Res. 121/2003, DJ 19.11.2003)*

**Não se beneficiam do regime legal relativo aos bancários os empregados de estabelecimento de crédito pertencentes a categorias profissionais diferenciadas.**

A categoria de profissionais diferenciados são os empregados que exercem função diferenciada, como por exemplo a secretária; ela trabalhará 8 horas e não 6 horas como os bancários.

**118. Jornada de trabalho. Horas extras.** *(Res. 121/2003, DJ 19.11.2003)*

**Os intervalos concedidos pelo empregador na jornada de trabalho, não previstos em lei, representam tempo à disposição da empresa, remunerados como serviço extraordinário, se acrescidos ao final da jornada.**

Se esse intervalo não tiver previsão legal será considerado tempo de serviço à disposição do empregador, por exemplo, intervalo para café.

**119. Jornada de trabalho.** *(Res. 121/2003, DJ 19.11.2003)*

**Os empregados de empresas distribuidoras e corretoras de títulos e valores mobiliários não têm direito à jornada especial dos bancários**

Somente os funcionários de banco ou casa bancária terão direito a jornada especial do art. 224 da CLT.

**122. REVELIA. ATESTADO MÉDICO.** *(Incorporada à Orientação Jurisprudencial nº 74 da SDI-1 – Res. 129/2005, DJ 20.04.2005)*

A reclamada, ausente à audiência em que deveria apresentar defesa, é revel, ainda que presente seu advogado munido de procuração, podendo ser ilidida a revelia mediante a apresentação de atestado médico, que deverá declarar, expressamente, a impossibilidade de locomoção do empregador ou do seu preposto no dia da audiência. *(Primeira parte – ex-OJ nº 74 da SDI-1 – Inserida em 25.11.1996; segunda parte – ex-Súmula nº 122, redação dada pela Res. 121/2003, DJ 19.11.03)*

A única possibilidade da reclamada não comparecer à audiência e não ser decretada à revelia, salvo o envio do preposto, seria a apresentação de atestado médico, declarando a impossibilidade da presença da reclamada.

O art. 844 da CLT é claro ao dispor sobre o assunto: "o não comparecimento do reclamado importa a revelia, além de confissão da matéria de fato".

**124. BANCÁRIO. HORA DE SALÁRIO. DIVISOR.** *(Res. 121/2003, DJ 19.11.2003)*

Para o cálculo do valor do salário-hora do bancário mensalista, o divisor a ser adotado é 180 (cento e oitenta).

Esse número 180 (cento e oitenta) vem da multiplicação de 6 (seis) horas diárias e 30 (trinta) horas mensais.

Para ser calculado o salário do bancário deverá ser feita essa conta.

**125. CONTRATO DE TRABALHO. ART. 479 DA CLT.** *(Res. 121/2003, DJ 19.11.2003)*

O art. 479 da CLT aplica-se ao trabalhador optante pelo FGTS admitido mediante contrato por prazo determinado, nos termos do art. 30, § 3º, do Decreto nº 59.820, de 20.12.1966.

Nos contratos de trabalho por prazo determinado, caso ocorra a demissão sem justa causa, haverá a obrigatoriedade do pagamento de metade da remuneração devida.

**126. Recurso. Cabimento.** *(Res. 121/2003, DJ 19.11.2003)*

**Incabível o recurso de revista ou de embargos *(arts. 896 e 894, "b", da CLT)* para reexame de fatos e provas.**

Para reexame de fatos e provas será inviável o uso de recurso de revista ou embargos, pois o primeiro terá utilidade quando for ferido dispositivo de lei ou visar uniformizar as divergências nos tribunais, já os embargos visam a uniformização da jurisprudência nos tribunais.

**127. Quadro de carreira.** *(Res. 121/2003, DJ 19.11.2003)*

**Quadro de pessoal organizado em carreira, aprovado pelo órgão competente, excluída a hipótese de equiparação salarial, não obsta reclamação fundada em preterição, enquadramento ou reclassificação.**

Não será devida a equiparação salarial quando a empresa tiver quadro de carreira aprovado por órgão competente, conforme art. 461, § 2º, da CLT.

**128. Depósito recursal.** *(Incorporadas às Orientações Jurisprudenciais nos 139, 189 e 190 da SDI-1 – Res. 129/2005, DJ 20.04.2005)*

**I – É ônus da parte recorrente efetuar o depósito legal, integralmente, em relação a cada novo recurso interposto, sob pena de deserção. Atingido**

o valor da condenação, nenhum depósito mais é exigido para qualquer recurso. *(ex-Súmula nº 128, redação dada pela Res. 121/2003, DJ 19.11.03, que incorporou a OJ nº 139 da SDI-1 – Inserida em 27.11.98)*

> O depósito recursal é um dos pressupostos processuais, caso não seja feito, o recurso não será analisado, será tido como deserto.

**II – Garantido o juízo, na fase executória, a exigência de depósito para recorrer de qualquer decisão viola os incisos II e LV do art. 5º da CF/1988. Havendo, porém, elevação do valor do débito, exige-se a complementação da garantia do juízo.** *(ex-OJ nº 189 da SDI-1 – Inserida em 08.11.2000)*

**III – Havendo condenação solidária de duas ou mais empresas, o depósito recursal efetuado por uma delas aproveita as demais, quando a empresa que efetuou o depósito não pleiteia sua exclusão da lide.** *(ex-OJ nº 190 da SDI-1 – Inserida em 08.11.2000)*

> O interessante nessa situação é que havendo condenação solidária e o pagamento de depósito por uma dessas empresas, as demais aproveitam-se.

**129. Contrato de trabalho. Grupo econômico.** *(Res. 121/2003, DJ 19.11.2003)*

**A prestação de serviços a mais de uma empresa do mesmo grupo econômico, durante a mesma jornada de trabalho, não caracteriza a coexistência de mais de um contrato de trabalho, salvo ajuste em contrário.**

> O contrato de trabalho é o mesmo e a jornada também, e pode até ser transferido de uma empresa para outra, dentro dos ditames da lei. As partes pactuaram em contrato, o grupo econômico é o empregador, consoante o art. 2º, § 2º, da CLT.

**132. Adicional de periculosidade. Integração.** *(Incorporadas às Orientações Jurisprudenciais nos 174 e 267 da SDI-1 – Res. 129/2005, DJ 20.04.2005)*

**I – O adicional de periculosidade, pago em caráter permanente, integra o cálculo de indenização e de horas extras.** *(ex-Prejulgado nº 3). (ex-Súmula nº 132 – RA 102/1982, DJ 11.10.1982/ DJ 15.10.1982 e ex-OJ nº 267 da SDI-1 – Inserida em 27.09.2002)*

> O adicional de periculosidade tem natureza salarial, devendo integrar o cálculo para indenização, pois se ocorre em caráter permanente, ocorre de forma habitual. A indenização conforme o art. 477 da CLT, será paga na base da maior remuneração que o empregado recebeu da empresa.
>
> E deverá integrar o cálculo da hora extra, pois nesse período também foi exposto ao perigo, ou está em área de risco, devendo ser paga a hora extra com adicional de periculosidade.
>
> A Orientação Jurisprudencial nº 47 diz: "Hora extra. Adicional de insalubridade. Base de cálculo. É o resultado da soma de salário contratual mais o adicional de insalubridade, este calculado sobre o salário mínimo".

**II – Durante as horas de sobreaviso, o empregado não se encontra em condições de risco, razão pela qual é incabível a integração do adicional de periculosidade sobre as mencionadas horas.** *(ex- OJ nº 174 da SDI-1 – Inserida em 08.11.2000)*

> Realmente, durante a hora de sobreaviso o empregado não está exposto a risco ou área perigosa e não será devido o adicional.

**136. Juiz. Identidade física.** *(Res. 121/2003, DJ 19.11.2003)*

**Não se aplica às Varas do Trabalho o princípio da identidade física do juiz** *(ex-Prejulgado nº 7).*

Com a emenda Constitucional nº 24/1999 e a extinção dos Juízes classistas aplica-se a identidade física do Juiz que foi a pessoa que conduziu o processo e deve julgá-lo.

**• Julgado**

*RECURSO DE REVISTA DA RECLAMADA. NULIDADE DA SENTENÇA. PRINCÍPIO DA IDENTIDADE FÍSICA DO JUIZ. SÚMULA 136/TST. Decisão regional em consonância com o entendimento jurisprudencial consubstanciado na Súmula 136 do TST, no sentido de que "não se aplica às Varas do Trabalho o princípio da identidade física do juiz (ex-Prejulgado nº 7)". Incidência do art. 896, § 4º, da CLT e aplicação da Súmula 333/TST.* **(TST-RR-18918/1999-652-09-00.8)**

**138. READMISSÃO.** *(Res. 121/2003, DJ 19.11.2003)*

**Em caso de readmissão, conta-se a favor do empregado o período de serviço anterior, encerrado com a saída espontânea** *(ex-Prejulgado nº 9)*.

Quando o empregado for readmitido serão computados os períodos, mesmo contínuos. Salvo se tiver cometido falta grave, for motivo de aposentadoria ou esse período de desligamento com a empresa for superior a 2 anos. O art. 453 da CLT e Súmula nº 25 do STF, que fala sobre a falta grave, prevê, para esses casos, a prescrição bienal.

**139. ADICIONAL DE INSALUBRIDADE.** *(Incorporada à Orientação Jurisprudencial nº 102 da SDI-1 – Res. 129/2005, DJ 20.04.2005)*

**Enquanto percebido, o adicional de insalubridade integra a remuneração para todos os efeitos legais.** *(ex-OJ nº 102 da SDI-1 – Inserida em 01.10.1997)*

A Súmula nº 459 do STF já disciplinou sobre o assunto, esclarecendo que: "no cálculo da indenização por dispensa injusta, incluem-se os adicionais, ou gratificações, que, pela habitualidade, tenham sido incorporados ao salário".

Se a dispensa for injusta, o adicional de insalubridade integrará a remuneração para os efeitos legais, entretanto, o adicional deverá ser feito habitualmente e não eventualmente.

## 140. Vigia. *(Res. 121/2003, DJ 19.11.2003)*

**É assegurado ao vigia sujeito ao trabalho noturno o direito ao respectivo adicional** *(ex-Prejulgado nº 12)*.

Caso o vigia trabalhe no período compreendido entre as 22 e as 5 horas, receberá o adicional noturno, pois o art. 73 não exclui trabalhador algum, não está expresso que o vigia não tem direito a esse adicional.

Inclusive a Súmula nº 402 do STF demonstra que terá direito ao adicional, vejamos: "vigia noturno tem direito ao adicional". Não restando dúvida sobre o devido pagamento do adicional noturno ao vigia.

## 143. Salário profissional. *(Res. 121/2003, DJ 19.11.2003)*

**O salário profissional dos médicos e dentistas guarda proporcionalidade com as horas efetivamente trabalhadas, respeitado o mínimo de 50 (cinquenta) horas mensais** *(ex-Prejulgado nº 15)*.

Cumpre salientar que o dentista ou o médico poderá trabalhar mais horas desde que devidamente remuneradas.

**146. Trabalho em domingos e feriados, não compensado.** *(Incorporada à Orientação Jurisprudencial nº 93 da SDI-1 – Res. 121/2003, DJ 19.11.2003)*

O trabalho prestado em domingos e feriados, não compensado, deve ser pago em dobro, sem prejuízo da remuneração relativa ao repouso semanal.

> O empregado tem direito ao repouso semanal; caso não seja concedido, o empregador sofrerá uma penalidade, tendo que pagar em dobro as horas trabalhadas, ou seja, pagará a hora de trabalho normal, mais uma hora, não sendo esta hora extra e sim um complemento por não estar fazendo jus ao seu dia de descanso.
>
> A redação anterior dessa súmula dizia ser em dobro o pagamento, não em triplo, e a Súmula nº 461 do STF dispõe ainda neste sentido: "é duplo e não triplo, o pagamento do salário nos dias destinados a descanso".

**148. Gratificação natalina.** *(Res. 121/2003, DJ 19.11.2003)*

É computável a gratificação de Natal para efeito de cálculo de indenização *(ex-Prejulgado nº 20)*.

> Conforme o art. 457, § 1º, da CLT, integra o salário não só a gratificação ajustada, como as percentagens, as diárias para viagem, as comissões, as percentagens e os abonos pagos pelo empregador, que deverão ser computados para efeito de cálculo de indenização.

**149. Tarefeiro. Férias.** *(Res. 121/2003, DJ 19.11.2003)*

A remuneração das férias do tarefeiro deve ser calculada com base

**na média da produção do período aquisitivo, aplicando-se-lhe a tarifa da data da concessão** *(ex-Prejulgado n° 22).*

> Esta súmula está em consonância com o art. 142, § 2º, da CLT, que diz: "quando o salário dor pago por tarefa, tomar-se-á por base a média da produção do período aquisitivo do direito as férias, aplicando-se o valor da remuneração da tarefa na data da concessão das férias".
>
> Fica evidente a concordância da súmula com o artigo supracitado, podendo a súmula ser cancelada.

### 152. GRATIFICAÇÃO. AJUSTE TÁCITO. *(Res. 121/2003, DJ 19.11.2003)*

**O fato de constar do recibo de pagamento de gratificação o caráter de liberalidade não basta, por si só, para excluir a existência de ajuste tácito** *(ex-Prejulgado n° 25).*

> Quando a verba é paga com habitualidade, fica claro que houve um acordo entre as partes, pois na Justiça do Trabalho é permitido o contrato oral, e nesse caso a gratificação será devida ao empregado, inclusive com entendimento sobre o assunto sumulado pelo STF na Súmula nº 207, que elenca: "as gratificações habituais, inclusive a de Natal, consideram-se tacitamente convencionadas, integrando o salário".

### 153. PRESCRIÇÃO. *(Res. 121/2003, DJ 19.11.2003)*

**Não se conhece de prescrição não arguida na instância ordinária** *(ex-Prejulgado n° 27).*

> A prescrição deve ser alegada ou na vara do trabalho ou no Tribunal Regional do Trabalho, pois nesses dois órgãos discute-se matéria de fato.

## 155. AUSÊNCIA AO SERVIÇO. *(Res. 121/2003, DJ 19.11.2003)*

**As horas em que o empregado falta ao serviço para comparecimento necessário, como parte, à Justiça do Trabalho não serão descontadas de seus salários** *(ex-Prejulgado nº 30).*

Importante relatar a referida súmula, pois ela assegura o comparecimento da testemunha, preposto ou até mesmo um reclamante em audiência para prestar os devidos esclarecimentos e nada será descontado de seu dia de trabalho.

## 156. PRESCRIÇÃO. PRAZO. *(Res. 121/2003, DJ 19.11.2003)*

**Da extinção do último contrato começa a fluir o prazo prescricional do direito de ação em que se objetiva a soma de períodos descontínuos de trabalho** *(ex-Prejulgado nº 31).*

O art. 7º, XXIX, da Constituição Federal elenca que é de dois anos o prazo prescricional, contando-se do término do contrato de trabalho, começando a fluir desse término.

## 157. GRATIFICAÇÃO. *(Res. 121/2003, DJ 19.11.2003)*

**A gratificação instituída pela Lei nº 4.090, de 13.07.1962, é devida na resilição contratual de iniciativa do empregado** *(ex-Prejulgado nº 32).*

Essa súmula trata do 13º salário que será devido mesmo que proporcional, apenas não sendo devido na justa causa.

## 158. AÇÃO RESCISÓRIA. *(Res. 121/2003, DJ 19.11.2003)*

**Da decisão de Tribunal Regional do Trabalho, em ação rescisória,**

é cabível recurso ordinário para o Tribunal Superior do Trabalho, em face da organização judiciária trabalhista *(ex-Prejulgado nº 35)*.

A ação rescisória, quando proposta no TRT, caberá recurso ordinário para o TST que deverá ser julgado na SDI-2 desse órgão.

### 159. SUBSTITUIÇÃO DE CARÁTER NÃO EVENTUAL E VACÂNCIA DO CARGO. *(Incorporada à Orientação Jurisprudencial nº 112 da SDI-1 – Res. 129/2005, DJ 20.04.2005)*

I – Enquanto perdurar a substituição que não tenha caráter meramente eventual, inclusive nas férias, o empregado substituto fará jus ao salário contratual do substituído. *(ex-Súmula nº 159 – Res. 121/2003, DJ 19.11.2003)*

II – Vago o cargo em definitivo, o empregado que passa a ocupá-lo não tem direito a salário igual ao do antecessor. *(ex-OJ nº 112 da SDI-1 – Inserida em 01.10.1997)*

O salário substituição só será devido se a substituição no cargo for temporária; se for definitiva não fará jus ao recebimento dos valores.

### 160. APOSENTADORIA POR INVALIDEZ. *(Res. 121/2003, DJ 19.11.2003)*

Cancelada a aposentadoria por invalidez, mesmo após cinco anos, o trabalhador terá direito de retornar ao emprego, facultado, porém, ao empregador, indenizá-lo na forma da lei *(ex-Prejulgado nº 37)*.

O art. 475 da CLT dispõe que no caso de aposentadoria o contrato ficará suspenso. E em caso de retorno, sendo acidente de trabalho, haverá ainda uma estabilidade de 12 meses.

**161. Depósito. Condenação a pagamento em pecúnia.** *(Res. 121/2003, DJ 19.11.2003)*

**Se não há condenação a pagamento em pecúnia, descabe o depósito de que tratam os §§ 1º e 2º do art. 899 da CLT** *(ex-Prejulgado nº 39).*

No caso de decisões declaratórias que não envolvam valores não se cogita o pagamento do depósito recursal pela reclamada, tendo em vista que não há a necessidade de "garantir" o juízo para recorrer.

**163. Aviso prévio. Contrato de experiência.** *(Res. 121/2003, DJ 19.11.2003)*

**Cabe aviso prévio nas rescisões antecipadas dos contratos de experiência, na forma do art. 481 da CLT** *(ex-Prejulgado nº 42).*

Nessa situação, havendo dispensa antes do término do contrato de experiência, cabe indenização pela metade do que o empregado receberia se trabalhasse. *Vide* art. 481 da CLT que trata da cláusula assecuratória de direitos recíprocos.

**164. Procuração. Juntada.** *(Res. 121/2003, DJ 19.11.2003)*

**O não cumprimento das determinações dos §§ 1º e 2º do art. 5º da Lei nº 8.906, de 04.07.1994 e do art. 37, parágrafo único, do Código de Processo Civil importa o não conhecimento de recurso, por inexistente, exceto na hipótese de mandato tácito.**

A procuração é um instrumento mandatório para representar outrem nos atos processuais. Sua juntada é imprescindível quando da interposição de um recurso.

**170. Sociedade de economia mista. Custas.** *(Res. 121/2003, DJ 19.11.2003)*

Os privilégios e isenções no foro da Justiça do Trabalho não abrangem as sociedades de economia mista, ainda que gozassem desses benefícios anteriormente ao Decreto-Lei nº 779, de 21.08.1969 *(ex-Prejulgado nº 50).*

A sociedade de economia mista não faz jus ao benefício, pois explora atividade econômica.

**171. Férias Proporcionais. Contrato de Trabalho. Extinção.** *(Republicada no DJ de 27.04.2004 e de 05.05.2004 em razão de erro material na referência legislativa)*

Salvo na hipótese de dispensa do empregado por justa causa, a extinção do contrato de trabalho sujeita o empregador ao pagamento da remuneração das férias proporcionais, ainda que incompleto o período aquisitivo de 12 (doze) meses *(art. 147 da CLT)* *(ex-Prejulgado nº 51).*

O empregado tem direito ao pagamento das férias proporcionais, ainda que tenha trabalhado 12 meses incompletos do período aquisitivo, por força do art. 147 da CLT, salvo se cometer justa causa.

**172. Repouso remunerado. Horas extras. Cálculo.** *(Res. 121/2003, DJ 19.11.2003)*

Computam-se no cálculo do repouso remunerado as horas extras habitualmente prestadas *(ex-Prejulgado nº 52).*

Por força do art. 7º da Lei nº 605/1949, ao pagamento do repouso semanal remunerado, serão computadas as horas extras habitualmente prestadas, como o 13º salário, o FGTS e a indenização.

**173. Salário. Empresa. Cessação de atividades.** *(Res. 121/2003, DJ 19.11.2003)*

Extinto, automaticamente, o vínculo empregatício com a cessação das atividades da empresa, os salários só são devidos até a data da extinção *(ex-Prejulgado nº 53).*

> Esse entendimento é muito claro, pois, cessando as atividades empresariais, o empregado não labora, não fazendo jus ao recebimento de salário.

**178. Telefonista. Art. 227, e parágrafos, da CLT. Aplicabilidade.** *(Res. 121/2003, DJ 19.11.2003)*

É aplicável à telefonista de mesa de empresa que não explora o serviço de telefonia o disposto no art. 227, e seus parágrafos, da CLT *(ex-Prejulgado nº 59).*

> Às empresas que não exploram o serviço de telefonia deverão aplicar a regra do art. 227 da CLT, para as telefonistas, ou seja, jornada de trabalho de 6 (seis) horas diárias ou 36 (trinta e seis) horas semanais, pois seu trabalho é cansativo e repetitivo, e, ainda, os trabalhos realizados em domingos e feriados serão considerados extraordinários.

**182. Aviso prévio. Indenização compensatória. Lei nº 6.708, de 30.10.1979.** *(Res. 121/2003, DJ 19.11.2003)*

O tempo do aviso prévio, mesmo indenizado, conta-se para efeito da indenização adicional prevista no art. 9º da Lei nº 6.708, de 30.10.1979.

O aviso prévio é tempo trabalhado, devendo ter efeito na indenização; a Lei nº 7.238/1984 em seu art. 9º, disciplinou sobre o assunto, reforçando esse entendimento sumulado.

### 184. EMBARGOS DECLARATÓRIOS. OMISSÃO EM RECURSO DE REVISTA. PRECLUSÃO. *(Res. 121/2003, DJ 19.11.2003)*

**Ocorre preclusão se não forem opostos embargos declaratórios para suprir omissão apontada em recurso de revista ou de embargos.**

A matéria discutida nos embargos deverá ser embargada para suprir a omissão, contradição ou a obscuridade, no tribunal ou na turma, antes de interpor o recurso de revista, pois esse será o único momento possível para não ocorrer a preclusão.

### 186. LICENÇA-PRÊMIO. CONVERSÃO EM PECÚNIA. REGULAMENTO DA EMPRESA. *(Res. 121/2003, DJ 19.11.2003)*

**A licença-prêmio, na vigência do contrato de trabalho, não pode ser convertida em pecúnia, salvo se expressamente admitida a conversão no regulamento da empresa.**

Essa súmula só tem efeito didático, pois, é totalmente possível no curso do contrato de trabalho, o pagamento da licença-prêmio em valores, caso o empregador queira.

### 187. CORREÇÃO MONETÁRIA. INCIDÊNCIA. *(Res. 121/2003, DJ 19.11.2003)*

**A correção monetária não incide sobre o débito do trabalhador reclamante.**

O princípio do protecionismo está evidente nessa Súmula de nº 187, pois não existe correção monetária nos débitos do reclamante numa eventual ação trabalhista que envolve a reconvenção. Esse entendimento vem perdendo forças com o advento da promulgação da Lei nº 6.899/1981, que determina a correção monetária em qualquer condenação judicial, inclusive honorários advocatícios.

## 188. Contrato de trabalho. Experiência. Prorrogação. *(Res. 121/2003, DJ 19.11.2003)*

**O contrato de experiência pode ser prorrogado, respeitado o limite máximo de 90 (noventa) dias.**

O art. 445, parágrafo único, da CLT é claro quando trata do contrato de experiência: "o contrato de experiência não poderá exceder de 90 (noventa) dias".

Poderá dividir esse prazo em até 2 períodos, mas nunca exceder os 90 (noventa) dias, sob pena do contrato de trabalho converter-se para indeterminado, por exemplo: 45 dias, mais 45 dias, mais 20 dias, mais 40 dias.

O art. 451 da CLT também regulamenta esse assunto: "o contrato de trabalho por prazo determinado que, tácito ou expressamente, for prorrogado mais de uma vez, passará a vigorar sem determinação de prazo".

## 189. Greve. Competência da Justiça do Trabalho. Abusividade. *(Res. 121/2003, DJ 19.11.2003)*

**A Justiça do Trabalho é competente para declarar a abusividade, ou não, da greve.**

A Emenda Constitucional nº 45/2004, abrangeu a competência da Justiça do Trabalho inserindo o art. 114, II, trazendo a competência para declarar a abusividade ou não da greve.

## 190. Poder normativo do TST. Condições de trabalho. Inconstitucionalidade. Decisões contrárias ao STF. *(Res. 121/2003, DJ 19.11.2003)*

Ao julgar ou homologar ação coletiva ou acordo nela havido, o Tribunal Superior do Trabalho exerce o poder normativo constitucional, não podendo criar ou homologar condições de trabalho que o Supremo Tribunal Federal julgue iterativamente inconstitucionais.

Esse poder normativo do TST, evidenciado nas ações coletivas, é a forma de se criar normas para uma determinada categoria e mesmo com a EC nº 45/04, a nosso ver, não sofreu alterações.

## 191. Adicional. Periculosidade. Incidência. *(Res. 121/2003, DJ 19.11.2003)*

O adicional de periculosidade incide apenas sobre o salário básico e não sobre este acrescido de outros adicionais. Em relação aos eletricitários, o cálculo do adicional de periculosidade deverá ser efetuado sobre a totalidade das parcelas de natureza salarial.

O adicional de periculosidade terá incidência apenas no salário-base, não podendo englobar outros adicionais, pois esses outros não são salário-base; o art. 193 da CLT regulamenta o adicional de periculosidade e, no § 1º, menciona a porcentagem do adicional, que é de 30% (trinta por cento), e ainda, que deverá incidir, sem os acréscimos resultantes das gratificações, prêmios ou participações.

## 192. Ação rescisória. Competência e possibilidade jurídica do pedido. *(Res. 153/2008, DJe do TST 20.11.2008)*

I – Se não houver o conhecimento de recurso de revista ou de embargos, a competência para julgar ação que vise a rescindir a decisão de mérito é do Tribunal Regional do Trabalho, ressalvado o disposto no item II. *(ex-Súmula nº 192 – Res. 121/2003, DJ 19.11.2003)*

II – Acórdão rescindendo do Tribunal Superior do Trabalho que não conhece de recurso de embargos ou de revista, analisando arguição de violação de dispositivo de lei material ou decidindo em consonância com súmula de direito material ou com iterativa, notória e atual jurisprudência de direito material da Seção de Dissídios Individuais *(Súmula nº 333)*, examina o mérito da causa, cabendo ação rescisória da competência do Tribunal Superior do Trabalho. *(ex-Súmula nº 192 – Res. 121/2003, DJ 19.11.2003)*

III – Em face do disposto no art. 512 do CPC, é juridicamente impossível o pedido explícito de desconstituição de sentença quando substituída por acórdão de Tribunal Regional ou superveniente sentença homologatória de acordo que puser fim ao litígio.

IV – É manifesta a impossibilidade jurídica do pedido de rescisão de julgado proferido em agravo de instrumento que, limitando-se a aferir o eventual desacerto do juízo negativo de admissibilidade do recurso de revista, não substitui o acórdão regional, na forma do art. 512 do CPC. *(ex-OJ nº 105 da SDI-2 – DJ 29.04.2003)*

V – A decisão proferida pela SDI, em sede de agravo regimental, calcada na Súmula nº 333, substitui acórdão de Turma do TST, porque emite juízo de mérito, comportando, em tese, o corte rescisório. *(ex-OJ nº 133 da SDI-2 – DJ 04.05.2004)*

> A regra para a competência da ação rescisória é apenas uma; em que foi proferida a última decisão de mérito é o local competente para julgar a ação rescisória (excetua-se obviamente as decisões das varas do trabalho em que a competência para a ação rescisória é o TRT competente).

**197. Prazo.** *(Res. 121/2003, DJ 19.11.2003)*

O prazo para recurso da parte que, intimada, não comparecer à audiência em prosseguimento para a prolação da sentença conta-se de sua publicação.

> Essa súmula vem consolidar, com entendimento nos arts. 834 e 852 da CLT, que a parte já sairá intimada da audiência, não regulamenta quem falta nesse ato processual, pois deverá tomar conhecimento do ocorrido.

**199. Bancário. Pré-contratação de horas extras.** *(Incorporadas às Orientações Jurisprudenciais nos 48 e 63 da SDI-1 – Res. 129/2005, DJ 20.04.2005)*

I – A contratação do serviço suplementar, quando da admissão do trabalhador bancário, é nula. Os valores assim ajustados apenas remuneram a jornada normal, sendo devidas as horas extras com o adicional de, no mínimo, 50% (cinquenta por cento), as quais não configuram pré-contratação, se pactuadas após a admissão do bancário. *(ex-Súmula nº 199, Res. 41/1995, DJ 17.02.1995 e ex-OJ 48 da SDI-1 – Inserida em 25.11.1996)*

> A jornada de trabalho do bancário e de 6 (seis) horas diárias, ou 30 (trinta) horas semanais, conforme os arts. 224 e 225 da CLT, regulamenta a prorrogação dessa jornada, que excepcionalmente poderá ser prorrogada, não excedendo 8 (oito) horas diárias e 40 (quarenta) horas semanais, sendo nulo qualquer contrato que vá contra a lei em vigor.

II – Em se tratando de horas extras pré-contratadas, opera-se a prescrição total se a ação não for ajuizada no prazo de cinco anos, a partir da data em que foram suprimidas. *(ex-OJ nº 63 da SDI-1 – Inserida em 14.03.1994)*

As horas extras sendo suprimidas, ocorrerá a prescrição total e não parcial, pois no curso do contrato de trabalho a prescrição para pleitear direitos é de cinco anos.

**200. Juros de mora. Incidência.** *(Res. 121/2003, DJ 19.11.2003)*

**Os juros de mora incidem sobre a importância da condenação já corrigida monetariamente.**

Os juros de mora ou moratórios são aqueles devidos quando a pessoa está em atraso com sua obrigação.

No caso presente, os juros de mora incidirão sobre o valor devido decidido judicialmente, sobre a importância já corrigida monetariamente; essa correção existe para que o valor discutido judicialmente não fique defasado com o tempo, ou seja, para que o empregado não receba importância menor do que deveria receber.

**201. Recurso ordinário em mandado de segurança.** *(Res. 121/2003, DJ 19.11.2003)*

**Da decisão de Tribunal Regional do Trabalho em mandado de segurança cabe recurso ordinário, no prazo de 8 (oito) dias, para o Tribunal Superior do Trabalho, e igual dilação para o recorrido e interessados apresentarem razões de contrariedade.**

Ao mandado de segurança impetrado no TRT de sua decisão caberá recurso ordinário para o TST, nos moldes do art. 895, "b", da CLT.

**202. Gratificação por tempo de serviço. Compensação.** *(Res. 121/2003, DJ 19.11.2003)*

**Existindo, ao mesmo tempo, gratificação por tempo de serviço outorgada pelo empregador e outra da mesma natureza prevista em acordo coletivo, convenção coletiva ou sentença normativa, o empregado tem direito a receber, exclusivamente, a que lhe seja mais benéfica.**

A Justiça do Trabalho visa proteger as partes não deixando acontecer injustiças; nesse caso o empregado deverá fazer a opção de um benefício sempre o mais favorável a ele, entretanto, não seria justo o empregador pagar dois benefícios idênticos a um mesmo empregado, existindo a gratificação prevista em acordo coletivo e em convenção coletiva, o obreiro receberá a mais benéfica.

**203. Gratificação por tempo de serviço. Natureza salarial.** *(Res. 121/2003, DJ 19.11.2003)*

**A gratificação por tempo de serviço integra o salário para todos os efeitos legais.**

A súmula citada coaduna com o entendimento no art. 457, § 1º, da CLT, que afirma a integração não só da gratificação no salário como também das comissões, das percentagens, das diárias para viagem e dos abonos pagos pelo empregador.

**206. FGTS. Incidência sobre parcelas prescritas.** *(Res. 121/2003, DJ 19.11.2003)*

**A prescrição da pretensão relativa às parcelas remuneratórias alcança o respectivo recolhimento da contribuição para o FGTS.**

Essa súmula traz uma certeza ao reclamante, que, ao fazer os pedidos de suas verbas rescisórias, incluirá o FGTS com as devidas correções.

### 207. Conflitos de leis trabalhistas no espaço. Princípio da *"lex loci executionis". (Res. 121/2003, DJ 19.11.2003)*

**A relação jurídica trabalhista é regida pelas leis vigentes no país da prestação de serviço e não por aquelas do local da contratação.**

O local em que o trabalhador estiver exercendo suas atividades é o local competente para dirimir eventuais conflitos. Salvo se for embaixada ou, ainda, objeto de acordo ou convenção internacional.

### 211. Juros de mora e correção monetária. Independência do pedido inicial e do título executivo judicial. *(Res. 121/2003, DJ 19.11.2003)*

**Os juros de mora e a correção monetária incluem-se na liquidação, ainda que omisso o pedido inicial ou a condenação.**

Os juros de mora sempre estarão incluídos, pois são devidos quando o empregado ou empregador está em atraso com a sua obrigação, uma vez que o processo pode ter um grande lapso de tempo e a parte ser prejudicada em relação à correção e à forma de corrigir esse valor em atraso para que não haja uma defasagem com o tempo.

### 212. Despedimento. Ônus da prova. *(Res. 121/2003, DJ 19.11.2003)*

**O ônus de provar o término do contrato de trabalho, quando negados a prestação de serviço e o despedimento, é do empregador, pois o princípio da continuidade da relação de emprego constitui presunção favorável ao empregado.**

O empregador deverá fazer prova de que o empregado nunca esteve naquele trabalho, ou ainda, da data do término do contrato de trabalho, pois a presunção do labor é favorável ao empregado.

**• Julgados**

*A fundamentação exposta nas razões de recurso de revista é impertinente, pois não há que se falar em afronta à Súmula 212 /TST uma vez que não houve vínculo comprovado.* **(TST-AIRR-1478/2006-080-02-40.2)**

*Portanto, a verificação dos argumentos da Parte, no sentido de que restaram preenchidos os requisitos tipificadores do elo empregatício, como vendedor e não representante comercial por todo o período, demandaria o reexame do conjunto fático-probatório dos autos, procedimento defeso, nesta fase, a teor da Súmula 126/TST.*

*Ademais, contendo os autos informações suficientes à prova do tema vínculo empregatício, não há que se discutir a quem caberia ter provado. Ausente a contrariedade à Súmula 212/ TST.* **(TST-AIRR-5634/2006-892-09-40.1)**

**214. Decisão interlocutória. Irrecorribilidade.** *(Res. 127/2005, DJ 14.03.2005)*

Na Justiça do Trabalho, nos termos do art. 893, § 1º, da CLT, as decisões interlocutórias não ensejam recurso imediato, salvo nas hipóteses de decisão:

a) de Tribunal Regional do Trabalho contrária à Súmula ou Orientação Jurisprudencial do Tribunal Superior do Trabalho;

b) suscetível de impugnação mediante recurso para o mesmo Tribunal;

c) que acolhe exceção de incompetência territorial, com a remessa dos autos para Tribunal Regional distinto daquele a que se vincula o juízo excepcionado, consoante o disposto no art. 799, § 2º, da CLT.

Decisão interlocutória é o ato pelo qual o juiz decide um incidente processual e, diferentemente, do processo civil, na Justiça do Trabalho, as decisões interlocutórias não são passíveis de recurso, salvo as 3 exceções:

1) se a decisão for abusiva, caberá mandado de segurança;
2) caso seja arbitrada o valor da causa, cabe pedido de revisão;
3) quando há uma mudança de Vara Trabalhista, haverá consequentemente uma mudança de Tribunal, e dessa mudança de Tribunal caberá recurso ordinário.

• **Julgados**

*AGRAVO DE INSTRUMENTO. RECURSO DE REVISTA. DECISÃO INTERLOCUTÓRIA. SÚMULA Nº 214/TST. Decisão proferida pelo Regional no sentido de reconhecer a competência da Justiça do Trabalho, determinar a reabertura da instrução processual para citação da autoridade municipal competente, bem como o retorno dos autos à Vara de origem para prosseguimento do feito tem natureza interlocutória, não sendo recorrível de imediato, pois adia o provimento regional definitivo para um segundo momento, não pondo termo ao feito. Incidência da Súmula 214 do TST. Agravo de instrumento conhecido e não provido.* (**TST-AIRR-181/2007-132-03-40.0**)

*AGRAVO – DECISÃO INTERLOCUTÓRIA – IRRE-CORRIBILIDADE – SÚMULA Nº 214 DO TST. A decisão agravada foi proferida em estrita observância aos arts. 896, § 5º, da CLT e 557, caput, do CPC e está em consonância com a Súmula nº 214 do TST. É, portanto, insuscetível de reforma ou reconsideração.* (**TST-A-AIRR-234/2007-002-02-40.8**)

*AGRAVO. DECISÃO MONOCRÁTICA. REGULAR REPRESENTAÇÃO DO SUBSCRITOR DO AGRAVO DE INSTRUMENTO. Considerando-se a regularidade de repre-*

*sentação do agravo de instrumento, faz-se o juízo de retratação próprio ao agravo para, ultrapassado tal óbice, dar-lhe provimento para conhecer do mérito do agravo de instrumento. Agravo provido.*

*NULIDADE DA QUITAÇÃO AMPLA E IRRESTRITA (OJ 270/SDI-1/TST). RETORNO DOS AUTOS AO JUÍZO DE ORIGEM. DECISÃO INTERLOCUTÓRIA. SÚMULA 214/ TST. As decisões interlocutórias, no processo do trabalho, como regra geral, são irrecorríveis de imediato, comportando apenas as expressas exceções relacionadas nas alíneas "a", "b" e "c" da Súmula 214/TST. Quando não concretizada qualquer das exceções, incabível a interposição de recurso de revista. Agravo provido para conhecer do agravo de instrumento e negar-lhe provimento.* **(TST-A-AIRR-256/2003-033-12-41.0)**

*RECURSO DE REVISTA. DECISÃO INTERLOCUTÓRIA. SÚMULA 214/TST. Nítido o caráter interlocutório da decisão regional que, afastada a pronúncia da prescrição nuclear quanto ao pleito de complementação de aposentadoria, determinou o retorno dos autos à origem para prosseguimento do feito, a qualificá-la como irrecorrível de imediato, uma vez não configurada qualquer das hipóteses em que excepcionada pela jurisprudência mansa e pacífica desta Corte. Aplicação da Súmula 214/TST.* **(TST-RR-302/2004-005-09-00.2)**

### 217. Depósito recursal. Credenciamento bancário. Prova dispensável. *(Res. 121/2003, DJ 19.11.2003)*

**O credenciamento dos bancos para o fim de recebimento do depósito recursal é fato notório, independendo da prova.**

O depósito recursal poderá ser feito em qualquer banco, pois todos eles estão cadastrados no Banco Central, sendo competentes para o referido recebimento.

**218. Recurso de revista. Acórdão proferido em agravo de instrumento.** *(Res. 121/2003, DJ 19.11.2003)*

**É incabível recurso de revista interposto de acórdão regional prolatado em agravo de instrumento.**

O recurso de revista nos moldes do art. 896 da CLT só será devido nas hipóteses que envolverem decisões colegiadas e não monocráticas, como são as hipóteses do art. 897, *"b"*, da CLT quando trata do agravo de instrumento.

**219. Honorários advocatícios. Hipótese de cabimento.** *(Incorporada à Orientação Jurisprudencial nº 27 da SDI-2 – Res. 137/2005, DJ 22.08.2005)*

**I – Na Justiça do Trabalho, a condenação ao pagamento de honorários advocatícios, nunca superiores a 15% (quinze por cento), não decorre pura e simplesmente da sucumbência, devendo a parte estar assistida por sindicato da categoria profissional e comprovar a percepção de salário inferior ao dobro do salário mínimo ou encontrar-se em situação econômica que não lhe permita demandar sem prejuízo do próprio sustento ou da respectiva família.** *(ex-Súmula nº 219 – Res. 14/1985, DJ 26.09.1985)*

**II – É incabível a condenação ao pagamento de honorários advocatícios em ação rescisória no processo trabalhista, salvo se preenchidos os requisitos da Lei nº 5.584/1970.** *(ex-OJ nº 27 da SDI-2- inserida em 20.09.2000).*

Os honorários na justiça do trabalho são apenas devidos no importe de 15%, quando envolver sindicato, e ainda for um reclamante que receba menos de dois salários mínimos mensais.

• **Julgados**

*HONORÁRIOS ADVOCATÍCIOS. As súmulas de jurisprudência da Corte têm como paradigma a Lei nº 5.584/1970, que efetivamente rege a matéria. Assim, à sucumbência somam-se, nesta Justiça, a exigência do patrocínio ou assistência pelo sindicato da categoria profissional do empregado, bem assim a percepção de salário inferior a dois mínimos, ou encontrar-se em situação econômica que não permita demandar sem prejuízo do próprio sustento ou da respectiva família. Ausente o último requisito, é de se indeferir o pleito, com o que deve ser reformado o acórdão revisando, no ponto. Quanto ao art. 133 da Constituição da República não revogou o jus postulandi das partes na Justiça do Trabalho, conforme jurisprudência consagrada na Súmula 329/TST, e, nos termos da Súmula 219/TST, que continua em vigor, a condenação em honorários advocatícios, na Justiça do Trabalho, só é cabível no caso de assistência sindical prevista na Lei nº 5.584/1970, não se aplicando ao processo do trabalho o princípio da sucumbência. Recurso a que se dá provimento. (TST-RR-00881/1996-001-17-00.3)*

*Sendo inaplicável no processo do trabalho o princípio da sucumbência, dissentiu o acórdão regional da Súmula 219/TST, daí por que prospera a irresignação. (TST-RR-621.258/2000.9)*

**221. Recursos de revista ou de embargos. Violação de lei. Indicação de preceito. Interpretação razoável.** *(Incorporada à Orientação Jurisprudencial nº 94 da SDI-1 – Res. 129/2005, DJ 20.04.2005)*

**I – A admissibilidade do recurso de revista e de embargos por vio-**

lação tem como pressuposto a indicação expressa do dispositivo de lei ou da Constituição tido como violado. *(ex-OJ nº 94 da SDI-1- Inserida em 30.05.1997)*

> Será necessária a indicação do artigo violado para a admissibilidade do recurso de revista e de embargos para ficar demonstrado o erro.

**II – Interpretação razoável de preceito de lei, ainda que não seja a melhor, não dá ensejo à admissibilidade ou ao conhecimento de recurso de revista ou de embargos com base, respectivamente, na alínea "c" do art. 896 e na alínea "b" do art. 894 da CLT. A violação há de estar ligada à literalidade do preceito.** *(ex-Súmula nº 221 – Res. 121/2003, DJ 19.11.2003)*

> O art. 896, "c", da CLT, diz que caberá o recurso de revista quando proferida sentença "com violação literal de disposição de lei federal ou afronta direta e literal à Constituição Federal".

### 225. Repouso semanal. Cálculo. Gratificações por tempo de serviço e produtividade. *(Res. 121/2003, DJ 19.11.2003)*

**As gratificações por tempo de serviço e produtividade, pagas mensalmente, não repercutem no cálculo do repouso semanal remunerado.**

> O entendimento dessa súmula corrobora com a Lei nº 605/1949 em seu art. 7º, § 2º, que diz: "considera-se já remunerados os dias de repouso semanal do empregado mensalista ou quinzenalista, cujo cálculo de salário mensal ou quinzenal, ou cujos descontos por faltas sejam efetuados na base do número de dia do mês ou de 30 (trinta) e 15 (quinze) diárias respectivas".
>
> Não poderá ter a repercutir, pois estariam sendo pagas duas vezes, sendo que no salário mensal, o repouso semanal já está incluso.

### 226. Bancário. Gratificação por tempo de serviço. Integração no cálculo das horas extras. *(Res. 121/2003, DJ 19.11.2003)*

**A gratificação por tempo de serviço integra o cálculo das horas extras.**

A gratificação, por ser uma verba remuneratória, deverá incidir nas horas extras.

### 228. Adicional de insalubridade. Base de cálculo. *(Res. 148/2008, DJe do TST 04/07/2008 – DJe do TST de 04.07.2008 – Republicada no DJ de 08.07.2008 em razão de erro material. Suspensa limitarmente pelo STF – Recl. 6266)*

**A partir de 9 de maio de 2008, data da publicação da Súmula Vinculante n.º 4 do Supremo Tribunal Federal, o adicional de insalubridade será calculado sobre o salário básico, salvo critério mais vantajoso fixado em instrumento coletivo.**

Ocorre que a Súmula nº 4 do STF ainda está suspensa, e assim sendo, o salário mínimo federal é a base de cálculo para o adicional de insalubridade.

### 229. Sobreaviso. Eletricitários. *(Res. 121/2003, DJ 19.11.2003)*

**Por aplicação analógica do art. 244, § 2º, da CLT, as horas de sobreaviso dos eletricitários são remuneradas à base de 1/3 sobre a totalidade das parcelas de natureza salarial.**

De acordo com o art. 224, § 2º, a hora de sobreaviso é aquela em que o empregado permanece em sua casa aguardando chamado para o serviço, e essas horas deverão ser remuneradas de 1/3 da hora normal de trabalho, e por analogia usa-se o mesmo artigo para os eletricitários.

**230. Aviso prévio. Substituição pelo pagamento das horas reduzidas da jornada de trabalho.** *(Res. 121/2003, DJ 19.11.2003)*

**É ilegal substituir o período que se reduz da jornada de trabalho, no aviso prévio, pelo pagamento das horas correspondentes.**

É ilegal substituir o período de redução da jornada de trabalho pelo pagamento das horas, pois esse período é para o empregado procurar um novo emprego, o seu contrato de trabalho foi interrompido e o obreiro precisa de certo tempo para a recolocação no mercado de trabalho, que é a finalidade do art. 488, § 2º, da CLT, se o aviso prévio não for concedido como indica a lei, deverá ser pago novamente.

**239. Bancário. Empregado de empresa de processamento de dados.** *(Incorporadas às Orientações Jurisprudenciais nᵒˢ 64 e 126 da SDI-1 – Res. 129/2005, DJ 20.04.2005)*

**É bancário o empregado de empresa de processamento de dados que presta serviço a banco integrante do mesmo grupo econômico, exceto quando a empresa de processamento de dados presta serviços a banco e a empresas não bancárias do mesmo grupo econômico ou a terceiros.** *(Primeira parte – ex-Súmula nº 239 – Res. 15/1985, DJ 09.12.1985; segunda parte – ex-OJs nº 64, inserida em 13.09.1994 e nº 126, inserida em 20.04.1998)*

O que importa é a atividade que o empregado faz, em se tratando de processamento de dados, ou seja, exclusivamente por trabalho bancário deve ser equiparado aos mesmos.

**240. BANCÁRIO. GRATIFICAÇÃO DE FUNÇÃO E ADICIONAL POR TEMPO DE SERVIÇO.** *(Res. 121/2003, DJ 19.11.2003)*

O adicional por tempo de serviço integra o cálculo da gratificação prevista no art. 224, § 2º, da CLT.

Por ser remuneração deverá incidir na gratificação de função.

**241. SALÁRIO-UTILIDADE. ALIMENTAÇÃO.** *(Res. 121/2003, DJ 19.11.2003)*

O vale para refeição, fornecido por força do contrato de trabalho, tem caráter salarial, integrando a remuneração do empregado, para todos os efeitos legais.

Será integrado ao salário o vale para refeição, pois tem natureza de salário *in natura*, conforme o art. 458 da CLT.

**242. INDENIZAÇÃO ADICIONAL. VALOR.** *(Res. 121/2003, DJ 19.11.2003)*

A indenização adicional, prevista no art. 9º da Lei nº 6.708, de 30.10.1979 e no art. 9º da Lei nº 7.238 de 28.10.1984, corresponde ao salário mensal, no valor devido na data da comunicação do despedimento, integrado pelos adicionais legais ou convencionados, ligados à unidade de tempo mês, não sendo computável a gratificação natalina.

É a garantia de recebimento de uma indenização se o empregado for dispensado durante a data base da categoria.

**243. OPÇÃO PELO REGIME TRABALHISTA. SUPRESSÃO DAS VANTAGENS ESTATUTÁRIAS.** *(Res. 121/2003, DJ 19.11.2003)*

Exceto na hipótese de previsão contratual ou legal expressa, a opção do funcionário público pelo regime trabalhista implica a renúncia dos direitos inerentes ao regime estatutário.

O funcionário público fará uma opção por um dos regimes, ou trabalhista, ou estatutário; quando fizer a opção por um terá de abrir mão do outro regime.

**244. GESTANTE. ESTABILIDADE PROVISÓRIA.** *(Incorporadas às Orientações Jurisprudenciais n^os 88 e 196 da SDI-1 – Res. 129/2005, DJ 20.04.2005)*

**I – O desconhecimento do estado gravídico pelo empregador não afasta o direito ao pagamento da indenização decorrente da estabilidade. *(art. 10, II, "b", do ADCT). (ex-OJ n° 88 da SDI-1 – DJ 16.04.2004)***

Não basta a alegação do empregador de que não conhecia o estado gravídico da empregada; caso ela seja demitida, deverá receber a indenização decorrente da estabilidade. Entretanto, o empregador não tem como saber se a funcionária está grávida ou não, caso ocorra a demissão.

**II – A garantia de emprego à gestante só autoriza a reintegração se esta se der durante o período de estabilidade. Do contrário, a garantia restringe-se aos salários e demais direitos correspondentes ao período de estabilidade.** *(ex-Súmula n° 244 – Res. 121/2003, DJ 19.11.2003)*

A gestante poderá ser reintegrada enquanto estiver no período da estabilidade, terminado esse período, ela terá direito aos salários e demais direitos garantidos pela legislação.

**III – Não há direito da empregada gestante à estabilidade provisória na hipótese de admissão mediante contrato de experiência, visto que a extinção da relação de emprego, em face do término do prazo, não**

constitui dispensa arbitrária ou sem justa causa. *(ex-OJ n° 196 da SDI-1 – Inserida em 08.11.2000)*

Nesse caso haverá o término do contrato de trabalho por prazo determinado, não fazendo jus a estabilidade, pois esse contrato foi firmado pelo prazo certo, conforme os arts. 445 e 451 da CLT.

### 245. Depósito recursal. Prazo. *(Res. 121/2003, DJ 19.11.2003)*

**O depósito recursal deve ser feito e comprovado no prazo alusivo ao recurso. A interposição antecipada deste não prejudica a dilação legal.**

Caso a parte queira interpor o recurso antes dos 8 (oito) dias de prazo, poderá interpor no 5º dia e fazer a comprovação do depósito no 8º dia, não poderá interpor ou fazer a comprovação do pagamento fora do prazo, pois será considerado deserto.

O depósito recursal deve ser feito e comprovado dentro do prazo alusivo ao recurso, sob pena de ser considerado deserto. Comprovado extemporaneamente o recolhimento do depósito recursal, mostra-se irretocável a decisão agravada.

### 246. Ação de cumprimento. Trânsito em julgado da sentença normativa. *(Res. 121/2003, DJ 19.11.2003)*

**É dispensável o trânsito em julgado da sentença normativa para a propositura da ação de cumprimento.**

Somente sendo necessário se houver a concessão do efeito suspensivo, caso contrário, é dispensável o trânsito em julgado da sentença normativa para a propositura da ação de cumprimento.

**247. Quebra de caixa. Natureza jurídica.** *(Res. 121/2003, DJ 19.11.2003)*

**A parcela paga aos bancários sob a denominação "quebra de caixa" possui natureza salarial, integrando o salário do prestador de serviços, para todos os efeitos legais.**

Por ser considerada remuneração, a quebra de caixa deverá incidir nos pagamentos como forma de salário.

**248. Adicional de insalubridade. Direito adquirido.** *(Res. 121/2003, DJ 19.11.2003)*

**A reclassificação ou a descaracterização da insalubridade, por ato da autoridade competente, repercute na satisfação do respectivo adicional, sem ofensa a direito adquirido ou ao princípio da irredutibilidade salarial.**

Se por perícia técnica for verificado grau de insalubridade menor do que o pago ao empregado, o empregador poderá modificar, pois, conforme o art. 190 da CLT, é o Ministério do Trabalho que irá aprovar o quadro e o grau de insalubridade; nesse caso não há que se falar em direito adquirido ou irredutibilidade de salário.

**253. Gratificação semestral. Repercussões.** *(Res. 121/2003, DJ 19.11.2003)*

**A gratificação semestral não repercute no cálculo das horas extras, das férias e do aviso prévio, ainda que indenizados. Repercute, contudo, pelo seu duodécimo na indenização por antiguidade e na gratificação natalina.**

Não pode repercutir nas horas extras, nas férias e no aviso prévio, pois serão pagos duas vezes no ano; o empregador não pode arcar com o pagamento em dobro dessas verbas, a súmula acima descrita veio regulamentar o assunto, pois a Súmula nº 115 menciona a integração das horas extras habituais, não mencionando nada a respeito da gratificação semestral.

### 254. Salário-família. Termo inicial da obrigação. *(Res. 121/2003, DJ 19.11.2003)*

**O termo inicial do direito ao salário-família coincide com a prova da filiação. Se feita em juízo, corresponde à data de ajuizamento do pedido, salvo se comprovado que anteriormente o empregador se recusara a receber a respectiva certidão.**

O art. 7º, XII, da Constituição Federal, dispõe sobre o salário-família: "salário-família pago em razão do dependente do trabalhador de baixa renda nos termos da lei", caso o empregador não faça o referido pagamento deverá o empregado propor reclamação trabalhista pleiteando esse direito.

### 257. Vigilante. *(Res. 121/2003, DJ 19.11.2003)*

**O vigilante, contratado diretamente por banco ou por intermédio de empresas especializadas, não é bancário.**

Normalmente, os vigilantes são contratados por empresas terceirizadas e não serão considerados bancários.

### 258. Salário-utilidade. Percentuais. *(Res. 121/2003, DJ 19.11.2003)*

**Os percentuais fixados em lei relativos ao salário *"in natura"* apenas se referem às hipóteses em que o empregado percebe salário mínimo, apurando-se, nas demais, o real valor da utilidade.**

A referida súmula está de acordo com o art. 458, § 1º, da CLT – "os valores atribuídos às prestações *in natura* deverão ser justos e razoáveis, não podendo exceder, em cada caso, os dos percentuais das parcelas componentes do salário mínimo" – caso o empregado receba mais que o salário-mínimo os percentuais serão de acordo com o salário real.

### 259. Termo de conciliação. Ação rescisória. *(Res. 121/2003, DJ 19.11.2003)*

**Só por ação rescisória é impugnável o termo de conciliação previsto no parágrafo único do art. 831 da CLT.**

A homologação judicial tem natureza de sentença, só podendo ser impugnável por ação rescisória; esse é o único meio cabível.

• **Julgados**
*AGRAVO DE INSTRUMENTO. RECURSO DE REVISTA. ACORDO JUDICIAL. QUITAÇÃO DE TODAS AS PARCELAS DO EXTINTO CONTRATO DE TRABALHO. DANOS MORAIS. ABRANGÊNCIA. SÚMULA 259/TST. APLICABILIDADE. A quitação judicial de todas as parcelas oriundas do extinto contrato de trabalho traduz-se em coisa julgada material, impedindo nova discussão em juízo acerca de verbas não adimplidas no curso da relação de emprego. Somente por ação rescisória poderia o Autor desconstituir o acordo homologado. Súmula 259/TST. **(TST-E-A-AIRR-1499/2006-028-15-40.4)***

### 261. Férias proporcionais. Pedido de demissão. Contrato vigente há menos de um ano. *(Res. 121/2003, DJ 19.11.2003)*

**O empregado que se demite antes de completar 12 (doze) meses de serviço tem direito a férias proporcionais.**

O art. 147 da CLT traz a regra segundo a qual quando o empregado for demitido sem justa causa, terá direito a remuneração relativa ao período incompleto de férias; a súmula veio reforçar esse entendimento.

## 262. Prazo judicial. Notificação ou intimação em sábado. Recesso forense. *(Res. 129/2005, DJ 20.04.2005)*

**I – Intimada ou notificada a parte no sábado, o início do prazo se dará no primeiro dia útil imediato e a contagem, no subsequente.** *(ex-Súmula nº 262 – Res. 10/1986, DJ 31.10.1986)*

O art. 775, parágrafo único, da CLT, dispõe sobre o assunto: "os prazos que se vencerem em sábado, domingo ou dia feriado, terminarão no primeiro dia útil seguinte".

Corroborando o entendimento supracitado, o art. 184, em seu § 2º do CPC é claro quando dispõe que os prazos processuais somente começam a correr no primeiro dia útil após a intimação, se a parte for intimada no sábado, que não é considerado dia útil, o dia imediato será a segunda-feira.

**II – O recesso forense e as férias coletivas dos Ministros do Tribunal Superior do Trabalho** *(art. 177, § 1º, do RITST)* **suspendem os prazos recursais.** *(ex-OJ nº 209 o SDI-1 – Inserida em 08.11.2000)*

Dessa forma, encerrado o recesso, os prazos voltam a ser contados do tempo restante que faltava antes do recesso.

## 263. Petição inicial. Indeferimento. Instrução obrigatória deficiente. *(Res. 121/2003, DJ 19.11.2003)*

**Salvo nas hipóteses do art. 295 do CPC, o indeferimento da petição**

inicial, por encontrar-se desacompanhada de documento indispensável à propositura da ação ou não preencher outro requisito legal, somente é cabível se, após intimada para suprir a irregularidade em 10 (dez) dias, a parte não o fizer.

Se a petição inicial estiver desacompanhada de documentos essenciais à propositura da ação, o juiz deverá dar um prazo de 10 (dez) dias para a parte juntá-lo, não podendo ser juntados após a oitiva das testemunhas, se for referir indagações a elas. E na fase recursal só será admitida a juntada de documentos novos ou obtidos após a sentença, ou de fatos posteriores.

A Súmula nº 8 do TST, diz: "a juntada de documentos na fase recursal só se justifica quando provado o justo impedimento para a sua oportuna apresentação ou se referir a fato posterior à sentença".

### 264. Hora suplementar. Cálculo. *(Res. 121/2003, DJ 19.11.2003)*

A remuneração do serviço suplementar é composta do valor da hora normal, integrado por parcelas de natureza salarial e acrescido do adicional previsto em lei, contrato, acordo, convenção coletiva ou sentença normativa.

A referida súmula trata dos 50% do adicional de horas extras.

### 265. Adicional noturno. Alteração de turno de trabalho. Possibilidade de supressão. *(Res. 121/2003, DJ 19.11.2003)*

A transferência para o período diurno de trabalho implica a perda do direito ao adicional noturno.

O adicional noturno não se integra na remuneração de forma definitiva, entretanto, enquanto o trabalhador estiver laborando em horário noturno receberá o adicional, caso seja transferido de horário não há que se falar sobre adicional noturno, pois o motivo do pagamento foi extinto.

### 266. Recurso de revista. Admissibilidade. Execução de sentença. (Res. 121/2003, DJ 19.11.2003)

**A admissibilidade do recurso de revista interposto de acórdão proferido em agravo de petição, na liquidação de sentença ou em processo incidente na execução, inclusive os embargos de terceiro, depende de demonstração inequívoca de violência direta à Constituição Federal.**

O art. 896, § 2º, da CLT é claro ao mencionar que só poderá ser interposto o recurso de revista na hipótese de ofensa direta e literal da Constituição Federal; faz-se necessária a ofensa.

### 268. Prescrição. Interrupção. Ação trabalhista arquivada. (Res. 121/2003, DJ 19.11.2003)

**A ação trabalhista, ainda que arquivada, interrompe a prescrição somente em relação aos pedidos idênticos.**

Essa súmula tem o escopo de evitar fraudes processuais. Com o advento da Lei 11.280/2006 a prescrição tem caráter público, podendo ser pronunciada de ofício pelo Juiz. Ocorre que, quando do arquivamento da ação, o prazo da prescrição bienal torna a ser contado desde o arquivamento e não mais da rescisão contratual.

• Julgado
*RECURSO DE EMBARGOS. Art. 894, INC. II, DA CLT. HIPÓTESE DE CABIMENTO. PRESCRIÇÃO. INTER-*

*RUPÇÃO. RECLAMAÇÃO TRABALHISTA ARQUIVADA. AUSÊNCIA DE CITAÇÃO. Publicado o acórdão recorrido na vigência da Lei 11.496/2007, que conferiu nova redação ao art. 894 da CLT, somente é cabível recurso de embargos por divergência jurisprudencial. A decisão recorrida está em consonância com a Súmula 268 desta Corte, segundo a qual o simples ajuizamento de reclamação trabalhista, ainda que arquivada, interrompe a prescrição, sendo desnecessária a citação do reclamado para que a interrupção se opere.* **(TST-E-ED-RR-1.487/2003-020-15-00.1)**

### 269. DIRETOR ELEITO. CÔMPUTO DO PERÍODO COMO TEMPO DE SERVIÇO. *(Res. 121/2003, DJ 19.11.2003)*

**O empregado eleito para ocupar cargo de diretor tem o respectivo contrato de trabalho suspenso, não se computando o tempo de serviço desse período, salvo se permanecer a subordinação jurídica inerente à relação de emprego.**

O empregado eleito diretor de sociedade tem seu contrato suspenso para efeitos trabalhistas.

### 275. PRESCRIÇÃO. DESVIO DE FUNÇÃO E REENQUADRAMENTO. *(Incorporada à Orientação Jurisprudencial nº 144 da SDI-1 – Res. 129/2005, DJ 20.04.2005)*

**I – Na ação que objetive corrigir desvio funcional, a prescrição só alcança as diferenças salariais vencidas no período de 5 (cinco) anos que precedeu o ajuizamento.** *(ex-Súmula nº 275 – Res. 121/2003, DJ 19.11.2003)*

Conforme o art. 7º, XXIX, da Constituição Federal, deixa claro que nas ações resultantes de contrato de trabalho o prazo prescricional é de 5 (cinco) anos, contados do ajuizamento da ação de forma retroativa, ou seja, 5 (cinco) anos anteriores à propositura da ação.

**II – Em se tratando de pedido de reenquadramento, a prescrição é total, contada da data do enquadramento do empregado.** *(ex- OJ nº 144 da SDI-1 – Inserida em 27.11.1998)*

Nesse caso a prescrição será contada do reenquadramento do empregado, se ocorreu há mais de 5 (cinco) anos não há que se falar no assunto, pois já prescreveu.

### 276. Aviso prévio. Renúncia pelo empregado. *(Res. 121/2003, DJ 19.11.2003)*

**O direito ao aviso prévio é irrenunciável pelo empregado. O pedido de dispensa de cumprimento não exime o empregador de pagar o respectivo valor, salvo comprovação de haver o prestador dos serviços obtido novo emprego.**

O empregado poderá renunciar ao aviso prévio concedido pelo empregador, caso encontre novo labor, que é a finalidade do instituto, porém, caso não encontre, não poderá renunciá-lo.

Caso o aviso prévio seja concedido pelo empregado, o empregador poderá renunciá-lo e não precisará pagar o valor desse aviso.

### 277. Sentença normativa. Vigência. Repercussão nos contratos de trabalho. *(Res. 121/2003, DJ 19.11.2003)*

**As condições de trabalho alcançadas por força de sentença normativa vigoram no prazo assinado, não integrando, de forma definitiva, os contratos.**

O art. 868 da CLT em seu parágrafo único regulamenta o prazo de 4 (quatro) anos para a vigência da sentença normativa, nunca por prazo superior, e essas condições não se incorporarão no contrato de trabalho.

E no art. 616 da CLT, o § 3º fala sobre o assunto: "havendo convenção, acordo ou sentença normativa em vigor, o dissídio coletivo deverá ser instaurado dentro dos sessenta dias anteriores ao respectivo termo final, para que o novo instrumento possa ter vigência no dia imediato a esse termo", e o art. 868 corrobora o art. 616.

**278. EMBARGOS DE DECLARAÇÃO. OMISSÃO NO JULGADO.** *(Res. 121/2003, DJ 19.11.2003)*

**A natureza da omissão suprida pelo julgamento de embargos declaratórios pode ocasionar efeito modificativo no julgado.**

Os embargos de declaração têm o objetivo de declarar a omissão, contradição ou obscuridade na sentença, porém, será admitido o efeito modificativo conforme o art. 897-A, da decisão nos casos de omissão e contradição no julgado e manifesto equívoco dos pressupostos extrínsecos do recurso.

**279. RECURSO CONTRA SENTENÇA NORMATIVA. EFEITO SUSPENSIVO. CASSAÇÃO.** *(Res. 121/2003, DJ 19.11.2003)*

**A cassação de efeito suspensivo concedido a recurso interposto de sentença normativa retroage à data do despacho que o deferiu.**

O efeito da cassação da liminar que concedeu o efeito suspensivo é *ex tunc*, ou seja, desde o seu início.

**282. Abono de faltas. Serviço médico da empresa.** *(Res. 121/2003, DJ 19.11.2003)*

**Ao serviço médico da empresa ou ao mantido por esta última mediante convênio compete abonar os primeiros 15 (quinze) dias de ausência ao trabalho.**

O empregador será responsável pelo pagamento dos primeiros 15 (quinze) dias de afastamento do empregado, porém, este deverá ter um atestado do médico, da empresa, ou do convênio médico concedido a ele, que também abonará os dias concedidos para sua recuperação. Após esse período, a Previdência Social se responsabilizará pelo pagamento.

Ver Súmula nº 15 do TST.

**283. Recurso adesivo. Pertinência no processo do trabalho. Correlação de matérias.** *(Res. 121/2003, DJ 19.11.2003)*

**O recurso adesivo é compatível com o processo do trabalho e cabe, no prazo de 8 (oito) dias, nas hipóteses de interposição de recurso ordinário, de agravo de petição, de revista e de embargos, sendo desnecessário que a matéria nele veiculada esteja relacionada com a do recurso interposto pela parte contrária.**

A fonte subsidiária do processo do trabalho é o direito processual comum, conforme o art. 769 da CLT e no caso acima mencionado a CLT é omissa sobre o recurso adesivo e deverá ser usado o art. 500 do CPC, que poderá ser utilizado em decisões procedentes em parte, desde que apenas uma das partes recorra e, juntamente com as contra razões, poderá ser apresentada essa peça processual.

**285. Recurso de revista. Admissibilidade parcial pelo Juiz-Presidente do Tribunal Regional do Trabalho. Efeito.** *(Res. 121/2003, DJ 19.11.2003)*

O fato de o juízo primeiro de admissibilidade do recurso de revista entendê-lo cabível apenas quanto a parte das matérias veiculadas não impede a apreciação integral pela Turma do Tribunal Superior do Trabalho, sendo imprópria a interposição de agravo de instrumento.

Essa situação busca dar mais autonomia ao julgamento que o Tribunal estiver fazendo. Existindo possibilidade de julgar um recurso de revista em outros pedidos que não foram formulados, será feito.

**286. Sindicato. Substituição processual. Convenção e acordo coletivos.** *(Res. 121/2003, DJ 19.11.2003)*

A legitimidade do sindicato para propor ação de cumprimento estende-se também à observância de acordo ou de convenção coletivos.

Além do empregado, do empregador e do MPT, os sindicatos também têm legitimidade para propor a ação de cumprimento na vara do trabalho, nos moldes do art. 872 da CLT.

**287. Jornada de trabalho. Gerente bancário.** *(Res. 121/2003, DJ 19.11.2003)*

A jornada de trabalho do empregado de banco gerente de agência é regida pelo art. 224, § 2º, da CLT. Quanto ao gerente-geral de agência bancária, presume-se o exercício de encargo de gestão, aplicando-se-lhe o art. 62 da CLT.

O exercente de cargo de confiança receberá uma gratificação para recompensar os períodos que trabalha a mais que os outros funcionários e pela responsabilidade que detém, sendo aplicado o art. 62, que menciona a gratificação salarial.

**288. Complementação dos proventos da aposentadoria.** *(Res. 121/2003, DJ 19.11.2003)*

**A complementação dos proventos da aposentadoria é regida pelas normas em vigor na data da admissão do empregado, observando-se as alterações posteriores desde que mais favoráveis ao beneficiário do direito.**

A complementação da aposentadoria deverá ser calculada com as regras contidas na admissão e eventuais normas mais favoráveis no curso do contrato.

**289. Insalubridade. Adicional. Fornecimento do aparelho de proteção. Efeito.** *(Res. 121/2003, DJ 19.11.2003)*

**O simples fornecimento do aparelho de proteção pelo empregador não o exime do pagamento do adicional de insalubridade. Cabe-lhe tomar as medidas que conduzam à diminuição ou eliminação da nocividade, entre as quais as relativas ao uso efetivo do equipamento pelo empregado.**

O empregador deverá fiscalizar o uso efetivo do EPI pelo empregado, não somente fornecer o aparelho, consoante o art. 158 da CLT, pois a eliminação ou neutralização da insalubridade só ocorrerá com a adoção de medidas de conservação do ambiente de trabalho e da utilização do EPI pelo empregado, que assim diminuirá a intensidade do agente agressivo.

## • Julgados

*Registre-se que a jurisprudência está pacificada quanto ao dever empresarial de zelar pela eliminação ou redução significativa dos riscos do meio ambiente do trabalho, fiscalizando com exação o rigoroso cumprimento pelos trabalhadores das medidas preventivas cabíveis (**Súmula 289/TST**). (**TST-ED-RR-850/2004-021-12-40.0**)*

*ADICIONAL DE INSALUBRIDADE. Tendo o Regional consignado, com base no laudo pericial, que os equipamentos de proteção individual fornecidos pela reclamada e utilizados pela reclamante não eram suficientes para neutralizar os agentes insalubres, não há como entender contrariada a Súmula 289/TST. (**TST-AIRR-38/2008-045-03-40.7**)*

*Ainda que assim não fosse, cabia à reclamada adotar medidas para a eliminação ou diminuição da nocividade existente no ambiente de trabalho, consoante disposto na Súmula 289/TST. (**TST-RR-1707/2003-059-03-00.1**)*

*RECURSO DE REVISTA. ADICIONAL DE INSALUBRIDADE. EQUIPAMENTOS DE PROTEÇÃO INDIVIDUAL. GRAU MÍNIMO. Consignado no acórdão de origem a existência da insalubridade no exercício das atividades profissionais dos reclamantes e o uso de EPIs, de forma eficaz. Adotadas, pois, pela reclamada, as medidas necessárias à eliminação da nocividade aptas a afastar o adicional de insalubridade, contrariada se mostra a Súmula 289/TST, em sua parte final, verbis – o simples fornecimento do aparelho de proteção pelo empregador não o exime do pagamento do adicional de insalubridade. Cabe-lhe tomar as medidas que conduzam à diminuição ou eliminação da nocividade, entre as quais as relativas ao uso efetivo do equipamento pelo empregado. (**TST-RR-324/2006-012-17-00.9**)*

**291. Horas extras.** *(Res. 121/2003, DJ 19.11.2003)*

A supressão, pelo empregador, do serviço suplementar prestado com habitualidade, durante pelo menos 1 (um) ano, assegura ao empregado o direito à indenização correspondente ao valor de 1 (um) mês das horas suprimidas para cada ano ou fração igual ou superior a seis meses de prestação de serviço acima da jornada normal. O cálculo observará a média das horas suplementares efetivamente trabalhadas nos últimos 12 (doze) meses, multiplicada pelo valor da hora extra do dia da supressão.

O único adicional que dá direito a uma indenização correspondente, se suprimida, é o adicional das horas extras, desde que sejam feitas com uma habitualidade mínima de 12 meses consecutivos. O valor da indenização corresponde a um salário do empregado por ano trabalhado e realizando horas extras.

**293. Adicional de insalubridade. Causa de pedir. Agente nocivo diverso do apontado na inicial.** *(Res. 121/2003, DJ 19.11.2003)*

A verificação mediante perícia de prestação de serviços em condições nocivas, considerado agente insalubre diverso do apontado na inicial, não prejudica o pedido de adicional de insalubridade.

O empregado não tem conhecimento técnico para detectar a insalubridade, é necessário um perito, uma pessoa especialista no assunto, para fazer um laudo, e o juiz julgará mediante os fatos e o laudo pericial.

**296. Recurso. Divergência jurisprudencial. Especificidade.** *(Incorporada à Orientação Jurisprudencial nº 37 da SDI-1 – Res. 129/2005, DJ 20.04.2005)*

**I – A divergência jurisprudencial ensejadora da admissibilidade,**

do prosseguimento e do conhecimento do recurso há de ser específica, revelando a existência de teses diversas na interpretação de um mesmo dispositivo legal, embora idênticos os fatos que as ensejaram. *(ex-Súmula nº 296 – Res. 6/1989, DJ 14.04.1989)*

> Deverá envolver matéria de fato, e que tenha sido julgada por uma turma de uma maneira e por outra turma de outra forma, o objetivo do recurso de revista é a uniformização dos julgados.

**II – Não ofende o art. 896 da CLT decisão de Turma que, examinando premissas concretas de especificidade da divergência colacionada no apelo revisional, conclui pelo conhecimento ou desconhecimento do recurso.** *(ex-OJ nº 37 da SDI-1 – Inserida em 01.02.1995)*

> A turma do TST tem competência para fazer o segundo juízo de admissibilidade e não conhecer um recurso de revista interposto.

### 297. Prequestionamento. Oportunidade. Configuração. *(Res. 121/2003, DJ 19.11.2003)*

**I – Diz-se prequestionada a matéria ou questão quando na decisão impugnada haja sido adotada, explicitamente, tese a respeito.**

**II – Incumbe à parte interessada, desde que a matéria haja sido invocada no recurso principal, opor embargos declaratórios objetivando o pronunciamento sobre o tema, sob pena de preclusão.**

**III – Considera-se prequestionada a questão jurídica invocada no recurso principal sobre a qual se omite o Tribunal de pronunciar tese, não obstante opostos embargos de declaração.**

> Esse requisito é exigido no recurso de revista que deverá ser apresentado informando que já houve todas as tentativas de

reformar a decisão no TRT sem sucesso, só restando o TST para rever a decisão e reformá-la, se for o caso.

**298. Ação rescisória. Violação de lei. Prequestionamento.** *(Incorporadas às Orientações Jurisprudenciais nos 36, 72, 75 e 85, parte final, da SDI-2 – Res. 137/2005, DJ 22.08.2005)*

**I – A conclusão acerca da ocorrência de violação literal de lei pressupõe pronunciamento explícito, na sentença rescindenda, sobre a matéria veiculada.** *(ex-Súmula nº 298 – Res. 8/1989, DJ 14.04.1989)*

Na sentença a violação deverá estar clara, o assunto deve ter sido analisado para ser cabível a ação rescisória e é imprescindível o pronunciamento explicito sobre o tema na sentença.

**II – O prequestionamento exigido em ação rescisória diz respeito à matéria e ao enfoque específico da tese debatida na ação e não, necessariamente, ao dispositivo legal tido por violado. Basta que o conteúdo da norma, reputada como violada, tenha sido abordado na decisão rescindenda para que se considere preenchido o pressuposto do prequestionamento.** *(ex-OJ nº 72 da SDI-2 – Inserida em 20.09.2000)*

O prequestionamento exigido em ação rescisória será a análise do assunto em tese, a lei violada, basta que o assunto tido como violado tenha sido tratado na decisão rescindenda para que seja preenchido o requisito do prequestionamento.

**III – Para efeito de ação rescisória, considera-se prequestionada a matéria tratada na sentença quando, examinando remessa de ofício, o Tribunal simplesmente a confirma.** *(ex-OJ nº 75 da SDI-2 – Inserida em 20.04.2001)*

A ação rescisória objetiva corrigir uma sentença ou um acórdão, e, para isso, é necessário o trânsito em julgado da sentença; irá reincidir e será pleiteado um novo julgamento da sentença viciada.

**IV – A sentença meramente homologatória, que silencia sobre os motivos de convencimento do juiz, não se mostra rescindível, por ausência de prequestionamento.** *(ex-OJ nº 85 da SDI-2 – parte final – Inserida em 13.03.2002 e alterada em 26.11.2002)*

A sentença meramente homologatória, não irá emitir decisão de mérito, e não há que se falar em ação rescisória; o art. 486 do CPC é claro ao dispor que: "os atos judiciais, que não dependem de sentença, ou em que esta for meramente homologatória, podem ser rescindidos, como os atos jurídicos em geral, nos termos da lei civil", poderá anular o ato com a ação anulatória e não ação rescisória.

**V – Não é absoluta a exigência de prequestionamento na ação rescisória. Ainda que a ação rescisória tenha por fundamento violação de dispositivo legal, é prescindível o prequestionamento quando o vício nasce no próprio julgamento, como se dá com a sentença *"extra, citra e ultra petita"*.** *(ex-OJ nº 36 da SDI-2 – Inserida em 20.09.2000)*

Não se exige prequestionamento se o vício nasce no próprio julgamento.

**299. Ação rescisória. Decisão rescindenda. Trânsito em julgado. Comprovação. Efeitos.** *(Incorporadas às Orientações Jurisprudenciais nᵒˢ 96 e 106 da SDI-2 – Res. 137/2005, DJ 22.08.2005)*

**I – É indispensável ao processamento da ação rescisória a prova do trânsito em julgado da decisão rescindenda.** *(ex-Súmula nº 299 – Res. 8/1989, DJ 14.04.1989)*

Deverá ter a sentença transitada em julgado, conforme o art. 485 do CPC, pois, não havendo o trânsito em julgado, caberão outros remédios processuais.

**II – Verificando o relator que a parte interessada não juntou à inicial o documento comprobatório, abrirá prazo de 10 (dez) dias para que o faça, sob pena de indeferimento.** *(ex-Súmula nº 299 – Res. 8/1989, DJ 14.04.1989)*

A ação rescisória obrigatoriamente deverá estar acompanhada da decisão rescindenda e da certidão do trânsito em julgado; caso não esteja, o Juiz dará 10 (dez) dias para emendar a rescisória; caso não o faça será indeferida e caberá dessa decisão agravo regimental para o próprio tribunal.

**III – A comprovação do trânsito em julgado da decisão rescindenda é pressuposto processual indispensável ao tempo do ajuizamento da ação rescisória. Eventual trânsito em julgado posterior ao ajuizamento da ação rescisória não reabilita a ação proposta, na medida em que o ordenamento jurídico não contempla a ação rescisória preventiva.** *(ex-OJ nº 106 da SDI-2 – DJ 29.04.2003)*

A comprovação do trânsito em julgado é indispensável para a ação rescisória, pois sem essa comprovação não há que se falar em ação rescisória, pois o art. 485 do CPC é claro quando dispõe: "a sentença de mérito, transitada em julgado, pode ser rescindida quando: I – se verificar que foi dada por prevaricação, concussão ou corrupção do juiz..."; fica nítida a necessidade do trânsito em julgado.

**IV – O pretenso vício de intimação, posterior à decisão que se pretende rescindir, se efetivamente ocorrido, não permite a formação da coisa julgada material. Assim, a ação rescisória deve ser julgada extinta,**

sem julgamento do mérito, por carência de ação, por inexistir decisão transitada em julgado a ser rescindida. *(ex-OJ nº 96 da SDI-2 – Inserida em 27.09.2002)*

Se não há o trânsito em julgado da sentença, não há que se falar em ação rescisória, se houve vício na intimação e não houve o trânsito em julgado, não está presente o requisito para a propositura da ação rescisória.

### 300. COMPETÊNCIA DA JUSTIÇA DO TRABALHO. CADASTRAMENTO NO PIS. *(Res. 121/2003, DJ 19.11.2003)*

**Compete à Justiça do Trabalho processar e julgar ações ajuizadas por empregados em face de empregadores relativas ao cadastramento no Programa de Integração Social (PIS).**

O PIS é um benefício ao empregado, mas não tem caráter salarial. Mesmo assim, pela EC nº 45/2004 fica a competência da Justiça do Trabalho.

### 301. AUXILIAR DE LABORATÓRIO. AUSÊNCIA DE DIPLOMA. EFEITOS. *(Res. 121/2003, DJ 19.11.2003)*

**O fato de o empregado não possuir diploma de profissionalização de auxiliar de laboratório não afasta a observância das normas da Lei nº 3.999, de 15.12.1961, uma vez comprovada a prestação de serviços na atividade.**

O art. 114 da Constituição Federal é claro quando dispõe que a relação entre empregado e empregador é competência da Justiça do Trabalho, e nesse caso específico o TFR esclarece na Súmula nº 82: "compete à Justiça do Trabalho processar e julgar reclamações pertinentes ao cadastramento do Plano de Integração Social (PIS) ou indenização compensatória pela falta deste, desde que não envolvam relações de trabalho dos servidores da União, suas autarquias e empresas públicas."

**303. FAZENDA PÚBLICA. DUPLO GRAU DE JURISDIÇÃO.** *(Incorporadas às Orientações Jurisprudenciais nos 9, 71, 72 e 73 da SDI-1 – Res. 129/2005, DJ 20.04.2005)*

**I – Em dissídio individual, está sujeita ao duplo grau de jurisdição, mesmo na vigência da CF/1988, decisão contrária à Fazenda Pública, salvo:**
   **a) quando a condenação não ultrapassar o valor correspondente a 60 (sessenta) salários mínimos**
   **b) quando a decisão estiver em consonância com decisão plenária do Supremo Tribunal Federal ou com súmula ou orientação jurisprudencial do Tribunal Superior do Trabalho.** *(ex-Súmula nº 303 – Res. 121/2003, DJ 19.11.2003)*

**II – Em ação rescisória, a decisão proferida pelo juízo de primeiro grau está sujeita ao duplo grau de jurisdição obrigatório quando desfavorável ao ente público, exceto nas hipóteses das alíneas "a" e "b" do inciso anterior.** *(ex-OJ nº 1 da SDI-1 – Inserida em 03.06.1996)*

**III – Em mandado de segurança, somente cabe remessa "ex officio" se, na relação processual, figurar pessoa jurídica de direito público como parte prejudicada pela concessão da ordem. Tal situação não ocorre na hipótese de figurar no feito como impetrante e terceiro interessado pessoa de direito privado, ressalvada a hipótese de matéria administrativa.** *(ex-OJs nº 72 da SDI-1, inserida em 25.11.1996 e nº 73 da SDI-1, inserida em 03.06.1996)*

As ações que envolvam a administração pública deverão seguir o rito dessa súmula. Condenações superiores a 60 salários-

-mínimos terão recurso de ofício, além de se ater o desrespeito às súmulas do TST e STF.

**304. Correção monetária. Empresas em liquidação. Art. 46 do ADCT/CF.** *(Res. 121/2003, DJ 19.11.2003; republicada, DJ 25.11.2005)*

**Os débitos trabalhistas das entidades submetidas aos regimes de intervenção ou liquidação extrajudicial estão sujeitos a correção monetária desde o respectivo vencimento até seu efetivo pagamento, sem interrupção ou suspensão, não incidindo, entretanto, sobre tais débitos, juros de mora.**

Não se aplicam juros de mora a empresas que estão em liquidação.

**305. Fundo de Garantia do Tempo de Serviço. Incidência sobre o aviso prévio.** *(Res. 121/2003, DJ 19.11.2003)*

**O pagamento relativo ao período de aviso prévio, trabalhado ou não, está sujeito a contribuição para o FGTS.**

Caso a rescisão se dê após o 15º dia do mês e, consequentemente, havendo o aviso prévio, será devido para todos os efeitos do FGTS o mês do aviso prévio. Devendo ser computado para todos os efeitos do contrato de trabalho.

**307. Juros. Irretroatividade do Decreto-Lei Nº 2.322, de 26.02.1987.** *(Res. 121/2003, DJ 19.11.2003)*

**A fórmula de cálculo de juros prevista no Decreto-Lei nº 2.322, de 26.02.1987 somente é aplicável a partir de 27.02.1987. Quanto ao período anterior, deve-se observar a legislação então vigente.**

Hoje a matéria é regulada pela Lei nº 8.177/1991 no art. 39, em que os juros são calculados em 1% ao mês.

**308. Prescrição quinquenal.** *(Incorporada à Orientação Jurisprudencial nº 204 da SDI-1 – Res. 129/2005, DJ 20.04.2005)*

**I – Respeitado o biênio subsequente à cessação contratual, a prescrição da ação trabalhista concerne às pretensões imediatamente anteriores a cinco anos, contados da data do ajuizamento da reclamação e, não, às anteriores ao quinquênio da data da extinção do contrato.** *(ex-OJ nº 204 da SDI-1 – Inserida em 08.11.2000)*

Conforme o art. 7º, XXIX, da CF, o prazo prescricional será de 5 (cinco) anos a contar da propositura da ação e não do término do contrato de trabalho, porém, para a prescrição bienal o prazo prescricional será contado do término a partir do contrato de trabalho.

**II – A norma constitucional que ampliou o prazo de prescrição da ação trabalhista para 5 (cinco) anos é de aplicação imediata e não atinge pretensões já alcançadas pela prescrição bienal quando da promulgação da CF/1988.** *(ex-Súmula nº 308 – Res. 6/1992, DJ 05.11.1992)*

A aplicação da referida da norma é imediata, não atingindo as pretensões alcançadas, só tendo efeito a partir da promulgação da Constituição de 1988.

**309. Vigia portuário. Terminal privativo. Não obrigatoriedade de requisição.** *(Res. 121/2003, DJ 19.11.2003)*

**Tratando-se de terminais privativos destinados à navegação de cabotagem ou de longo curso, não é obrigatória a requisição de vigia portuário indicado por sindicato.**

O Decreto Lei que tratava sobre o tema foi revogado pela Lei nº 8.630/1990, e essa súmula deveria ter sido cancelada.

### 311.Benefício previdenciário a dependente de ex-empregado. Correção monetária. Legislação aplicável. *(Res. 121/2003, DJ 19.11.2003)*

**O cálculo da correção monetária incidente sobre débitos relativos a benefícios previdenciários devidos a dependentes de exempregado pelo empregador, ou por entidade de previdência privada a ele vinculada, será o previsto na Lei nº 6.899, de 08.04.1981.**

Muitas empresas auxiliam o empregado a complementar sua aposentadoria. Isso é salutar. No caso de morte do empregado, os sucessores farão jus ao recebimento dos valores. A correção deverá ser feita nos moldes da Lei nº 6.899/1981.

### 312. Constitucionalidade. Alínea *"b"* do art. 896 da CLT. *(Res. 121/2003, DJ 19.11.2003)*

**É constitucional a alínea *"b"* do art. 896 da CLT, com a redação dada pela Lei nº 7.701, de 21.12.1988.**

Não há inconstitucionalidade nos motivos ensejadores do recurso de revista. Ele é taxativo, assim como os recursos em âmbito nacional devem ser.

### 313. Complementação de aposentadoria. Proporcionalidade. Banespa. *(Res. 121/2003, DJ 19.11.2003)*

**A complementação de aposentadoria, prevista no art. 106, e seus parágrafos, do regulamento de pessoal editado em 1965, só é integral para os empregados que tenham 30 (trinta) ou mais anos de serviços prestados exclusivamente ao banco.**

Essa é uma situação específica aos empregados do antigo Banespa.

### 314. INDENIZAÇÃO ADICIONAL. VERBAS RESCISÓRIAS. SALÁRIO CORRIGIDO. (Res. 121/2003, DJ 19.11.2003)

**Se ocorrer a rescisão contratual no período de 30 *(trinta)* dias que antecede à data-base, observado a Súmula nº 182 do TST, o pagamento das verbas rescisórias com o salário já corrigido não afasta o direito à indenização adicional prevista nas Leis nos 6.708, de 30.10.1979 e 7.238, de 28.10.1984.**

O empregado terá direito a receber o pagamento das verbas rescisórias com o salário já corrigido, caso a rescisão contratual ocorrer no período de 30 (trinta) dias que anteceder a rescisão, para que não ocorra por parte do empregador má-fé em demitir nesse período para não pagar o reajuste.

### 315. IPC DE MARÇO/1990. LEI Nº 8.030, DE 12.04.1990. *(PLANO COLLOR)*. INEXISTÊNCIA DE DIREITO ADQUIRIDO. *(Res. 121/2003, DJ 19.11.2003)*

**A partir da vigência da Medida Provisória nº 154, de 15.03.1990, convertida na Lei nº 8.030, de 12.04.1990, não se aplica o IPC de março de 1990, de 84,32% (oitenta e quatro vírgula trinta e dois por cento), para a correção dos salários, porque o direito ainda não se havia incorporado ao patrimônio jurídico dos trabalhadores, inexistindo ofensa ao inciso XXXVI do art. 5º da CF/1988.**

Situação criada para evitar maiores despesas por parte do governo. O trabalhador perdeu com essa situação um reajuste mais justo, mas que traria uma grande quebra aos cofres do governo.

# 318. Diárias. Base de cálculo para sua integração no salário. *(Res. 121/2003, DJ 19.11.2003)*

**Tratando-se de empregado mensalista, a integração das diárias no salário deve ser feita tomando-se por base o salário mensal por ele percebido e não o valor do dia de salário, somente sendo devida a referida integração quando o valor das diárias, no mês, for superior à metade do salário mensal.**

> O art. 457, § 2º, da CLT menciona sobre a ajuda de custo, que deverá integrar o salário quando for superior a 50% (cinquenta por cento) do salário, a integração das diárias deverá ser feita com base no salário mensal.

# 319. Reajustes salariais ("gatilhos"). Aplicação aos servidores públicos contratados sob a égide da legislação trabalhista. *(Res. 121/2003, DJ 19.11.2003)*

**Aplicam-se aos servidores públicos, contratados sob o regime da CLT, os reajustes decorrentes da correção automática dos salários pelo mecanismo denominado "gatilho", de que tratam os Decretos-Leis nos 2.284, de 10.03.1986, e 2.302, de 21.11.1986.**

> A administração pública tem suas responsabilidades trabalhistas como de qualquer outra empresa (salvo raras exceções). Deve arcar com as despesas provenientes do contrato de trabalho.

# 320. Horas *"in itinere"*. Obrigatoriedade de cômputo na jornada de trabalho. *(Res. 121/2003, DJ 19.11.2003)*

**O fato de o empregador cobrar, parcialmente ou não, importância pelo transporte fornecido, para local de difícil acesso ou não servido**

**por transporte regular, não afasta o direito à percepção das horas *"in itinere"*.**

O fato do empregador cobrar ou não a importância do transporte fornecido não o deixa excluído de pagar a hora *in intinere*, pois ela será devida sempre que o empregado trabalhar em lugar de difícil acesso ou que não exista transporte público, conforme a Súmula nº 90.

### 322. Diferenças salariais. Planos econômicos. Limite. *(Res. 121/2003, DJ 19.11.2003)*

**Os reajustes salariais decorrentes dos chamados "gatilhos" e URPs, previstos legalmente como antecipação, são devidos tão-somente até a data-base de cada categoria.**

O conteúdo dessa súmula não mais se aplica. Apenas numa situação de inflação galopante.

### 326. Complementação dos proventos de aposentadoria. Parcela nunca recebida. Prescrição total. *(Res. 121/2003, DJ 19.11.2003)*

**Tratando-se de pedido de complementação de aposentadoria oriunda de norma regulamentar e jamais paga ao ex-empregado, a prescrição aplicável é a total, começando a fluir o biênio a partir da aposentadoria.**

Se o empregado nunca recebeu a complementação, a prescrição será total; a prescrição bienal é para o empregado que já recebeu.

### 327. Complementação dos proventos de aposentadoria. Diferença. Prescrição parcial. *(Res. 121/2003, DJ 19.11.2003)*

**Tratando-se de pedido de diferença de complementação de apo-**

sentadoria oriunda de norma regulamentar, a prescrição aplicável é a parcial, não atingindo o direito de ação, mas, tão somente, as parcelas anteriores ao quinquênio.

Aplica-se a prescrição para efeitos de aposentadoria.

**328. Férias. Terço constitucional.** *(Res. 121/2003, DJ 19.11.2003)*

**O pagamento das férias, integrais ou proporcionais, gozadas ou não, na vigência da CF/1988, sujeita-se ao acréscimo do terço previsto no respectivo art. 7º, XVII.**

O art. 7º, XVII, da Constituição Federal dispõe sobre o assunto dizendo que serão devidas as férias com o adicional de um terço a mais que o salário normal, e conforme a súmula; o terço constitucional será sempre devido pelo empregador.

**329. Honorários advocatícios. Art. 133 da CF/1988.** *(Res. 121/2003, DJ 19.11.2003)*

**Mesmo após a promulgação da CF/1988, permanece válido o entendimento consubstanciado na Súmula nº 219 do Tribunal Superior do Trabalho.**

As partes na Justiça do Trabalho não têm necessidade da presença do advogado, o *jus postulandi,* porém pela complexidade dos atos e da parte processual, ele fica sendo indispensável e o art. 791 da CLT é conflitante com o art. 133 da Constituição Federal, que preleciona: "o advogado é indispensável para à administração da Justiça, sendo inviolável por seus atos e manifestações no exercício da profissão, nos limites da lei".

Sendo devidos os honorários advocatícios quando forem utilizados os serviços do advogado.

**330. Quitação. Validade.** *(Res. 121/2003, DJ 19.11.2003)*

A quitação passada pelo empregado, com assistência de entidade sindical de sua categoria, ao empregador, com observância dos requisitos exigidos nos parágrafos do art. 477 da CLT, tem eficácia liberatória em relação às parcelas expressamente consignadas no recibo, salvo se oposta ressalva expressa e especificada ao valor dado à parcela ou parcelas impugnadas.

I – A quitação não abrange parcelas não consignadas no recibo de quitação e, consequentemente, seus reflexos em outras parcelas, ainda que estas constem desse recibo.

II – Quanto a direitos que deveriam ter sido satisfeitos durante a vigência do contrato de trabalho, a quitação é válida em relação ao período expressamente consignado no recibo de quitação.

Uma vez dada a quitação pelo empregado, ela tem eficácia liberatória, ou seja, não poderá mais ser discutida na Justiça do Trabalho a referida relação, salvo fraude.

**331. Contrato de prestação de serviços. Legalidade.** *(Res. 121/2003, DJ 19.11.2003)*

I – A contratação de trabalhadores por empresa interposta é ilegal, formando-se o vínculo diretamente com o tomador dos serviços, salvo no caso de trabalho temporário *(Lei nº 6.019, de 03.01.1974)*.

II – A contratação irregular de trabalhador, mediante empresa interposta, não gera vínculo de emprego com os órgãos da administração pública direta, indireta ou fundacional *(art. 37, II, da CF/1988)*.

III – Não forma vínculo de emprego com o tomador a contratação de serviços de vigilância *(Lei nº 7.102, de 20.06.1983)* e de conservação e limpeza, bem como a de serviços especializados ligados à atividade-meio do tomador, desde que inexistente a pessoalidade e a subordinação direta.

**IV – O inadimplemento das obrigações trabalhistas, por parte do empregador, implica a responsabilidade subsidiária do tomador dos serviços, quanto àquelas obrigações, inclusive quanto aos órgãos da administração direta, das autarquias, das fundações públicas, das empresas públicas e das sociedades de economia mista, desde que hajam participado da relação processual e constem também do título executivo judicial *(art. 71 da Lei nº 8.666, de 21.06.1993).***

A terceirização é tratada nessa súmula de uma forma muito clara. Não há vínculo de emprego com a administração pública, salvo concurso. A responsabilidade é subsidiária entre o tomador de serviço com os órgãos da administração pública.

**• Julgados**

*AGRAVO DE INSTRUMENTO. RECURSO DE REVISTA. 1. RESPONSABILIDADE SUBSIDIÁRIA. INCIDÊNCIA DA SÚMULA Nº 331, IV, DO TST. Decisão regional em sintonia com a iterativa, notória e atual jurisprudência desta Corte, consubstanciada no inciso IV da Súmula 331/TST.* **(TST-AIRR-318/2005-038-05-40.3)**

*No tocante à unicidade contratual, o aresto regional encontra-se em consonância com a Súmula 331/TST e está baseado nas provas dos autos, o que atrai a aplicação da Súmula 126/TST.* **(TST-RR-751823/2001.7)**

*Efetivamente, para o caso dos autos, tem-se que, nos termos do item IV da Súmula 331/TST, "o inadimplemento das obrigações trabalhistas, por parte do empregador, implica a responsabilidade subsidiária do tomador dos serviços, quanto àquelas obrigações, inclusive quanto aos órgãos da administração direta, das autarquias, das fundações públicas, das empresas públicas e das sociedades de economia mista, desde que hajam participado da relação processual e constem também do título executivo judicial (art. 71 da Lei nº 8.666, de 21.06.1993)".*

*O cabimento da Súmula 331, IV, desta Corte, na hipótese, é manifesto e, definitivamente, obstaculiza o processamento do recurso de revista (art. 896, § 4º, da CLT; Súmula 333/TST).*

*Além do mais, não procede a alegação de que a ora Recorrente era dona da obra, pois somente com o revolvimento de fatos e provas seria possível acolher a tese patronal, intento vedado nesta esfera recursal, a teor do disposto na Súmula 126/TST.* **(TST-RR-637046/2000.1)**

*Alega, ainda, que lhe é indevida a atribuição de responsabilidade subsidiária na medida em que a Súmula 331/TST não é lei e, portanto, não teria o condão de lhe impor tal ônus. Sem razão o Reclamado.* **(TST-AIRR-852/2001-006-15-00.2)**

*RESPONSABILIDADE SUBSIDIÁRIA*
*O Tribunal Regional negou provimento ao Recurso Ordinário do Reclamante, por entender que a hipótese dos autos não é de aplicação do item IV da Súmula 331 do TST, assentando que os serviços de limpeza são passíveis de terceirização, que a primeira Reclamada sempre assumiu todos os encargos trabalhistas e, que não há cláusula contratual que estipule a responsabilidade do tomador de serviços no caso de inadimplência do empregador.*

*O Reclamante, em Recurso de Revista, alega contrariedade ao item IV da Súmula 331 do TST e transcreve e colaciona arestos para configuração de dissenso pretoriano.*

*Conheço do Recurso de Revista por contrariedade ao item IV da Súmula 331 do TST.*

*O item IV da Súmula 331/TST entende:*

*"O inadimplemento das obrigações trabalhistas, por parte do empregador, implica na responsabilidade subsidiária do tomador dos serviços quanto àquelas obrigações, inclusive quanto aos órgãos da administração direta, das autarquias, das fundações públicas, das empresas públicas e das sociedades de economia mista, desde que hajam participado da relação processual e constem também do título executivo judicial."*

*Esse entendimento tem por objetivo prevenir que o empregado seja prejudicado com a inadimplência por parte da empresa prestadora de serviços, ainda que o tomador dos serviços integre à Administração Pública direta ou indireta.*

*A Lei nº 8.666, de 21 de junho de 1993, por outro lado, ao regulamentar o art. 37, XXI, da CF/1988, instituindo normas para licitações e contratos da Administração Pública, dispôs em seu art. 71, § 1º:*

*"art. 71 – O contratado é responsável pelos encargos trabalhistas, previdenciários, fiscais e comerciais resultantes da execução do contrato.*

*§ 1º A inadimplência do contratado, com referência aos encargos estabelecidos neste artigo, não transfere à Administração Pública a responsabilidade por seu pagamento, nem poderá onerar o objeto do contrato ou restringir a regularização e o uso das obras e edificações, inclusive perante o Registro de Imóveis."*

*O dispositivo obsta a responsabilidade da entidade pública tomadora de serviços pelos débitos da empresa contratada. Contudo, a responsabilidade de que trata o dispositivo é a direta, a solidária, hipótese em que a dívida pode ser cobrada indistintamente do devedor principal e do co-obrigado. O item IV da Súmula 331/TST, a toda evidência, refere-se à responsabilidade indireta, ou subsidiária, que permite a respon-*

*sabilização do tomador de serviços apenas quando esgotadas as possibilidades de receber a dívida trabalhista, reconhecida judicialmente, do principal responsável.*

*O § 6º do art. 37, da Constituição da República estabelece o princípio da responsabilidade objetiva das pessoas jurídicas de direito público e privado prestadoras de serviços públicos, em relação aos danos causados por seus agentes, nos seguintes termos:*

*"art. 37...*

*§ 6º As pessoas jurídicas de direito público e as de direito privado prestadoras de serviços públicos responderão pelos danos que seus agentes, nessa qualidade, causarem a terceiros, assegurado o direito de regresso contra o responsável nos casos de dolo ou culpa"*

*Em observância ao princípio constitucional da responsabilidade objetiva e da culpa in vigilando e in eligendo, as entidades públicas devem ser cautelosas no procedimento licitatório, para que os contratos com as empresas prestadoras de serviço o sejam com firmas idôneas, devendo ser igualmente vigilantes no período de vigência dos contratos firmados.*

*Se após contratada, revelar-se a empresa prestadora de serviços inadimplente, não poderá o ente público se furtar das obrigações trabalhistas, respondendo subsidiariamente pelos créditos devidos aos empregados que lhe prestaram serviços.*

*Com esta providência, impõem-se às empresas contratadas que sejam mais diligentes no cumprimento das obrigações previdenciárias e trabalhistas com seus empregados.* **(TST-RR-539.593/1999.8)**

## 332. COMPLEMENTAÇÃO DE APOSENTADORIA. PETROBRAS. MANUAL DE PESSOAL. NORMA PROGRAMÁTICA. *(Res. 121/2003, DJ 19.11.2003)*

**As normas relativas à complementação de aposentadoria, inseridas no**

Manual de Pessoal da Petrobras, têm caráter meramente programático, delas não resultando direito à referida complementação.

Essa súmula apenas aplica-se aos empregados da Petrobras.

### 333. Recursos de revista e de embargos. Conhecimento. *(Res. 155/2009, DJ 26.02.2009)*

**Não ensejam recurso de revista decisões superadas por iterativa, notória e atual jurisprudência do Tribunal Superior do Trabalho.**

Se é notória e atual a jurisprudência, ela é de conhecimento geral e atualizada, e está superada, não havendo contradições.

### 336. Constitucionalidade. § 2º do art. 9º do Decreto-Lei nº 1.971, de 30.11.1982. *(Res. 121/2003, DJ 19.11.2003)*

**É constitucional o § 2º do art. 9º do Decreto-Lei nº 1.971, de 30.11.1982, com a redação dada pelo Decreto-Lei nº 2.100, de 28.12.1983.**

O § 2º do art. 9º do Decreto-Lei nº 1.971/1982, diz: "aos servidores ou empregados admitidos, até a vigência deste decreto-lei, nas entidades cujos estatutos prevejam a participação nos lucros, fica assegurada essa participação, sendo vedado, porém, considerar para esse efeito a parcela resultante do saldo credor da conta de correção monetária de que tratam os arts. 185 da Lei nº 6.404 de 15-12-76, e 39 do Decreto-Lei nº 1.598 de 26-12-77".

E não é caso de inconstitucionalidade, pois a norma foi editada antes da CF de 1988.

**337. Comprovação de divergência jurisprudencial. Recursos de revista e de embargos.** *(Incorporada à Orientação Jurisprudencial nº 317 da SDI-1 – Res. 129/2005, DJ 20.04.2005)*

I – Para comprovação da divergência justificadora do recurso, é necessário que o recorrente:
   a) Junte certidão ou cópia autenticada do acórdão paradigma ou cite a fonte oficial ou o repositório autorizado em que foi publicado;
   b) Transcreva, nas razões recursais, as ementas e/ou trechos dos acórdãos trazidos à configuração do dissídio, demonstrando o conflito de teses que justifique o conhecimento do recurso, ainda que os acórdãos já se encontrem nos autos ou venham a ser juntados com o recurso. *(ex-Súmula nº 337 – Res. 121/2003, DJ 19.11.2003)*

II – A concessão de registro de publicação como repositório autorizado de jurisprudência do TST torna válidas todas as suas edições anteriores. *(ex-OJ nº 317 da SDI-1 – DJ 11.08.2003)*

Para demonstrar a divergência nos recursos de revista e de embargos é necessário fazer prova, que nada mais é do que juntar as decisões conflitantes com as devidas intimações.

**338. Jornada de trabalho. Registro. Ônus da prova.** *(Incorporada às Orientações Jurisprudenciais nºs 234 e 306 da SDI-1 – Res. 129/2005, DJ 20.04.2005)*

I – É ônus do empregador que conta com mais de 10 (dez) empregados o registro da jornada de trabalho na forma do art. 74, § 2º, da CLT. A não apresentação injustificada dos controles de frequência gera presunção relativa de veracidade da jornada de trabalho, a qual pode ser elidida por prova em contrário. *(ex-Súmula nº 338 – Res. 121/2003, DJ 19.11.2003)*

O art. 818 da CLT é claro sobre o assunto: "a prova das alegações incumbe à parte que as fizer".

E ainda o art. 74, § 2º, da CLT: "para os estabelecimentos de mais dez trabalhadores será obrigatória a anotação da hora de entrada e de saída, em registro manual, mecânico ou eletrônico, conforme instruções a serem expedidas pelo Ministério do Trabalho, devendo haver pré-assinalação do período de repouso".

Fica nítido depois de ler esses dois artigos que é ônus do empregador que contar com mais de dez trabalhadores comprovar o controle de frequência e essa comprovação gera presunção relativa, podendo o empregado demonstrar provas contrárias.

**II – A presunção de veracidade da jornada de trabalho, ainda que prevista em instrumento normativo, pode ser elidida por prova em contrário.** *(ex-OJ nº 234 da SDI-1 – Inserida em 20.06.2001)*

O empregado poderá elidir provas contrárias à comprovação de frequência demonstrada pelo empregador.

**III – Os cartões de ponto que demonstram horários de entrada e saída uniformes são inválidos como meio de prova, invertendo-se o ônus da prova, relativo às horas extras, que passa a ser do empregador, prevalecendo a jornada da inicial se dele não se desincumbir.** *(ex- OJ nº 306 da SDI-1 – DJ 11.08.2003)*

Esse inciso quer inibir que o controle de ponto seja maquiado, pois é difícil chegar e sair exatamente no mesmo horário.

**339. CIPA. Suplente. Garantia de emprego. CF/1988.** *(Incorporada às Orientações Jurisprudenciais nos 25 e 329 da SDI-1 – Res. 129/2005, DJ 20.04.2005)*

**I – O suplente da CIPA goza da garantia de emprego prevista no art. 10,**

**II, "a", do ADCT a partir da promulgação da Constituição Federal de 1988.** *(ex-Súmula nº 339 – Res. 39/1994, DJ 20.12.1994 e ex-OJ nº 25 da SDI-1 – Inserida em 29.03.1996)*

O suplente da CIPA faz jus à garantia de emprego, pois o legislador não fez distinção entre ambos, somente diz ter garantia desde o registro da candidatura até um ano após seu mandato; já a CLT, em seu art. 165, somente fala do titular, e, nesse caso, prevalece a lei maior, e a súmula veio reafirmar a garantia também ao suplente.

**II – A estabilidade provisória do cipeiro não constitui vantagem pessoal, mas garantia para as atividades dos membros da CIPA, que somente tem razão de ser quando em atividade a empresa. Extinto o estabelecimento, não se verifica a despedida arbitrária, sendo impossível a reintegração e indevida a indenização do período estabilitário.** *(ex-OJ nº 329 da SDI-1 – DJ 09.12.2003)*

A garantia não teria justificativa caso o estabelecimento fosse extinto, pois não haveria trabalhadores nem empregadores; nesse caso não há que se falar em indenização nem em reintegração.

**340. Comissionista. Horas extras.** *(Res. 121/2003, DJ 19.11.2003)*

**O empregado, sujeito a controle de horário, remunerado à base de comissões, tem direito ao adicional de, no mínimo, 50% (cinquenta por cento) pelo trabalho em horas extras, calculado sobre o valor-hora das comissões recebidas no mês, considerando-se como divisor o número de horas efetivamente trabalhadas.**

O empregado que tem controle de horário faz jus às horas extras, pois o art. 62, I, da CLT é nítido ao mencionar os trabalhadores externos que não fazem jus às horas extras, por não terem controle de horário.

Esse empregado deverá receber o adicional de horas extras, devendo ser calculado sobre o valor-hora das comissões recebidas, pois é remunerado à base de comissões.

### 341. Honorários do assistente técnico. *(Res. 121/2003, DJ 19.11.2003)*

**A indicação do perito assistente é faculdade da parte, a qual deve responder pelos respectivos honorários, ainda que vencedora no objeto da perícia.**

Os honorários periciais são devidos pela parte que indicar, salvo nos casos de Justiça Gratuita, pois o empregado normalmente é a parte insuficiente do processo não podendo arcar com valores periciais, porém, se indicar fará o pagamento.

### 342. Descontos salariais. Art. 462 da CLT. *(Res. 121/2003, DJ 19.11.2003)*

**Descontos salariais efetuados pelo empregador, com a autorização prévia e por escrito do empregado, para ser integrado em planos de assistência odontológica, médico-hospitalar, de seguro, de previdência privada, ou de entidade cooperativa, cultural ou recreativo-associativa de seus trabalhadores, em seu benefício e de seus dependentes, não afrontam o disposto no art. 462 da CLT, salvo se ficar demonstrada a existência de coação ou de outro defeito que vicie o ato jurídico.**

Essa súmula é baseada no princípio da intangibilidade, que visa a não modificação do contrato de trabalho, devendo observar o art. 462 da CLT para efetivar qualquer desconto, e este deverá ser por escrito e com autorização prévia; caso não seja, será considerado inválido.

O convênio médico, a assistência odontológica e outros autorizados são benefícios para o empregado, concedidos pelo empregador, visando uma melhoria na vida do obreiro.

**343. Bancário. Hora de salário. Divisor.** *(Res. 121/2003, DJ 19.11.2003)*

**O bancário sujeito à jornada de 8 (oito) horas *(art. 224, § 2º, da CLT)*, após a CF/1988, tem salário-hora calculado com base no divisor 220 (duzentos e vinte), não mais 240 (duzentos e quarenta).**

Após a CF 1988 o limite de carga horária diária é de 8 h e 44 h semanais; isso também aplica-se aos bancários.

**344. Salário-família. Trabalhador rural.** *(Res. 121/2003, DJ 19.11.2003)*

**O salário-família é devido aos trabalhadores rurais somente após a vigência da Lei nº 8.213, de 24.07.1991.**

A Lei nº 8.213/1991, por força da CF/1988, igualou o direito de receber o salário-família também o empregado rural.

**345. BANDEPE. Regulamento Interno de Pessoal não confere estabilidade aos empregados.** *(Res. 121/2003, DJ 19.11.2003)*

**O Regulamento Interno de Pessoal (RIP) do Banco do Estado de Pernambuco – BANDEPE, na parte que trata de seu regime disciplinar, não confere estabilidade aos seus empregados.**

Essa é uma situação específica ao BANDEPE.

## 346. DIGITADOR. INTERVALOS INTRAJORNADA. APLICAÇÃO ANALÓGICA DO ART. 72 DA CLT. *(Res. 121/2003, DJ 19.11.2003)*

Os digitadores, por aplicação analógica do art. 72 da CLT, equiparam-se aos trabalhadores nos serviços de mecanografia (datilografia, escrituração ou cálculo), razão pela qual têm direito a intervalos de descanso de 10 (dez) minutos a cada 90 (noventa) de trabalho consecutivo.

A súmula veio incluir os digitadores, pois o art. 72 da CLT nada menciona sobre eles por ter uma outra terminologia, e analogicamente equipara-se à datilografia.

## 347. HORAS EXTRAS HABITUAIS. APURAÇÃO. MÉDIA FÍSICA. *(Res. 121/2003, DJ 19.11.2003)*

O cálculo do valor das horas extras habituais, para efeito de reflexos em verbas trabalhistas, observará o número de horas efetivamente prestadas e a ele aplica-se o valor do salário-hora da época do pagamento daquelas verbas.

As horas extras habituais deverão ser pagas observando a época da ocorrência da hora extra prestada.

## 348. AVISO PRÉVIO. CONCESSÃO NA FLUÊNCIA DA GARANTIA DE EMPREGO. INVALIDADE. *(Res. 121/2003, DJ 19.11.2003)*

É inválida a concessão do aviso prévio na fluência da garantia de emprego, ante a incompatibilidade dos dois institutos.

Faz-se necessário o término da garantia de empregado para o empregador conceder o aviso prévio ao empregado, pois se ocorrer antes do fim da estabilidade, ocorrerá a fusão dos dois institutos, devendo o empregador pagar novamente o aviso prévio.

## 349. Acordo de compensação de horário em atividade insalubre, celebrado por acordo coletivo. Validade. *(Res. 121/2003, DJ 19.11.2003)*

A validade de acordo coletivo ou convenção coletiva de compensação de jornada de trabalho em atividade insalubre prescinde da inspeção prévia da autoridade competente em matéria de higiene do trabalho *(art. 7º, XIII, da CF/1988; art. 60 da CLT).*

Para estender a jornada trabalho de empregados que laborem em atividades insalubres, é necessária a autorização das autoridades competentes em matéria de medicina do trabalho.

Haverá uma inspeção prévia da autoridade de saúde para verificar a situação da empresa em relação aos trabalhadores e as autoridades competentes deverão autorizar o funcionamento por meio de uma licença prévia, e depois uma licença definitiva.

## 350. Prescrição. Termo inicial. Ação de cumprimento. Sentença normativa. *(Res. 121/2003, DJ 19.11.2003)*

O prazo de prescrição com relação à ação de cumprimento de decisão normativa flui apenas da data de seu trânsito em julgado.

Somente será necessário aguardar o trânsito em julgado da sentença quando for dado efeito suspensivo ao recurso interposto, caso não seja dado o efeito suspensivo não é necessário aguardar o trânsito em julgado e propor a ação de cumprimento, mesmo o art. 872 da CLT mencionando o assunto.

**351. Professor. Repouso semanal remunerado. Art. 7º, § 2º, da Lei nº 605, de 05.01.1949 e art. 320 da CLT.** *(Res. 121/2003, DJ 19.11.2003)*

O professor que recebe salário mensal à base de hora-aula tem direito ao acréscimo de 1/6 a título de repouso semanal remunerado, considerando-se para esse fim o mês de quatro semanas e meia.

> Conforme o art. 320 da CLT, o professor tem direito a receber pelas horas-aula ministradas. Mas deverá ser remunerado também nos finais de semana e o mês é contado com mais de quatro semanas.

**353. Embargos. Agravo. Cabimento.** *(Res. 128/2005, DJ 14/03/2005)*

Não cabem embargos para a Seção de Dissídios Individuais de decisão de Turma proferida em agravo, salvo:
- a) da decisão que não conhece de agravo de instrumento ou de agravo pela ausência de pressupostos extrínsecos;
- b) da decisão que nega provimento a agravo contra decisão monocrática do Relator, em que se proclamou a ausência de pressupostos extrínsecos de agravo de instrumento;
- c) para revisão dos pressupostos extrínsecos de admissibilidade do recurso de revista, cuja ausência haja sido declarada originariamente pela Turma no julgamento do agravo;
- d) para impugnar o conhecimento de agravo de instrumento;
- e) para impugnar a imposição de multas previstas no art. 538, parágrafo único, do CPC, ou no art. 557, § 2º, do CPC.

> O recurso de embargos para o TST ou para a SDI é o meio que existe de questionar uma decisão proferida na turma do TST. Seu prazo é de 8 dias e fica obrigado a recolher o preparo (conforme o caso).

**354. Gorjetas. Natureza jurídica. Repercussões.** *(Res. 121/2003, DJ 19.11.2003)*

As gorjetas, cobradas pelo empregador na nota de serviço ou oferecidas espontaneamente pelos clientes, integram a remuneração do empregado, não servindo de base de cálculo para as parcelas de aviso prévio, adicional noturno, horas extras e repouso semanal remunerado.

As gorjetas integram a remuneração conforme o art. 457 da CLT, para todos os efeitos legais, entretanto não serão base de cálculo para o aviso prévio, pois ele é calculado sobre o mês da rescisão; também o adicional noturno, pois é calculado sobre a hora diurna, já o descanso semanal remunerado é pago mensalmente.

**355. CONAB. Estabilidade. Aviso DIREH nº 2 de 12.12.1984.** *(Res. 121/2003, DJ 19.11.2003)*

O aviso DIREH nº 2, de 12.12.1984, que concedia estabilidade aos empregados da CONAB, não tem eficácia, porque não aprovado pelo Ministério ao qual a empresa se subordina.

Para ter eficácia, o aviso deveria ter sido aprovado pelo Ministério do Trabalho ao qual a empresa se subordina; não foi o caso.

**356. Alçada recursal. Vinculação ao salário-mínimo.** *(Res. 121/2003, DJ 19.11.2003)*

O art. 2º, § 4º, da Lei nº 5.584, de 26.06.1970 foi recepcionado pela CF/1988, sendo lícita a fixação do valor da alçada com base no salário-mínimo.

As causas inferiores a 2 salários-mínimos deverão ser processadas pelo rito de alçada e, conforme a súmula, essa fixação não é inconstitucional.

### 357. TESTEMUNHA. AÇÃO CONTRA A MESMA RECLAMADA. SUSPEIÇÃO. *(Res. 121/2003, DJ 19.11.2003)*

**Não torna suspeita a testemunha o simples fato de estar litigando ou de ter litigado contra o mesmo empregador.**

A única ressalva é que a testemunha não tenha um processo contra a empresa pleiteando o mesmo direito, porém, em cada caso o juiz irá analisar.

### 358. RADIOLOGISTA. SALÁRIO PROFISSIONAL. LEI Nº 7.394, DE 29.10.1985. *(Res. 121/2003, DJ 19.11.2003)*

**O salário profissional dos técnicos em radiologia é igual a 2 (dois) salários-mínimos e não a 4 (quatro).**

A Lei nº 7.394/1985, em seu art. 16, regulamenta esclarecendo que o técnico em radiologia receberá o equivalente a 2 *(dois)* salários-mínimos profissionais da região; como não há que se falar em salário-mínimo na região para os radiologistas, a palavra está equivocada.

### 360. TURNOS ININTERRUPTOS DE REVEZAMENTO. INTERVALOS INTRAJORNADA E SEMANAL. *(Res. 121/2003, DJ 19.11.2003)*

**A interrupção do trabalho destinada a repouso e alimentação, dentro de cada turno, ou o intervalo para repouso semanal, não descaracteriza o turno de revezamento com jornada de 6 (seis) horas previsto no art. 7º, XIV, da CF/1988.**

O art. 71 da CLT, em seu § 2º, é nítido quando menciona que "os intervalos de descanso não serão computados na duração do trabalho".

E, ainda, a Súmula nº 657 do STF é clara quando dispõe: "os intervalos fixados para descanso e alimentação durante a jornada de seis horas não descaracterizam o sistema de turnos ininterruptos de revezamento para o efeito do art. 7º, XVI, da Constituição" *(DJ 9, 10 e 13.10.03)*.

Mesmo que o empregado faça um intervalo de maior tempo, isso não irá descaracterizar a sua jornada de trabalho, até porque esse intervalo não será computado na duração da jornada.

### 361. ADICIONAL DE PERICULOSIDADE. ELETRICITÁRIOS. EXPOSIÇÃO INTERMITENTE. *(Res. 121/2003, DJ 19.11.2003)*

**O trabalho exercido em condições perigosas, embora de forma intermitente, dá direito ao empregado a receber o adicional de periculosidade de forma integral, porque a Lei nº 7.369, de 20.09.1985, não estabeleceu nenhuma proporcionalidade em relação ao seu pagamento.**

Mesmo que o trabalho ocorra de forma intermitente, porém, todos os dias, o adicional de periculosidade será devido, pois se está em contato com a periculosidade, terá direito ao pagamento.

### 362. FGTS. PRESCRIÇÃO. *(Res. 121/2003, DJ 19.11.2003)*

**É trintenária a prescrição do direito de reclamar contra o não recolhimento da contribuição para o FGTS, observado o prazo de 2 (dois) anos após o término do contrato de trabalho.**

Essa súmula veio esclarecer a questão da prescrição, pois tem matéria decidida em lei, entretanto a Constituição Federal regulamenta também; vejamos: a Lei nº 8.036 tratou sobre o prazo prescricional da contribuição do FGTS, porém, a Constituição Federal em seu art. 7º, XXIX, foi clara ao dizer que o prazo prescricional será de 2 (dois) anos, não sendo competente a lei ordinária para tratar do tema.

## 363. Contrato nulo. Efeitos. *(Res. 121/2003, DJ 19.11.2003)*

**A contratação de servidor público, após a CF/1988, sem prévia aprovação em concurso público, encontra óbice no respectivo art. 37, II, e § 2º, somente lhe conferindo direito ao pagamento da contraprestação pactuada, em relação ao número de horas trabalhadas, respeitado o valor da hora do salário mínimo, e dos valores referentes aos depósitos do FGTS.**

A contratação para o serviço público necessita de aprovação em concurso público; o art. 37, II, e § 2º é claro ao dispor da necessidade e da nulidade caso os requisitos constitucionais não sejam observados.

## 364. Adicional de periculosidade. Exposição eventual, permanente e intermitente. *(Conversão das Orientações Jurisprudenciais nos 5, 258 e 280 da SDI-1 – Res. 129/2005, DJ 20.04.2005)*

**I – Faz jus ao adicional de periculosidade o empregado exposto permanentemente ou que, de forma intermitente, sujeita-se a condições de risco. Indevido, apenas, quando o contato dá-se de forma eventual, assim considerado o fortuito, ou o que, sendo habitual, dá-se por tempo extremamente reduzido.** *(ex-OJs nº 5, inserida em 14.03.1994 – e nº 280, DJ 11.08.2003)*

O art. 193 da CLT regulamenta o assunto aduzindo: "são consideradas atividades ou operações perigosas, na forma da regulamentação aprovada pelo Ministério do Trabalho, aquelas que, por sua natureza ou métodos de trabalho, impliquem o contato permanente com inflamáveis ou explosivos em condições de risco acentuado".

Entretanto, a Súmula nº 361 fica contraditória, pois diz que mesmo para o trabalho intermitente é devido o adicional; existem os dois entendimentos.

**II – A fixação do adicional de periculosidade, em percentual inferior ao legal e proporcional ao tempo de exposição ao risco, deve ser respeitada, desde que pactuada em acordos ou convenções coletivos.** *(ex-OJ nº 258 da SDI-1 – Inserida em 27.09.2002)*

Em caso de acordo ou convenção coletiva poderá ser pago um adicional no valor inferior ao regulamentado na lei, conforme o art. 7º, XXVI, da Constituição Federal.

**365. Alçada. Ação rescisória e mandado de segurança.** *(Conversão das Orientações Jurisprudenciais nºˢ 8 e 10 da SDI-1Res. 129/2005, DJ 20.04.2005)*

**Não se aplica a alçada em ação rescisória e em mandado de segurança.** *(ex-OJs nºˢ 8 e 10 – Inseridas em 01.02.1995)*

A Lei nº 84/1970, em seus arts. 2º e 3º, o rito de alçada não poderá exceder a 2 (dois) salários-mínimos, e salvo se versar sobre matéria constitucional, não caberá recurso.

**366. Cartão de ponto. Registro. Horas extras. Minutos que antecedem e sucedem a jornada de trabalho.** *(Conversão das Orientações Jurisprudenciais n$^{os}$ 23 e 326 da SDI-1 – Res. 129/2005, DJ 20.04.2005)*

**Não serão descontadas nem computadas como jornada extraordinária as variações de horário do registro de ponto não excedentes de cinco minutos, observado o limite máximo de dez minutos diários. Se ultrapassado esse limite, será considerada como extra a totalidade do tempo que exceder a jornada normal.** *(ex-OJs n° 23, inserida em 03.06.1996 – e n° 326, DJ 09.12.2003)*

A súmula está em conformidade com o art. 58, § 1°, da CLT, que diz: "não serão descontadas nem computadas como jornada extraordinária as variações de horários no registro de ponto não excedente de cinco minutos, observado o limite de dez minutos diários".

Ficando claro que, se o empregador ficar além do tempo previsto no artigo, no limite de 10 (dez) minutos, deverá receber como hora extraordinária, pois estará à disposição do empregador.

**367. Utilidades *"in natura"*. Habitação. Energia elétrica. Veículo. Cigarro. Não integração ao salário.** *(Conversão das Orientações Jurisprudenciais n$^{os}$ 24, 131 e 246 da SDI-1 – Res. 129/2005, DJ 20.04.2005)*

**I – A habitação, a energia elétrica e veículo fornecidos pelo empregador ao empregado, quando indispensáveis para a realização do trabalho, não têm natureza salarial, ainda que, no caso de veículo, seja ele utilizado pelo empregado também em atividades particulares.** *(ex-OJs n° 131, inserida em 20.04.1998 e ratificada pelo Tribunal Pleno em 07.12.2000 – e n° 246, inserida em 20.06.2001)*

Se for indispensável para a realização do trabalho, não poderá ser considerado salário *in natura*, pois, se for dispensável para o trabalho, será salário-utilidade e não salário *in natura*, consoante o art. 458 da CLT.

**II – O cigarro não se considera salário-utilidade em face de sua nocividade à saúde.** *(ex-OJ nº 24 – Inserida em 29.03.1996)*

O art. 458 da CLT deixa clara a impossibilidade do pagamento do salário *in natura* com bebidas alcoólicas ou drogas nocivas, e o cigarro faz parte delas.

### 368. Descontos previdenciários e fiscais. Competência. Responsabilidade pelo pagamento. Forma de cálculo. *(Res. 138/2005, DJ 23.11.2005)*

**I – A Justiça do Trabalho é competente para determinar o recolhimento das contribuições fiscais. A competência da Justiça do Trabalho, quanto à execução das contribuições previdenciárias, limita-se às sentenças condenatórias em pecúnia que proferir e aos valores, objeto de acordo homologado, que integrem o salário de contribuição.** *(ex-OJ nº 141 da SDI-1 – Inserida em 27.11.1998)*

O art. 114 da Constituição Federal trata da competência da Justiça do Trabalho, inclusive as sentenças condenatórias e as declaratórias.

**II – É do empregador a responsabilidade pelo recolhimento das contribuições previdenciárias e fiscais, resultante de crédito do empregado oriundo de condenação judicial, devendo incidir, em relação aos descontos fiscais, sobre o valor total da condenação, referente às parcelas tributáveis, calculado ao final, nos termos da Lei nº 8.541/1992, art. 46,**

**e Provimento da CGJT nº 3/2005.** *(ex-OJs nº 32, inserida em 14.03.1994 – e nº 228, inserida em 20.06.2001)*

O empregador tem mais conhecimento, e mais responsabilidade devendo ser responsável pelo recolhimento das contribuições previdenciárias e fiscais, e a Lei nº 8.541/1992 regulamenta esse recolhimento em seu art. 46.

Essa presente súmula não deixa dúvidas sobre o seu texto, haja vista, que por motivo do inadimplemento do empregador, o empregado não poderá ser "punido" com os encargos fiscais diante do não pagamento dos encargos trabalhistas pelo empregador.

Imaginemos a seguinte situação: o empregado ganha em torno de R$ 900,00 reais por mês. A princípio, ele é isento do pagamento do imposto de renda. Esse empregado é demitido, move uma reclamação trabalhista, a qual é procedente, no valor de R$ 30.000,00 reais. Será justo cobrar o IR desse ex-empregado? Claro que não.

Assim, a responsabilidade pelo pagamento dos valores pertinentes aos impostos é do devedor, que na maioria das vezes é o empregador.

Não pode ser pago de uma só vez, deverá ser pago mês a mês, com esse recolhimento mensal facilita a forma de contribuição e o empregado pode pagar, pois será descontado em parcelas menores.

• **Julgados**

*DESCONTOS FISCAIS. RESPONSABILIDADE PELO PAGAMENTO. Nos termos da Súmula 368, II, do TST, é do empregador a responsabilidade pelo recolhimento das contribuições fiscais, resultantes de crédito do empregado oriundo de condenação judicial, devendo incidir sobre o valor total a ser pago ao autor. Recurso de Revista de que se conhece e a que se dá provimento. (TST-RR-623/2001-030-01-40.2)*

*DESCONTOS FISCAIS. BASE DE CÁLCULO.*

*O entendimento expresso na Orientação Jurisprudencial 228, da SBDI-1, atualmente incorporado no item II da Súmula 368 do TST, confirma que é do empregador a responsabilidade pelo recolhimento das contribuições previdenciárias e fiscais, resultante de crédito do empregado oriundo de condenação judicial, devendo incidir, em relação aos descontos fiscais, sobre o valor total da condenação, referente às parcelas tributáveis, calculado ao final.* (**TST-RR-10101/2002-900-09-00.3**)

*DO IMPOSTO DE RENDA RETIDO DA FONTE.*

*A agravante insurge-se diante da forma de apuração do imposto de renda levada a efeito pelo Setor de Cálculos, alegando que não foram observados os termos da Instrução Normativa n° 15, art. 3°, da Secretaria da Receita Federal.*

*Razão não lhe assiste.*

*O cálculo dos descontos fiscais, na Justiça do Trabalho, não está adstrito ao comando da norma invocada pela agravante, seguindo os critérios estabelecidos na Súmula 368, II, do C. TST, que determina que os descontos fiscais incidam sobre "o valor total da condenação, referente às parcelas tributáveis, calculado ao final, nos termos da Lei n° 8.541, de 23.12.1992, art. 46 e Provimento da CGJT n° 01/1996".*

*E os cálculos foram realizados com estrita observância ao preceito jurisprudencial acima citado e aos comandos dos arts. 625 e 638 do D. 3.000/99 que dispõem que:*

*"Art. 625. O cálculo do imposto na fonte relativo a férias de empregados será efetuado separadamente dos demais rendimentos pagos ao beneficiário, no mes, com base na tabela progressiva (art. 620)".*

*"Art. 638. Os rendimentos pagos a título de décimo terceiro salário (CF, art. 7°, inciso VIII) estão sujeitos à incidência do imposto na fonte com base na tabela progressiva (art. 620),*

*observadas as seguintes normas (Lei nº 7.713, de 1988, art. 26, e Lei nº 8.134, de 1990, art. 16):*

*I – não haverá retenção na fonte, pelo pagamento de antecipações;*

*II – será devido, sobre o valor integral, no mês de sua quitação;*

*III – a tributação ocorrerá exclusivamente na fonte e separadamente dos demais rendimentos do beneficiário;*

*IV – serão admitidas as deduções previstas na Seção VI".*

*Saliente-se que o art. 56 do D. 3.000/99 prevê que, nos casos de rendimentos recebidos acumuladamente, o imposto deve incidir sobre o total dos rendimentos. Nada obstante, essa norma tem por objeto estabelecer o regime de caixa para a tributação. Por isso, tendo sido observado o regime de caixa na elaboração dos cálculos e estando os mesmos respaldados pelos aludidos arts. 625 e 638 do D. 3.000/99, nao merece amparo o inconformismo, não se verificando contrariedade ao teor do ato normativo invocado pela agravante. (**TST-RR-270/2005-251-18-41.1**)*

*CONTRIBUIÇÕES PREVIDENCIÁRIAS.*

*O Regional negou provimento ao recurso ordinário patronal, sob os seguintes fundamentos (fls. 465/466):*

*A Lei nº. 8.212/1991, em seu art. 33, § 5º, dispõe que a empresa fica diretamente responsável pela importância que deixou de receber ou arrecadou em discordância com o disposto na referida lei.*

*Ao determinar a responsabilidade integral da empresa pelas contribuições previdenciárias incidentes sobre as verbas de natureza salarial, é claro o propósito do referido diploma legal de penalizar a empresa que não recolhe a contribuição previdenciária no momento oportuno.*

*"Art. 33 (...)*

*§ 5º – O desconto da contribuição e de consignação legalmente autorizadas sempre se presume feito oportuna e regularmente*

*pela empresa a isso obrigada, não lhe sendo lícito alegar omissão para se eximir do recolhimento, ficando diretamente responsável pela importância que deixou de receber ou que arrecadou em desacordo com o disposto nesta Lei" (grifos nossos).*

*Assim sendo, a responsabilidade é exclusiva do empregador pelos encargos previdenciários.*

*Sentença mantida, no particular. A Recorrente sustenta que sua obrigação legal se restringe a efetuar a arrecadação da contribuição previdenciária, descontando-a da remuneração do Empregado. Alega violação dos arts. 30, I, e 43 da Lei nº 8.212/1991; 5º, II e 195, I e II, da CF. Aponta contrariedade à Súmula 368 e à OJ 363 da SBDI-1 desta Corte. Transcreve arestos ao dissenso.*

*Nos termos do item II da Súmula 368 do TST, os descontos fiscais devem incidir "sobre o valor total da condenação, referente às parcelas tributáveis, calculado ao final, nos termos da Lei nº 8.541/1992, art. 46 e Provimento da CGJT nº 3/2005". O caput do art. 46 da Lei nº 8.541, de 1992, dispõe que "o imposto sobre a renda incidente sobre os rendimentos pagos em cumprimento de decisão judicial será retido na fonte pela pessoa física ou jurídica obrigada ao pagamento, no momento em que, por qualquer forma, o rendimento se torne disponível para o beneficiário".*

*Portanto, o fato gerador do imposto de renda incidente sobre parcelas reconhecidas em juízo é o momento em que, por qualquer forma, o rendimento se torne disponível para o beneficiário.*

*Por outro lado, no que diz respeito à culpa do empregador pelo inadimplemento das verbas remuneratórias, esta Corte já pacificou o seguinte entendimento: "O.J. 363 – DESCONTOS PREVIDENCIÁRIOS E FISCAIS. CONDENAÇÃO DO EMPREGADOR em razão do INADIMPLEMENTO DE VERBAS REMUNERATÓRIAS. RESPONSABILIDADE DO*

*EMPREGADO PELO PAGAMENTO. A responsabilidade pelo recolhimento das contribuições social e fiscal, resultante de condenação judicial referente a verbas remuneratórias, é do empregador e incide sobre o total da condenação. Contudo, a culpa do empregador pelo inadimplemento das verbas remuneratórias não exime a responsabilidade do empregado pelos pagamentos do imposto de renda devido e da contribuição previdenciária que recaia sobre sua quota-parte". Conhecido o recurso de revista, por contrariedade à Súmula 368, II, e à OJ 363 da SBDI-1 desta Corte, dou provimento ao apelo, para determinar que os descontos previdenciários sejam efetuados de acordo com as diretrizes estabelecidas nos referidos verbetes.* **(TST-RR-1623/2007-007-21-00.4)**

*III – Em se tratando de descontos previdenciários, o critério de apuração encontra-se disciplinado no art. 276, § 4º, do Decreto nº 3.048/99, que regulamenta a Lei nº 8.212/1991 e determina que a contribuição do empregado, no caso de ações trabalhistas, seja calculada mês a mês, aplicando-se as alíquotas previstas no art. 198, observado o limite máximo do salário de contribuição.* **(ex-OJs nº 32, inserida em 14.03.1994 – e nº 228, inserida em 20.06.2001)**

**369. Dirigente sindical. Estabilidade provisória.** *(Conversão das Orientações Jurisprudenciais nºs 34, 35, 86, 145 e 266 da SDI-1 – Res. 129/2005, DJ 20.04.2005)*

**I – É indispensável a comunicação, pela entidade sindical, ao empregador, na forma do § 5º do art. 543 da CLT.** *(ex-OJ nº 34 – Inserida em 29.04.1994)*

Essa comunicação deverá ser feita pela entidade sindical, é o ato formal para o reconhecimento da candidatura, pois a partir do registro da candidatura, o dirigente sindical terá estabilidade, não podendo ser dispensado, pelo menos até a eleição, pois, caso seja eleito, passará a ter estabilidade até um ano após o término do mandato, e, nesse caso, o empregador, sendo avisado do não prejuízo das partes, não poderá ser punido por algo de que não tinha conhecimento.

**II – O art. 522 da CLT, que limita a sete o número de dirigentes sindicais, foi recepcionado pela Constituição Federal de 1988.** *(ex-OJ nº 266 – Inserida em 27.09.2002)*

Por ter sido recepcionado pela Constituição Federal, esta em vigor regulamentando o número de membros da diretoria, máximo 7 (sete) e mínimo de (3 (três) membros.

**III – O empregado de categoria diferenciada eleito dirigente sindical só goza de estabilidade se exercer na empresa atividade pertinente à categoria profissional do sindicato para o qual foi eleito dirigente.** *(ex-OJ nº 145 – Inserida em 27.11.1998)*

Para ser eleito dirigente sindical e gozar da estabilidade deverá exercer na empresa a atividade pertinente.

**IV – Havendo extinção da atividade empresarial no âmbito da base territorial do sindicato, não há razão para subsistir a estabilidade.** *(ex-OJ nº 86 – Inserida em 28.04.1997)*

Se não houver a empresa ou estabelecimento comercial na base territorial, não podemos falar em estabilidade, pois cessaram-se as atividades empresariais e não existirá mais a garantia de emprego.

**V – O registro da candidatura do empregado a cargo de dirigente sindical durante o período de aviso prévio, ainda que indenizado, não**

lhe assegura a estabilidade, visto que inaplicável a regra do § 3º do art. 543 da Consolidação das Leis do Trabalho. *(ex-OJ nº 35 – Inserida em 14.03.1994)*

O inciso quis evitar fraudes, para que o empregado se candidatasse no período de aviso prévio para ter uma estabilidade; porém, nesse período não será assegurada a sua estabilidade, pois já tem ciência de que irá se desligar da empresa.

### 370. Médico e engenheiro. Jornada de trabalho. Leis nº 3.999/1961 e 4.950/1966. *(Conversão das Orientações Jurisprudenciais nos 39 e 53 da SDI-1 – Res. 129/2005, DJ 20.04.2005)*

Tendo em vista que as Leis nº 3.999/1961 e 4.950/1966 não estipulam a jornada reduzida, mas apenas estabelecem o salário mínimo da categoria para uma jornada de 4 horas para os médicos e de 6 horas para os engenheiros, não há que se falar em horas extras, salvo as excedentes à oitava, desde que seja respeitado o salário mínimo/horário das categorias. *(ex-OJs nos 39 e 53 – Inseridas respectivamente em 07.11.1994 e 29.04.1994)*

Pode-se entender que a partir da oitava hora diária será considerada hora extra.

### 371. Aviso-prévio indenizado. Efeitos. Superveniência de auxílio-doença no curso deste. *(Conversão das Orientações Jurisprudenciais nos 40 e 135 da SDI-1 – Res. 129/2005, DJ 20.04.2005)*

A projeção do contrato de trabalho para o futuro, pela concessão do aviso prévio indenizado, tem efeitos limitados às vantagens econômicas obtidas no período de pré-aviso, ou seja, salários, reflexos e verbas rescisórias. No caso de concessão de auxílio-doença no curso do aviso prévio, todavia, só se concretizam os efeitos da dispensa depois

**de expirado o benefício previdenciário.** *(ex-OJs nᵒˢ 40 e 135 – Inseridas respectivamente em 28.11.1995 e 27.11.1998)*

O contrato de trabalho será suspenso, no caso o aviso-prévio, e o empregado usufruirá do benefício previdenciário; após ter cessado o benefício, o empregado terminará de gozar o aviso prévio, e após cumpri-lo terá a ruptura contratual.

**372. Gratificação de função. Supressão ou redução. Limites.** *(Conversão das Orientações Jurisprudenciais nᵒˢ 45 e 303 da SDI-1 – Res. 129/2005, DJ 20.04.2005)*

**I – Percebida a gratificação de função por dez ou mais anos pelo empregado, se o empregador, sem justo motivo, revertê-lo a seu cargo efetivo, não poderá retirar-lhe a gratificação tendo em vista o princípio da estabilidade financeira.** *(ex-OJ nᵒ 45 – Inserida em 25.11.1996)*

Não importa o tempo que o empregado receba a gratificação essa poderá ser suprimida a qualquer tempo.

**II – Mantido o empregado no exercício da função comissionada, não pode o empregador reduzir o valor da gratificação.** *(ex-OJ nᵒ 303 – DJ 11.08.2003)*

A gratificação integra o salário, conforme o art. 457 da CLT, e será impossível reduzi-lo em virtude da irredutibilidade salarial.

**373. Gratificação semestral. Congelamento. Prescrição parcial.** *(Conversão da Orientação Jurisprudencial nᵒ 46 da SDI-1 – Res. 129/2005, DJ 20.04.2005)*

**Tratando-se de pedido de diferença de gratificação semestral que**

**teve seu valor congelado, a prescrição aplicável é a parcial.** *(ex-OJ nº 46 – Inserida em 29.03.1996)*

A prescrição será somente da diferença da gratificação mensal, pois os outros pagamentos foram feitos, não havendo a extinção do pagamento. Conforme a Súmula nº 294, se a gratificação fosse semestral a prescrição seria total.

### 374. Norma coletiva. Categoria diferenciada. Abrangência. *(Conversão da Orientação Jurisprudencial nº 55 da SDI-1 – Res. 129/2005, DJ 20.04.2005)*

**Empregado integrante de categoria profissional diferenciada não tem o direito de haver de seu empregador vantagens previstas em instrumento coletivo no qual a empresa não foi representada por órgão de classe de sua categoria.** *(ex-OJ nº 55 – Inserida em 25.11.1996)*

A súmula referida diz o óbvio, ou seja, se a categoria não foi representada não fará jus a alguma vantagem percebida em sede de acordo ou convenção coletiva.

### 375. Reajustes salariais previstos em norma coletiva. Prevalência da legislação de política salarial. *(Conversão da Orientação Jurisprudencial nº 69 da SDI-1 e da Orientação Jurisprudencial nº 40 da SDI-2 – Res. 129/2005, DJ 20.04.2005)*

**Os reajustes salariais previstos em norma coletiva de trabalho não prevalecem frente à legislação superveniente de política salarial.** *(ex-OJs nº 69 da SDI-1, inserida em 14.03.1994 – e nº 40 da SDI-2, inserida em 20.09.2000)*

Para efeito de estabilidade econômica, havendo políticas salariais oriundas do governo, são as últimas que devem prevalecer.

**376. Horas extras. Limitação. Art. 59 da CLT. Reflexos.** *(Conversão das Orientações Jurisprudenciais nºs 89 e 117 da SDI-1 – Res. 129/2005, DJ 20.04.2005)*

**I – A limitação legal da jornada suplementar a duas horas diárias não exime o empregador de pagar todas as horas trabalhadas.** *(ex-OJ nº 117 – Inserida em 20.11.1997)*

> O art. 59 da CLT limita o número de horas suplementares em 2 (duas) horas diárias, para que o empregado tenha um tempo para seu descanso, porém, caso faça as horas extras, mesmo que fora do limite permitido, o empregador deverá pagá-las.

**II – O valor das horas extras habitualmente prestadas integra o cálculo dos haveres trabalhistas, independentemente da limitação prevista no *"caput"* do art. 59 da CLT.** *(ex-OJ nº 89 – Inserida em 28.04.1997)*

> Desde que haja habitualidade, todas as horas extras prestadas integrarão as verbas trabalhistas.

**377. Preposto. Exigência da condição de empregado.** *(Conversão da Orientação Jurisprudencial nº 99 da SDI-1 – Res. 129/2005, DJ 20.04.2005. Nova redação – Res. 146/2008, DJ 02/05/2008)*

**Exceto quanto à reclamação de empregado doméstico, ou contra micro ou pequeno empresário, o preposto deve ser necessariamente empregado do reclamado. Inteligência do art. 843, § 1º, da CLT e do art. 54 da Lei Complementar nº 123, de 14 de dezembro de 2006.** *(ex-OJ nº 99 – Inserida em 30.05.1997)*

> A lei não menciona se o preposto deverá ser empregado, somente menciona que é facultado ao empregador subsituí-lo por um gerente ou um preposto, porém a jurisprudência,

principalmente do TST, vem entendendo que é necessário que o preposto seja empregado da empresa, mesmo não existindo essa exigência na lei.

## 378. Estabilidade provisória. Acidente do trabalho. art. 118 da Lei nº 8.213/1991. Constitucionalidade. Pressupostos. *(Conversão das Orientações Jurisprudenciais nos 105 e 230 da SDI-1 – Res. 129/2005, DJ 20.04.2005)*

**I – É constitucional o art. 118 da Lei nº 8.213/1991 que assegura o direito à estabilidade provisória por período de 12 meses após a cessação do auxílio-doença ao empregado acidentado.** *(ex-OJ nº 105 – Inserida em 01.10.1997)*

A inconstitucionalidade do art. 118 da Lei nº 8.213/1991 foi negada pelo STF *(ADIN 639-8/DF, j. 02.06.2005)*; o direito à estabilidade provisória continua em vigor, por período de 12 meses após a cessação do contrato de trabalho.

**II – São pressupostos para a concessão da estabilidade o afastamento superior a 15 dias e a consequente percepção do auxílio doença acidentário, salvo se constatada, após a despedida, doença profissional que guarde relação de causalidade com a execução do contrato de emprego.** *(Primeira parte – ex-OJ nº 230 – Inserida em 20.06.2001)*

Somente se o empregado for afastado da empresa por mais de 15 (quinze) dias receberá auxilio acidente do INSS, e terá direito à estabilidade, entretanto, se o empregado for demitido antes de apresentar os sintomas da doença que se fizer presente depois da demissão e tiver relação com a execução do trabalho, será devida a estabilidade ao empregado.

**379. Dirigente sindical. Despedida. Falta grave. Inquérito judicial. Necessidade.** *(Conversão da Orientação Jurisprudencial nº 114 da SDI-1 – Res. 129/2005, DJ 20.04.2005)*

**O dirigente sindical somente poderá ser dispensado por falta grave mediante a apuração em inquérito judicial, inteligência dos arts. 494 e 543, § 3º, dà CLT.** *(ex-OJ nº 114 – Inserida em 20.11.1997)*

> É requisito necessário para a dispensa do dirigente sindical por falta grave a apuração do inquérito, pois somente diante disso poderá ser contatado o fato e ser despedido o dirigente sindical.

> Conforme o art. 494 da CLT, que diz: "o empregado acusado de falta grave poderá ser suspenso de suas funções, mas a sua despedida só se tornará efetiva após o inquérito em que se verifica a procedência da acusação". E, ainda, o art. 543, § 3º da CLT: "fica vedada a dispensa do empregado sindicalizado ou associado, a partir do momento do registro de sua candidatura a cargo de direção ou representação de entidade sindical ou de associação profissional, até 1 (um) ano após o final de seu mandato, caso seja eleito, inclusive como suplente, salvo se cometer falta grave devidamente apurada nos termos desta Consolidação".

**380. Aviso prévio. Início da contagem. Art. 132 do Código Civil de 2002.** *(Conversão da Orientação Jurisprudencial nº 122 da SDI-1 – Res. 129/2005, DJ 20.04.2005)*

**Aplica-se a regra prevista no *"caput"* do art. 132 do Código Civil de 2002 à contagem do prazo do aviso prévio, excluindo-se o dia do começo e incluindo o do vencimento.** *(ex-OJ nº 122 – Inserida em 20.04.1998)*

> Exclui-se o dia do aviso e inclui-se o dia do vencimento, considerando prorrogado o prazo até o dia útil seguinte, se o

vencimento cair em feriado ou domingo, e, nesse caso, coube ao TST por essa súmula estabelecer que deva ser excluído o dia da notificação da dispensa, pois a CLT não prevê essa diretriz.

- **Julgados**

*INCIDÊNCIA DA SÚMULA N° 380, DO C. TST. Conforme consignado no v. acórdão recorrido, o instrumento coletivo estabelecia o período de férias coletivas, para o caso do reclamante, o dia 1° a 31 de dezembro de 2001; a sentença normativa fixou como sendo o período de férias coletivas todo mês de janeiro. Portanto, o aviso prévio não foi dado, tampouco foi contado durante as férias coletivas, já que o início ocorreu em 03/7/01, expirando-se no dia 01/8/01, quando também se expirou o contrato de emprego. No que tange à contagem do prazo o Eg. TRT adotou tese em conformidade com o entendimento jurisprudencial desta Corte, consubstanciado na Súmula n° 380, encontrando óbice o apelo na Súmula n° 333, do C. TST, e no art. 896, § 5°, da CLT. (**TST-AIRR-924/2003-111-03-40.7**)*

**381. CORREÇÃO MONETÁRIA. SALÁRIO. ART. 459 DA CLT.** *(Conversão da Orientação Jurisprudencial n° 124 da SDI-1 – Res. 129/2005, DJ 20.04.2005)*

**O pagamento dos salários até o 5° dia útil do mês subsequente ao vencido não está sujeito à correção monetária. Se essa data limite for ultrapassada, incidirá o índice da correção monetária do mês subsequente ao da prestação dos serviços, a partir do dia 1°** *(ex-OJ n° 124 – Inserida em 20.04.1998)*

O prazo máximo de pagamento dos salários é no 5° dia útil do mês subsequente e não incorrerá em correção monetária, salvo se esse prazo não for respeitado.

**382. Mudança de regime celetista para estatutário. Extinção do contrato. Prescrição bienal.** *(Conversão da Orientação Jurisprudencial nº 128 da SDI-1 – Res. 129/2005, DJ 20.04.2005)*

**A transferência do regime jurídico de celetista para estatutário implica extinção do contrato de trabalho, fluindo o prazo da prescrição bienal a partir da mudança de regime.** *(ex-OJ nº 128 – Inserida em 20.04.1998)*

O prazo prescricional, neste caso, será contado da mudança de regime de celetista para o estatutário, será contado a prescrição bienal conforme o art. 7º, XXIX, da Constituição Federal e a prescrição quinquenal a contar do ajuizamento da ação.

**383. Mandato. Arts. 13 e 37 do CPC. Fase recursal. Inaplicabilidade.** *(Conversão das Orientações Jurisprudenciais nºs 149 e 311 da SDI-1 – Res. 129/2005, DJ 20.04.2005)*

**I – É inadmissível, em instância recursal, o oferecimento tardio de procuração, nos termos do art. 37 do CPC, ainda que mediante protesto por posterior juntada, já que a interposição de recurso não pode ser reputada ato urgente.** *(ex-OJ nº 311 – DJ 11.08.2003)*

A procuração deve ser juntada na primeira instância.

**II – Inadmissível na fase recursal a regularização da representação processual, na forma do art. 13 do CPC, cuja aplicação se restringe ao Juízo de 1º grau.** *(ex-OJ nº 149 – Inserida em 27.11.1998)*

A representação deve ser feita de uma forma correta em primeira instância.

SÚMULAS COMENTADAS DO TST COM JURISPRUDÊNCIA

SÚMULA Nº 384

• **Julgados**

*Impõe ressaltar, visando à completa entrega da prestação jurisdicional, que os arts. 13 e 37 do CPC, que tratam de regularidade de representação, não têm aplicação na fase recursal extraordinária, ante a vedação imposta pela Súmula 383/TST.* **(TST-E-A-AIRR-38/2004-003-02-40.7)**

*EMBARGOS DE DECLARAÇÃO EM RECURSO DE EMBARGOS. IRREGULARIDADE DE REPRESENTAÇÃO PROCESSUAL. AUSÊNCIA DE COMPROVAÇÃO DA OUTORGA DE PODERES AO ADVOGADO SIGNATÁRIO DO RECURSO. INEXISTÊNCIA. Impõe-se o não conhecimento dos embargos de declaração subscritos por advogado que não comprova a outorga de poderes para representação judicial da parte. Aplicação da Súmula 164/TST. – Inadmissível na fase recursal a regularização da representação processual, na forma do art. 13 do CPC, cuja aplicação se restringe ao Juízo de 1º grau – (**Súmula 383/TST). (TST-ED-E-ED-RR-1468/2001-086-03-00.0)***

**384. MULTA CONVENCIONAL. COBRANÇA.** *(Conversão das Orientações Jurisprudenciais nºs 150 e 239 da SDI-1 – Res. 129/2005, DJ 20.04.2005)*

**I – O descumprimento de qualquer cláusula constante de instrumentos normativos diversos não submete o empregado a ajuizar várias ações, pleiteando em cada uma o pagamento da multa referente ao descumprimento de obrigações previstas nas cláusulas respectivas.** *(ex-OJ nº 150 – Inserida em 27.11.1998)*

É a obrigação de fazer e de não fazer que está constante no art. 461 do CPC.

**II – É aplicável multa prevista em instrumento normativo (sentença normativa, convenção ou acordo coletivo) em caso de descumprimento**

151

de obrigação prevista em lei, mesmo que a norma coletiva seja mera repetição de texto legal. *(ex-OJ nº 239 – Inserida em 20.06.2001)*

O art. 872 da CLT versa nesse sentido.

### 385. Feriado local. Ausência de expediente forense. Prazo Recursal. Prorrogação. Comprovação. Necessidade. *(Conversão da Orientação Jurisprudencial nº 161 da SDI-1 – Res. 129/2005, DJ 20.04.2005)*

Cabe à parte comprovar, quando da interposição do recurso, a existência de feriado local ou de dia útil em que não haja expediente forense, que justifique a prorrogação do prazo recursal. *(ex-OJ nº 161 – Inserida em 26.03.1999)*

A parte fica incumbida de demonstrar a tempestividade do recurso quando houver um feriado, em que o prazo deverá ser prorrogado para o próximo dia útil.

### 386. Policial militar. Reconhecimento de vínculo empregatício com empresa privada. *(Conversão da Orientação Jurisprudencial nº 167 da SDI-1 – Res. 129/2005, DJ 20.04.2005)*

Preenchidos os requisitos do art. 3º da CLT, é legítimo o reconhecimento de relação de emprego entre policial militar e empresa privada, independentemente do eventual cabimento de penalidade disciplinar prevista no Estatuto do Policial Militar. *(ex-OJ nº 167 – Inserida em 26.03.1999)*

Os militares não estão contidos na CLT, pois têm estatuto próprio, e na omissão da Carta Trabalhista, para efeito de vínculo trabalhista e sendo demonstrado que foram preenchidos os requisitos do art. 3º da CLT, a sua relação de emprego deverá ser reconhecida. Essa súmula deverá ser usada para efeito de reconhecimento de vínculo trabalhista.

Entretanto, de acordo com o estatuto do policial militar, ele não poderá ter outro vínculo empregatício, porém, cabe punição pelos seus superiores e dentro do seu estatuto, isso não é de competência da Justiça do Trabalho essa punição.

• **Julgados**

*VÍNCULO EMPREGATÍCIO. POLICIAL MILITAR.* "Preenchidos os requisitos do art. 3º da CLT, é legítimo o reconhecimento de relação de emprego entre policial militar e empresa privada, independentemente do eventual cabimento de penalidade disciplinar prevista no Estatuto do Policial Militar" (Súmula nº 386 desta Corte superior). Revelando a decisão recorrida sintonia com a jurisprudência pacífica do Tribunal Superior do Trabalho, não se habilita a conhecimento o recurso de revista, nos termos do art. 896, § 5º, da CLT. Recurso de revista não conhecido. **(TST-RR-380/2005-019-03-00.3)**

*RECURSO DE REVISTA. POLICIAL MILITAR. VÍNCULO EMPREGATÍCIO. EMPRESA PRIVADA. Nos termos da Súmula 386/TST,* "preenchidos os requisitos do art. 3º da CLT, é legítimo o reconhecimento de relação de emprego entre policial militar e empresa privada, independentemente do eventual cabimento de penalidade disciplinar prevista no Estatuto do Policial Militar". Óbice no § 4º do art. 896 da CLT e na Súmula 333/TST. **(TST-RR-1021/2003-301-02-00.3)**

**387. RECURSO. FAC-SÍMILE. LEI Nº 9.800/1999.** *(Conversão das Orientações Jurisprudenciais nºˢ 194 e 337 da SDI-1 – Res. 129/2005, DJ 20.04.2005)*

**I – A Lei nº 9.800/1999 é aplicável somente a recursos interpostos após o início de sua vigência.** *(ex-OJ nº 194 – Inserida em 08.11.2000)*

A referida lei não terá o efeito retroativo.

**II – A contagem do quinquídio para apresentação dos originais de recurso interposto por intermédio de fac-símile começa a fluir do dia subsequente ao término do prazo recursal, nos termos do art. 2º da Lei 9.800/1999, e não do dia seguinte à interposição do recurso, se esta se deu antes do termo final do prazo.** *(ex-OJ nº 337 – primeira parte – DJ 04.05.2004)*

Começará a contagem do prazo para a apresentação dos originais no dia subsequente ao término do prazo recursal e não no dia seguinte à interposição do recurso, se for interposto antes do final do prazo.

**III – Não se tratando a juntada dos originais de ato que dependa de notificação, pois a parte, ao interpor o recurso, já tem ciência de seu ônus processual, não se aplica a regra do art. 184 do CPC quanto ao *"dies a quo"*, podendo coincidir com sábado, domingo ou feriado.** *(ex-OJ nº 337 – "in fine" – DJ 04.05.2004)*

A parte não será notificada para juntar os originais, pois já tem ciência que enviando por *fac-símile* deverá juntá-los na sequência.

**388. Massa falida. Arts. 467 e 477 da CLT. Inaplicabilidade.** *(Conversão das Orientações Jurisprudenciais nᵒˢ 201 e 314 da SDI-1 – Res. 129/2005, DJ 20.04.2005)*

**A Massa Falida não se sujeita à penalidade do art. 467 e nem à multa do § 8º do art. 477, ambos da CLT.** *(ex-OJs nº 201, DJ 11.08.2003 – e nº 314, DJ 08.11.2000)*

Nesse caso não há que se falar na multa por atraso, pois a massa falida vai abranger todas as dívidas, inclusive as dívidas trabalhistas, não existindo valor suficiente para o pagamento da referida multa.

A massa falida dependerá da determinação do juiz para fazer os pagamentos e haverá a necessidade de habilitar os créditos.

**• Julgados**

*RECURSO DE REVISTA. MASSA FALIDA. MULTA DO Art. 477, § 8º, DA CLT. "A Massa Falida não se sujeita à penalidade do art. 467 e nem à multa do § 8º do art. 477, ambos da CLT" (Súmula 388/TST).* **(TST-RR-493/2007-017-04-00.2)**

*RECURSO DE REVISTA. MASSA FALIDA. MULTA DOS Arts. 467 E 477, § 8º DA CLT. INAPLICABILIDADE. A massa falida não se sujeita às multas dos arts. 467 e 477, § 8º, da CLT, nos termos da Súmula 388/TST.* **(TST-RR-15788/2002-902-02-00.4)**

**389. SEGURO-DESEMPREGO. COMPETÊNCIA DA JUSTIÇA DO TRABALHO. DIREITO À INDENIZAÇÃO POR NÃO LIBERAÇÃO DE GUIAS.** *(Conversão das Orientações Jurisprudenciais nos 210 e 211 da SDI-1 – Res. 129/2005, DJ 20.04.2005)*

**I – Inscreve-se na competência material da Justiça do Trabalho a lide entre empregado e empregador tendo por objeto indenização pelo não fornecimento das guias do seguro-desemprego.** *(ex-OJ nº 210 – Inserida em 08.11.2000)*

Por força do art. 114, I, da Constituição Federal, a competência para analisar as ações oriundas da relação de trabalho será da Justiça do Trabalho, caso não seja fornecida a guia do seguro desemprego, o empregador deverá indenizar o empregado.

**II – O não fornecimento pelo empregador da guia necessária para o recebimento do seguro-desemprego dá origem ao direito à indenização.** *(ex-OJ nº 211 – Inserida em 08.11.2000)*

A empresa tem a obrigação de entregar, caso não o faça, deverá pagar a indenização ao empregado.

**390. Estabilidade. Art. 41 da CF/1988. Celetista. Administração direta, autárquica ou fundacional. Aplicabilidade. Empregado de empresa pública e sociedade de economia mista. Inaplicável.** *(Conversão das Orientações Jurisprudenciais n°s 229 e 265 da SDI-1 e da Orientação Jurisprudencial n° 22 da SDI-2 – Res. 129/2005, DJ 20.04.2005)*

**I – O servidor público celetista da administração direta, autárquica ou fundacional é beneficiário da estabilidade prevista no art. 41 da CF/1988.** *(ex-OJs n° 265 da SDI-1, inserida em 27.09.2002 – e n° 22 da SDI-2, inserida em 20.09.2000)*

Poderá ter estabilidade o servidor, mas desde que esteja regulamentada essa situação em seu contrato de trabalho.

**II – Ao empregado de empresa pública ou de sociedade de economia mista, ainda que admitido mediante aprovação em concurso público, não é garantida a estabilidade prevista no art. 41 da CF/1988.** *(ex-OJ n° 229 – Inserida em 20.06.2001)*

A empresa pública explora atividade econômica, não fazendo jus a garantia de emprego uma vez que deverá observar as normas trabalhistas.

**391. Petroleiros. Lei n° 5.811/1972. Turno ininterrupto de revezamento. Horas extras e alteração da jornada para horário fixo.** *(Conversão das Orientações Jurisprudenciais n°s 240 e 333 da SDI-1 – Res. 129/2005, DJ 20.04.2005)*

**I – A Lei n° 5.811/1972 foi recepcionada pela CF/1988 no que se refere**

à duração da jornada de trabalho em regime de revezamento dos petroleiros. *(ex-OJ nº 240 – Inserida em 20.06.2001)*

O art. 7º, XIV, da Constituição Federal não faz a distinção entre os trabalhadores petroleiros, e, de acordo com a Lei nº 5.811/1972, sendo recepcionado, o petroleiro terá o direito a jornada de trabalho em regime de revezamento.

**II – A previsão contida no art. 10 da Lei nº 5.811/1972, ossibilitando a mudança do regime de revezamento para horário fixo, constitui alteração lícita, não violando os arts. 468 da CLT e 7º, VI, da CF/1988.** *(ex-OJ nº 333 – DJ 09.12.2003)*

O empregador tem o poder de direção para modificar o turno uma vez que não haja prejuízo ao empregado, e, nesse caso, será benéfico, pois o empregado passa a trabalhar em horário fixo.

**392. Dano moral. Competência da Justiça do Trabalho.** *(Conversão da Orientação Jurisprudencial nº 327 da SDI-1 – Res. 129/2005, DJ 20.04.2005)*

**Nos termos do art. 114 da CF/1988, a Justiça do Trabalho é competente para dirimir controvérsias referentes à indenização por dano moral, quando decorrente da relação de trabalho.** *(ex-OJ nº 327 - DJ 09.12.2003)*

Essa súmula corrobora o entendimento do art. 114 da Constituição Federal, que deixa claro em seu inciso VI que a competência para dirimir controvérsias referentes a indenização por dano moral é da Justiça do Trabalho, vejamos: "as ações de indenização por dano moral ou patrimonial, decorrentes da relação de trabalho".

## • Julgados

*COMPETÊNCIA DA JUSTIÇA DO TRABALHO. DOENÇA PROFISSIONAL EQUIPARADA A ACIDENTE DE TRABALHO. DANO MORAL. Nos termos do art. 114 da CF/1988, a Justiça do Trabalho é competente para dirimir controvérsias referentes à indenização por dano moral, quando decorrente da relação de trabalho (Súmula 392/TST). Incidência do art. 896, § 4º, da CLT e aplicação da Súmula 333/TST.* **(TST-RR-79877/2003-900-03-00.1)**

*RECURSO DE REVISTA. NULIDADE DO ACÓRDÃO REGIONAL. INDENIZAÇÃO POR DANOS MORAIS. DECLARAÇÃO DE INCOMPETÊNCIA DA JUSTIÇA COMUM. REMESSA DOS AUTOS À JUSTIÇA DO TRABALHO. NULIDADE DOS ATOS DECISÓRIOS PRATICADOS PELO JUÍZO INCOMPETENTE. Consoante a jurisprudência pacífica e reiterada desta Corte Superior, consubstanciada na Súmula 392/TST, respaldada pela EC 45/2004, nos termos do art. 114 da CF/1988, a Justiça do Trabalho é competente para dirimir controvérsias referentes à indenização por dano moral, quando decorrente da relação de trabalho. A nova competência alcança as ações ajuizadas na Justiça Comum e pendentes de julgamento de mérito antes da entrada em vigor da Emenda Constitucional 45, em 08.12.2004, cabendo aos Tribunais Estaduais remeterem os referidos feitos ao Juízo Trabalhista, salvo aqueles feitos nos quais proferida sentença anteriormente à vigência da EC 45, aproveitados os atos praticados. Ajuizada na Vara Cível a ação de indenização por danos morais decorrentes de acidente do trabalho em 20.02.2003, quando ainda pairava a discussão acerca da competência desta Justiça especializada para o julgamento da referida matéria, e proferida a sentença em 01.02.2005, data posterior à entrada em vigor da Emenda Constitucional 45, que definiu a competência da Justiça laboral para o julgamento do feito, o ato decisório é nulo, porquanto praticado por Juízo incompetente. Declarada a incompetência da Justiça Comum pelo Tribunal de Justiça de Minas Gerais, os autos deveriam ter sido remetidos à Vara do Trabalho competente e não ao Tribunal Regional do Trabalho, pois nos termos do art. 113, § 2º, do CPC – declarada a incompetência absoluta, somente os atos decisórios serão nulos, remetendo-se os autos ao Juiz competente. (TST-RR-3305/2005-091-03-00.1)*

### 393. Recurso ordinário. Efeito devolutivo em profundidade. Art. 515, § 1º, do CPC. *(Conversão da Orientação Jurisprudencial nº 340 da SDI-1 – Res. 129/2005, DJ 20.04.2005)*

**O efeito devolutivo em profundidade do recurso ordinário, que se extrai do § 1º do art. 515 do CPC, transfere automaticamente ao Tribunal a apreciação de fundamento da defesa não examinado pela sentença, ainda que não renovado em contrarrazões. Não se aplica, todavia, ao caso de pedido não apreciado na sentença.** *(ex-OJ nº 340 – DJ 22.06.2004)*

É o poder de julgar o recurso, além dos pedidos que nele foram formulados pelo recorrente. Esse efeito está ligado ao princípio do dispositivo.

### 394. Art. 462 do CPC. Fato superveniente. *(Conversão da Orientação Jurisprudencial nº 81 da SDI-1 – Res. 129/2005, DJ 20.04.2005)*

**O art. 462 do CPC, que admite a invocação de fato constitutivo, modificativo ou extintivo do direito, superveniente à propositura da ação, é aplicável de ofício aos processos em curso em qualquer instância trabalhista.** *(ex-OJ nº 81 – Inserida em 28.04.1997)*

Caso haja um fato ocorrido após a propositura da ação, conforme o art. 462 do CPC, caberá ao juiz levar em consideração.

**395. Mandato e substabelecimento. Condições de validade.** *(Conversão das Orientações Jurisprudenciais n°s 108, 312, 313 e 330 da SDI-1 – Res. 129/2005, DJ 20.04.2005)*

**I – Válido é o instrumento de mandato com prazo determinado que contém cláusula estabelecendo a prevalência dos poderes para atuar até o final da demanda.** *(ex-OJ n° 312 – DJ 11.08.2003)*

O mandante poderá colocar o prazo de validade no mandato, pois não existe proibição sobre o tema.

**II – Diante da existência de previsão, no mandato, fixando termo para sua juntada, o instrumento de mandato só tem validade se anexado ao processo dentro do aludido prazo.** *(ex-OJ n° 313 – DJ 11.08.2003)*

Se anexado o mandato fora do prazo, impossível ser aceito.

**III – São válidos os atos praticados pelo substabelecido, ainda que não haja, no mandato, poderes expressos para substabelecer** *(art. 667, e parágrafos, do Código Civil de 2002). (ex-OJ n° 108 – Inserida em 01.10.1997)*

Não havendo proibição prevista, o substabelecido poderá realizar os atos do processo, porém, caso ocorra algum dano, o procurador será responsável.

**IV – Configura-se a irregularidade de representação se o substabelecimento é anterior à outorga passada ao substabelecente.** *(ex-OJ n° 330 – DJ 09.12.2003)*

O substabelecimento deverá ser feito depois da procuração e não o contrário, caso ocorra o recurso, não deve ser conhecido.

**396. ESTABILIDADE PROVISÓRIA. PEDIDO DE REINTEGRAÇÃO. CONCESSÃO DO SALÁRIO RELATIVO AO PERÍODO DE ESTABILIDADE JÁ EXAURIDO. INEXISTÊNCIA DE JULGAMENTO "*EXTRA PETITA*".** *(Conversão das Orientações Jurisprudenciais n<sup>os</sup> 106 e 116 da SDI-1 – Res. 129/2005, DJ 20.04.2005)*

**I – Exaurido o período de estabilidade, são devidos ao empregado apenas os salários do período compreendido entre a data da despedida e o final do período de estabilidade, não lhe sendo assegurada a reintegração no emprego.** *(ex-OJ nº 116 – Inserida em 20.11.1997)*

Não há que se falar em reintegração se passar o período da estabilidade e o processo ainda estiver em curso, porém o empregador deverá pagar o salário desse período de afastamento arbitrário, sendo devidos os salários do período, mas não a reintegração.

**II – Não há nulidade por julgamento "*extra petita*" da decisão que deferir salário quando o pedido for de reintegração, dados os termos do art. 496 da CLT** *(ex-OJ nº 106 – Inserida em 01.10.1997)*

O art. 496 da CLT é claro sobre esse assunto quando não for possível o retorno do estável, para todos serem beneficiados, haverá a conversão da obrigação em indenização.

**397. AÇÃO RESCISÓRIA. ART. 485, IV, DO CPC. AÇÃO DE CUMPRIMENTO. OFENSA À COISA JULGADA EMANADA DE SENTENÇA NORMATIVA MODIFICADA EM GRAU DE RECURSO. INVIABILIDADE. CABIMENTO DE MANDADO DE SEGURANÇA.** *(Conversão da Orientação Jurisprudencial nº 116 da SDI-2 – Res. 137/2005, DJ 22.08.2005)*

**Não procede ação rescisória calcada em ofensa à coisa julgada per-**

petrada por decisão proferida em ação de cumprimento, em face de a sentença normativa, na qual se louvava, ter sido modificada em grau de recurso, porque em dissídio coletivo somente se consubstancia coisa julgada formal. Assim, os meios processuais aptos a atacarem a execução da cláusula reformada são a exceção de pré-executividade e o mandado de segurança, no caso de descumprimento do art. 572 do CPC. *(ex-OJ nº 116 – DJ 11.08.2003)*

O dissídio coletivo só faz coisa julgada formal não sendo possível a propositura de uma ação rescisória.

### 398. Ação rescisória. Ausência de defesa. Inaplicáveis os efeitos da revelia. *(Conversão da Orientação Jurisprudencial nº 126 da SDI-2 – Res. 137/2005, DJ 22.08.2005)*

Na ação rescisória, o que se ataca na ação é a sentença, ato oficial do Estado, acobertado pelo manto da coisa julgada. Assim sendo, e considerando que a coisa julgada envolve questão de ordem pública, a revelia não produz confissão na ação rescisória. *(ex-OJ nº 126 – DJ 09.12.2003)*

A matéria discutida na ação rescisória é matéria de direito e não matéria de fato, não havendo confissão, se ocorrer à revelia.

### 399. Ação rescisória. Cabimento. Sentença de mérito. Decisão homologatória de adjudicação, de arrematação e de cálculos. *(Conversão das Orientações Jurisprudenciais nos 44, 45 e 85, primeira parte, da SDI-2 – Res. 137/2005, DJ 22.08.2005)*

I – É incabível ação rescisória para impugnar decisão homologatória de adjudicação ou arrematação. *(ex-OJs nos 44 e 45 – ambas inseridas em 20.09.2000)*

Nesses casos haverá somente a homologação.

II – A decisão homologatória de cálculos apenas comporta rescisão quando enfrentar as questões envolvidas na elaboração da conta de liquidação, quer solvendo a controvérsia das partes quer explicitando, de ofício, os motivos pelos quais acolheu os cálculos oferecidos por uma das partes ou pelo setor de cálculos, e não contestados pela outra. *(ex-OJ nº 85, primeira parte – Inserida em 13.03.02 e alterada em 26.11.2002)*

> Nesse caso a decisão não será meramente homologatória e sim de mérito.

**400. Ação rescisória de ação rescisória. Violação de lei. Indicação dos mesmos dispositivos legais apontados na rescisória primitiva.** *(Conversão da Orientação Jurisprudencial nº 95 da SDI-2 – Res. 137/2005, DJ 22.08.2005)*

**Em se tratando de rescisória de rescisória, o vício apontado deve nascer na decisão rescindenda, não se admitindo a rediscussão do acerto do julgamento da rescisória anterior. Assim, não se admite rescisória calcada no inciso V do art. 485 do CPC para discussão, por má aplicação dos mesmos dispositivos de lei, tidos por violados na rescisória anterior, bem como para arguição de questões inerentes à ação rescisória primitiva.** *(ex-OJ nº 95 – Inserida em 27.09.2002 e alterada – DJ 16.04.2004)*

> Deverá atacar o vício a ação rescisória da ação rescisória.

> **• Julgados**
> *AÇÃO RESCISÓRIA. DOLO DA PARTE VENCEDORA EM DETRIMENTO DA VENCIDA. AFRONTA À COISA JULGADA. VIOLAÇÃO LEGAL E CONSTITUCIONAL. ERRO DE FATO. NÃO CONFIGURAÇÃO.*
> *O Recorrente insiste na tese de que a ação rescisória está fadada ao insucesso, "não apenas pela ausência de*

*determinação na coisa julgada estabelecida na reclamação trabalhista para a execução das horas extras, mas diante do entendimento pacificado" na Súmula 400/TST, pois "a inicial da presente ação nada mais é do que a reprodução da contestação apresentada nos autos da primeira ação rescisória".* **(TST-ROAR-55025/1994-000-01-00.4)**

### 401. Ação rescisória. Descontos legais. Fase de execução. Sentença exequenda omissa. Inexistência de ofensa à coisa julgada. *(Conversão da Orientação Jurisprudencial nº 81 da SDI-2 – Res. 137/2005, DJ 22.08.2005)*

Os descontos previdenciários e fiscais devem ser efetuados pelo juízo executório, ainda que a sentença exequenda tenha sido omissa sobre a questão, dado o caráter de ordem pública ostentado pela norma que os disciplina. A ofensa à coisa julgada somente poderá ser caracterizada na hipótese de o título exequendo, expressamente, afastar a dedução dos valores a título de imposto de renda e de contribuição previdenciária. *(ex-OJ nº 81 – Inserida em 13.03.2002)*

Nesse caso não há ofensa à coisa julgada, pois o que não está proibido, está permitido.

### 402. Ação rescisória. Documento novo. Dissídio coletivo. Sentença normativa. *(Conversão da Orientação Jurisprudencial nº 20 da SDI-2 – Res. 137/2005, DJ 22.08.2005)*

Documento novo é o cronologicamente velho, já existente ao tempo da decisão rescindenda, mas ignorado pelo interessado ou de impossível utilização, à época, no processo. Não é documento novo apto a viabilizar a desconstituição de julgado:

a) sentença normativa proferida ou transitada em julgado posteriormente à sentença rescindenda;

**b) sentença normativa preexistente à sentença rescindenda, mas não exibida no processo principal, em virtude de negligência da parte, quando podia e deveria louvar-se de documento já existente e não ignorado quando emitida a decisão rescindenda.** *(ex-OJ nº 20 – Inserida em 20.09.2000)*

Os documentos deverão ser juntados com a petição inicial, conforme o art. 787, e também com a defesa, art. 845, ambos da CLT; já o art. 397 do CPC será usado subsidiariamente e diz: "é lícito às partes, em qualquer tempo, juntar aos autos documentos novos, quando destinados a fazer prova de fato ocorridos depois dos articulados, ou para contrapô-los aos que foram produzidos nos autos".

Entretanto, a referida súmula só permite que sejam juntados documentos se forem novos.

### 403. Ação rescisória. Dolo da parte vencedora em detrimento da vencida. Art. 485, III, do CPC. *(Conversão das Orientações Jurisprudenciais nºs 111 e 125 da SDI-2 – Res. 137/2005, DJ 22.08.2005)*

**I – Não caracteriza dolo processual, previsto no art. 485, III, do CPC, o simples fato de a parte vencedora haver silenciado a respeito de fatos contrários a ela, porque o procedimento, por si só, não constitui ardil do qual resulte cerceamento de defesa e, em consequência, desvie o juiz de uma sentença não condizente com a verdade.** *(ex-OJ nº 125 – DJ 09.12.2003)*

Não há que se falar em dolo no caso presente.

**II – Se a decisão rescindenda é homologatória de acordo, não há parte vencedora ou vencida, razão pela qual não é possível a sua desconstituição calcada no inciso III do art. 485 do CPC (dolo da parte vencedora em detrimento da vencida), pois constitui fundamento de rescindibilidade que supõe solução jurisdicional para a lide.** *(ex-OJ nº 111 – DJ 29.04.2003)*

Não há que se falar em desconstituição da ação rescisória, por isso é impossível falar em parte vencida ou vencedora.

### 404. Ação rescisória. Fundamento para invalidar confissão. Confissão ficta. Inadequação do enquadramento no art. 485, VIII, do CPC. *(Conversão da Orientação Jurisprudencial nº 108 da SDI-2 – Res. 137/2005, DJ 22.08.2005)*

**O art. 485, VIII, do CPC, ao tratar do fundamento para invalidar a confissão como hipótese de rescindibilidade da decisão judicial, refere-se à confissão real, fruto de erro, dolo ou coação, e não à confissão ficta resultante de revelia.** *(ex-OJ nº 108 – DJ 29.04.2003)*

Caso ocorra o dolo, o erro, a coação, haverá motivos para invalidar a confissão, o art. 485, *caput* e inciso VIII, do CPC diz: "a sentença de mérito, transitada em julgado, pode ser rescindida quando: (...) houver fundamento para invalidar confissão, desistência ou transação, em que se baseou a sentença".

Só poderá ser objetivo de ação rescisória a confissão real, quando realizada em depoimento pessoal e não a confissão ficta.

### 405. Ação rescisória. Liminar. Antecipação de tutela. *(Conversão das Orientações Jurisprudenciais nºs 1, 3 e 121 da SDI-2 – Res. 137/2005, DJ 22.08.2005)*

**I – Em face do que dispõe a MP 1.984-22/00 e reedições e o art. 273, § 7º, do CPC, é cabível o pedido liminar formulado na petição inicial de ação rescisória ou na fase recursal, visando a suspender a execução da decisão rescindenda.**

Será suspensa a execução da decisão quando preencher os requisitos do art. 273, do CPC.

**II – O pedido de antecipação de tutela, formulado nas mesmas condições, será recebido como medida acautelatória em ação rescisória, por não se admitir tutela antecipada em sede de ação rescisória.** *(ex-OJs n^os 1 e 3, inseridas em 20.09.2000 – e n^o 121, DJ 11.08.2003)*

Será recebido com medida acautelatória, pois não é possível a tutela antecipada em ação rescisória.

### • Julgados

*PEDIDO DE ANTECIPAÇÃO DE TUTELA. Nos termos do item II da Súmula 405 desta Corte, o pedido de antecipação de tutela formulado com o objetivo de suspender a execução da decisão rescindenda deve ser recebido como medida acautelatória. Ante o provimento da Remessa Oficial e do Recurso Ordinário ensejando a procedência do pedido de corte rescisório, corolário é o seu deferimento.* (**TST-RXOF e ROAR-157/2008-000-16-00.3**)

*Por despacho de minha lavra, o pedido de tutela antecipada foi recebido como medida acautelatória, a teor do item II da Súmula 405 do TST, tendo sido indeferida a liminar pleiteada, ante a inexistência do "periculum in mora", à luz da Orientação Jurisprudencial 76 da SBDI-2 desta Corte.* (**TST-AR-195.978/2008-000-00-00.1**)

*PRETENSÃO LIMINAR. Considerando o disposto na Súmula 405, inciso I, desta Corte, julga-se procedente a pretensão liminar para determinar a suspensão da execução até o trânsito em julgado desta decisão.* (**RXOF e ROAR-10.174/2006-000-22-00.4**)

*PEDIDO LIMINAR DE SUSTAÇÃO DA EXECUÇÃO. Em face dos termos do item I da Súmula 405 do TST; e presentes o fumus boni juris e o periculum in mora, pressupostos autorizadores da tutela cautelar, diante dos fundamentos expostos na análise do presente recurso ordinário em ação rescisória no sentido de se entender violado, pela v. decisão rescindenda, os artigos 192 da CLT; 7º, incisos XIII e XXVI da Constituição Federal e 9º da Lei nº 7.238/1994; e, o fato da autora estar exposta a real risco patrimonial, defere-se o pedido liminar de sustação da execução da r. sentença rescindenda, até o trânsito em julgado da v. decisão que foi proferida nestes autos. (TST-ROAR-1.213/2003-000-04-00.8)*

**406. Ação rescisória. Litisconsórcio. Necessário no polo passivo e facultativo no ativo. Inexistente quanto aos substituídos pelo sindicato.** *(Conversão das Orientações Jurisprudenciais nos 82 e 110 da SDI-2 – Res. 137/2005, DJ 22.08.2005)*

**I – O litisconsórcio, na ação rescisória, é necessário em relação ao polo passivo da demanda, porque supõe uma comunidade de direitos ou de obrigações que não admite solução díspar para os litisconsortes, em face da indivisibilidade do objeto. Já em relação ao polo ativo, o litisconsórcio é facultativo, uma vez que a aglutinação de autores se faz por conveniência e não pela necessidade decorrente da natureza do litígio, pois não se pode condicionar o exercício do direito individual de um dos litigantes no processo originário à anuência dos demais para retomar a lide.** *(ex-OJ nº 82 – Inserida em 13.03.2002)*

O art. 47 do CPC, dispõe sobre o litisconsórcio necessário, que ocorrerá quando o juiz tiver que decidir de maneira uniforme.

**II – O Sindicato, substituto processual e autor da reclamação trabalhista, em cujos autos fora proferida a decisão rescindenda, possui legitimidade para figurar como réu na ação rescisória, sendo descabida a exigência de citação de todos os empregados substituídos, porquanto inexistente litisconsórcio passivo necessário.** *(ex-OJ nº 110 – DJ 29.04.2003)*

O sindicato irá representar a todos, não havendo necessidade de citar todos os empregados substituídos; o sindicato tem legitimidade para isso.

### 407. Ação rescisória. Ministério Público. Legitimidade *"ad causam"* prevista no art. 487, III, *"a"* e *"b"*, do CPC. As hipóteses são meramente exemplificativas. *(Conversão da Orientação Jurisprudencial nº 83 da SDI-2 – Res. 137/2005, DJ 22.08.2005)*

**A legitimidade *"ad causam"* do Ministério Público para propor ação rescisória, ainda que não tenha sido parte no processo que deu origem à decisão rescindenda, não está limitada às alíneas *"a"* e *"b"* do inciso III do art. 487 do CPC, uma vez que traduzem hipóteses meramente exemplificativas.** *(ex-OJ nº 83 – Inserida em 13.03.2002)*

São hipóteses exemplificativas, pois há várias outras situações nas quais caberia a ação rescisória.

O art. 487, III, do CPC legitima o Ministério Público a propor a ação rescisória.

### 408. Ação rescisória. Petição inicial. Causa de pedir. Ausência de capitulação ou capitulação errônea no art. 485 do CPC. Princípio *"iura novit curia"*. *(Conversão das Orientações Jurisprudenciais nos 32 e 33 da SDI-2 – Res. 137/2005, DJ 22.08.2005)*

**Não padece de inépcia a petição inicial de ação rescisória apenas porque omite a subsunção do fundamento de rescindibilidade no art. 485 do CPC ou o capitula erroneamente em um de seus incisos. Contanto que não se afaste dos fatos e fundamentos invocados como causa de pedir, ao Tribunal é lícito emprestar-lhes a adequada qualificação jurídica *("iura novit curia")*. No entanto, fundando-se a ação rescisória no art. 485, inc. V, do CPC, é indispensável expressa indicação, na petição inicial da ação rescisória, do dispositivo legal violado, por se tratar de causa**

de pedir da rescisória, não se aplicando, no caso, o princípio *"iura novit curia"*. *(ex-OJs n⁰ˢ 32 e 33 – Inseridas em 20.09.2000)*

Quando a ação rescisória violar dispositivo de lei, consoante o art. 485, V, do CPC, deverá obrigatoriamente fazer menção ao artigo violado para o juiz identificar a causa da petição, pois o judiciário recebe muitos pedidos, ficando impossível identificar sem uma petição fundamentada, principalmente porque há dispositivos regulamentando o assunto.

### 409. Ação rescisória. Prazo prescricional. Total ou parcial. Violação do art. 7º, XXIX, da CF/1988. Matéria infracons-titucional. *(Conversão da Orientação Jurisprudencial nº 119 da SDI-2 – Res. 137/2005, DJ 22.08.2005)*

Não procede ação rescisória calcada em violação do art. 7º, XXIX, da CF/1988 quando a questão envolve discussão sobre a espécie de prazo prescricional aplicável aos créditos trabalhistas, se total ou parcial, porque a matéria tem índole infraconstitucional, construída, na Justiça do Trabalho, no plano jurisprudencial. *(ex-OJ nº 119 – DJ 11.08.2003)*

A CLT, em seu art. 11, trata da prescrição e, assim sendo, é matéria infraconstitucional.

### 410. Ação rescisória. Reexame de fatos e provas. Inviabilidade. *(Conversão da Orientação Jurisprudencial nº 109 da SDI-2 – Res. 137/2005, DJ 22.08.2005)*

A ação rescisória calcada em violação de lei não admite reexame de fatos e provas do processo que originou a decisão rescindenda. *(ex-OJ nº 109 – DJ 29.04.2003)*

Nesse caso, o que será discutido será o artigo violado e não o reexame da matéria, pois o objetivo da ação rescisória é rescindir a sentença e obter um novo julgamento.

**411. Ação rescisória. Sentença de mérito. Decisão de Tribunal Regional do Trabalho em agravo regimental confirmando decisão monocrática do relator que, aplicando a Súmula nº 83 do TST, indeferiu a petição inicial da ação rescisória. Cabimento.** *(Conversão da Orientação Jurisprudencial nº 43 da SDI-2 – Res. 137/2005, DJ 22.08.2005)*

**Se a decisão recorrida, em agravo regimental, aprecia a matéria na fundamentação, sob o enfoque das Súmulas nºs 83 do TST e 343 do STF, constitui sentença de mérito, ainda que haja resultado no indeferimento da petição inicial e na extinção do processo sem julgamento do mérito. Sujeita-se, assim, à reforma pelo TST, a decisão do Tribunal que, invocando controvérsia na interpretação da lei, indefere a petição inicial de ação rescisória.** *(ex-OJ nº 43 – Inserida em 20.09.2000)*

A petição inicial da ação rescisória será indeferida nos casos do art. 490 do CPC.
Ver Súmulas nº 83 e 343 do TST.

**412. Ação rescisória. Sentença de mérito. Questão processual.** *(Conversão da Orientação Jurisprudencial nº 46 da SDI-2 – Res. 137/2005, DJ 22.08.2005)*

**Pode uma questão processual ser objeto de rescisão desde que consista em pressuposto de validade de uma sentença de mérito.** *(ex-OJ nº 46 – Inserida em 20.09.2000)*

Poderá ser objeto da ação rescisória uma questão processual, quando não for respeitado algum ato do processo, por exemplo, violação à coisa julgada.

### 413. Ação rescisória. Sentença de mérito. Violação do art. 896, "a", da CLT. *(Conversão da Orientação Jurisprudencial nº 47 da SDI-2 – Res. 137/2005, DJ 22.08.2005)*

**É incabível ação rescisória, por violação do art. 896, "a", da CLT, contra decisão que não conhece de recurso de revista, com base em divergência jurisprudencial, pois não se cuida de sentença de mérito** *(art. 485 do CPC). (ex-OJ nº 47 – Inserida em 20.09.2000)*

Será incabível a ação rescisória nesse caso, pois se o recurso de revista não for conhecido por divergência jurisprudencial, art. 896, "a", da CLT, não há que se falar em ação rescisória, pois não tem os requisitos necessários como, por exemplo, a coisa julgada.

### 414. Mandado de segurança. Antecipação de tutela (ou liminar) concedida antes ou na sentença. *(Conversão das Orientações Jurisprudenciais nºs 50, 51, 58, 86 e 139 da SDI-2 – Res. 137/2005, DJ 22.08.2005)*

**I – A antecipação da tutela concedida na sentença não comporta impugnação pela via do mandado de segurança, por ser impugnável mediante recurso ordinário. A ação cautelar é o meio próprio para se obter efeito suspensivo a recurso.** *(ex-OJ nº 51 – Inserida em 20.09.2000)*

Essa decisão não é interlocutória, sendo impugnável por recurso ordinário, conforme o art. 895, "a", da CLT.

**II – No caso da tutela antecipada (ou liminar) ser concedida antes da**

sentença, cabe a impetração do mandado de segurança, em face da inexistência de recurso próprio. *(ex-OJs nᵒˢ 50 e 58 – Inseridas em 20.09.2000)*

> Da decisão interlocutória no processo do trabalho não cabe recurso algum, somente o mandado de segurança, caso tenha ferido direito líquido e certo, consoante a Lei nº 1.533/1951.

**III – A superveniência da sentença, nos autos originários, faz perder o objeto do mandado de segurança que impugnava a concessão da tutela antecipada (ou liminar).** *(ex-OJs nº 86, inserida em 13.03.2002 – e nº 139, DJ 04.05.2004)*

> Nesse caso haverá a sentença, da qual cabe recurso ordinário e não decisão interlocutória.

### 415. MANDADO DE SEGURANÇA. ART. 284 DO CPC. APLICABILIDADE. *(Conversão da Orientação Jurisprudencial nº 52 da SDI-2 – Res. 137/2005, DJ 22.08.2005)*

**Exigindo o mandado de segurança prova documental pré-constituída, inaplicável se torna o art. 284 do CPC quando verificada, na petição inicial do *"mandamus"*, a ausência de documento indispensável ou de sua autenticação.** *(ex-OJ nº 52 – Inserida em 20.09.2000)*

> A prova no mandado de segurança é pré-constituída, não sendo possível um prazo para juntar os documentos.

### 416. MANDADO DE SEGURANÇA. EXECUÇÃO. LEI Nº 8.432/1992. ART. 897, § 1º, DA CLT. CABIMENTO. *(Conversão da Orientação Jurisprudencial nº 55 da SDI-2 – Res. 137/2005, DJ 22.08.2005)*

**Devendo o agravo de petição delimitar justificadamente a matéria e os valores objeto de discordância, não fere direito líquido e certo o**

**prosseguimento da execução quanto aos tópicos e valores não especificados no agravo.** *(ex-OJ nº 55 – Inserida em 20.09.2000)*

A liberação dos valores controversos na execução não fere o direito do empregador, inclusive por essa matéria estar disciplinada no art. 897, § 1º, da CLT, claro ao dispor que: "o agravo de petição só será recebido quando o agravante delimitar, justificadamente, as matérias e os valores impugnados, permitida a execução imediata da parte remanescente até o final, nos próprios autos ou por carta de sentença."

**417. MANDADO DE SEGURANÇA. PENHORA EM DINHEIRO.** *(Conversão das Orientações Jurisprudenciais nºs 60, 61 e 62 da SDI-2 – Res. 137/2005, DJ 22.08.2005)*

**I – Não fere direito líquido e certo do impetrante o ato judicial que determina penhora em dinheiro do executado, em execução definitiva, para garantir crédito exequendo, uma vez que obedece à gradação prevista no art. 655 do CPC.** *(ex-OJ nº 60 – Inserida em 20.09.2000)*

**II – Havendo discordância do credor, em execução definitiva, não tem o executado direito líquido e certo a que os valores penhorados em dinheiro fiquem depositados no próprio banco, ainda que atenda aos requisitos do art. 666, I, do CPC.** *(ex-OJ nº 61 – Inserida em 20.09.2000)*

**III – Em se tratando de execução provisória, fere direito líquido e certo do impetrante a determinação de penhora em dinheiro, quando nomeados outros bens à penhora, pois o executado tem direito a que a execução se processe da forma que lhe seja menos gravosa, nos termos do art. 620 do CPC.** *(ex-OJ nº 62 – Inserida em 20.09.2000)*

Cumpre salientar que a penhora em dinheiro só pode ser feita se for execução definitiva, sob pena de mandado de segurança para o TRT.

### • Julgados

*RECURSO DE REVISTA. MULTA PREVISTA NO Art. 475-J DO CPC. EXECUÇÃO TRABALHISTA. SITUAÇÕES DE COMPATIBILIDADE. A multa executória do novo art. 475-J do CPC (Lei nº 11.232/2005), instituída para dar efetividade às decisões judiciais relativas ao pagamento de quantia certa ou já fixada em liquidação, em obediência a comando constitucional enfático (art. 5º, LXXVIII, da CF), não se aplica ao processo do trabalho quando for incompatível, seja por se tratar de execução meramente provisória (Súmula 417,III/ TST), seja por se tratar de execução de acordo, quando este já estabelecer cominação específica (non bis in idem). Tratando-se, porém, de execução definitiva – determinante do pagamento incontinenti em dinheiro, conforme jurisprudência firmemente consolidada (Súmula 417, I e II/TST, ratificando as anteriores Orientações Jurisprudenciais 60 e 61 da SBDI-2 da Corte Superior), que autoriza, inclusive, o imediato bloqueio bancário do valor monetário correspondente à conta homologada (convênio BACEN-JUD) -, desponta clara a compatibilidade da nova regra cominatória do CPC com o processo executório trabalhista, que sempre priorizou a celeridade e efetividade da prestação jurisdicional. Em consequência, deve prevalecer a multa arbitrada no caso concreto, já que a cominação do art. 475-J foi fixada, sujeitando-se sua incidência ao trânsito em julgado da decisão, depois de homologada a conta e efetivada a notificação para pagamento, oportunidade em que a devedora deverá ser advertida sobre a penalidade prevista no art. 475-J do CPC. (**TST-RR-2020/2005-341-01-00.2**)*

*MANDADO DE SEGURANÇA. OGMO. PENHORA SOBRE DINHEIRO EM CONTA BANCÁRIA. EXECUÇÃO DEFINITIVA. LEGALIDADE. INTELIGÊNCIA DA SÚMULA 417, ITEM I, DESTA CORTE. O ato inquinado de ilegal, na espécie, não fere direito líquido e certo do Impetrante sob qualquer ângulo que se analise a questão. A uma, porque a determinação de penhora em dinheiro, em execução definitiva, para garantir crédito exequendo, obedece a gradação prevista no art. 655 do CPC, nos termos da jurisprudência desta Corte, consubstanciada na Súmula 417, item I, do TST. Outrossim, se deu dentro dos parâmetros normativos, a saber, arts. 882 e 889 da CLT, bem como do art. 19, §2º, da Lei nº 8.630/1993. Por outro lado, a solução da controvérsia relativa à alegação de que o numerário possui natureza alimentar e o respectivo bloqueio inviabilizaria o repasse a outros trabalhadores avulsos não foi demonstrada nos autos, o que demandaria ampla dilação probatória, procedimento incompatível com o rito especial da ação mandamental. Recurso ordinário a que se nega provimento.* (**TST-ROMS-205/2004-000-19-00.3**)

*RECURSO ORDINÁRIO EM MANDADO DE SEGU-RANÇA. EXECUÇÃO PROVISÓRIA. CONSTRIÇÃO DE PECÚNIA. IMPOSSIBILIDADE. SÚMULA Nº 417, III, DO TST. Nos termos do art. 899 da CLT, a execução provisória, no processo do trabalho, somente é permitida até a penhora. Por outra face, a jurisprudência desta Corte está orientada no sentido de que, em se tratando de execução provisória, a deter-minação de penhora em dinheiro, quando nomeados outros bens, fere direito líquido e certo do executado a que a execução se processe da forma que lhe seja menos gravosa (CPC, art. 620). Essa é a diretriz da Súmula 417, III, do TST. Recurso ordinário conhecido e provido.* (**TST-ROMS-826/2008-000-05-00.7**)

*RECURSO DE REVISTA. MULTA PREVISTA NO Art. 475-J DO CPC. EXECUÇÃO TRABALHISTA. SITUAÇÕES DE COMPATIBILIDADE. A multa executória do novo art. 475-J do CPC (Lei nº 11.232/2005), instituída para dar efetividade às decisões judiciais relativas ao pagamento de quantia certa ou já fixada em liquidação, em obediência a comando constitucional enfático (art. 5º, LXXVIII, da CF), não se aplica ao processo do trabalho quando for incompatível, seja por se tratar de execução meramente provisória (Súmula 417,III/TST), seja por se tratar de execução de acordo, quando este já estabelecer cominação específica (non bis in idem). Tratando-se, porém, de execução definitiva, determinante do pagamento incontinenti em dinheiro, conforme jurisprudência firmemente consolidada (Súmula 417, I e II/TST, ratificando as anteriores Orientações Jurisprudenciais 60 e 61 da SBDI-2 da Corte Superior), que autoriza, inclusive, o imediato bloqueio bancário do valor monetário correspondente à conta homologada (convênio BACEN-JUD), desponta clara a compatibilidade da nova regra cominatória do CPC com o processo executório trabalhista, que sempre priorizou a celeridade e efetividade da prestação jurisdicional. Em consequência, deve prevalecer a multa fixada no caso concreto, já que a cominação do art. 475-J foi fixada, sujeitando-se sua incidência ao trânsito em julgado da decisão, depois de homologada a conta e efetivada a notificação para pagamento, oportunidade em que a devedora deverá ser advertida sobre a penalidade prevista no art. 475-J do CPC.* **(TST-RR-781/2005-020-21-00.5)**

*RECURSO ORDINÁRIO EM MANDADO DE SEGURANÇA. PROCESSO DA FASE DE CONHECIMENTO TRANSITADO EM JULGADO. EXECUÇÃO DEFINITIVA. PENHORA DE DINHEIRO. ITEM I DA SÚMULA 417 DO TST. Em se tratando de execução definitiva, a determinação de penhora em dinheiro encontra respaldo na lei (art. 655 do CPC) e na jurisprudência pacífica desta Corte, inexistindo ofensa a direito líquido e certo do executado (Súmula 417, I, do TST). Recurso Ordinário a que se nega provimento. (TST-ROMS-1511/2008-000-15-00.2)*

### 418. MANDADO DE SEGURANÇA VISANDO À CONCESSÃO DE LIMINAR OU HOMOLOGAÇÃO DE ACORDO. *(Conversão das Orientações Jurisprudenciais nºs 120 e 141 da SDI-2 – Res. 137/2005, DJ 22.08.2005)*

**A concessão de liminar ou a homologação de acordo constituem faculdade do juiz, inexistindo direito líquido e certo tutelável pela via do mandado de segurança.** *(ex-OJs nº 120, DJ 11.08.2003 – e nº 141, DJ 04.05.2004)*

É faculdade do juiz conceder ou não a homologação de um acordo.

### 419. COMPETÊNCIA. EXECUÇÃO POR CARTA. EMBARGOS DE TERCEIRO. JUÍZO DEPRECANTE. *(Conversão da Orientação Jurisprudencial nº 114 da SDI-2 – Res. 137/2005, DJ 22.08.2005)*

**Na execução por carta precatória, os embargos de terceiro serão oferecidos no juízo deprecante ou no juízo deprecado, mas a competência para julgá-los é do juízo deprecante, salvo se versarem, unicamente, sobre vícios ou irregularidades da penhora, avaliação ou alienação dos bens, praticados pelo juízo deprecado, em que a competência será deste último.** *(ex-OJ nº 114 – DJ 11.08.2003)*

No caso de carta precatória, o juiz deprecante ou deprecado poderá julgar os embargos conforme a súmula supracitada.

SÚMULAS COMENTADAS DO TST COM JURISPRUDÊNCIA

## 420. Competência funcional. Conflito negativo. TRT e Vara do Trabalho de idêntica região. Não configuração. *(Conversão da Orientação Jurisprudencial nº 115 da SDI-2 – Res. 137/2005, DJ 22.08.2005)*

Não se configura conflito de competência entre Tribunal Regional do Trabalho e Vara do Trabalho a ele vinculada. *(ex-OJ nº 115 – DJ 11.08.2003)*

O art. 678, I, "c", 3, da CLT, dispõe sobre a competência do tribunal regional do trabalho para examinar as decisões de juízes de direito.

## 421. Embargos declaratórios contra decisão monocrática do relator calcada no art. 557 do CPC. Cabimento. *(Conversão da Orientação Jurisprudencial nº 74 da SDI-2 – Res. 137/2005, DJ 22.08.2005)*

I – Tendo a decisão monocrática de provimento ou denegação de recurso, prevista no art. 557 do CPC, conteúdo decisório definitivo e conclusivo da lide, comporta ser esclarecida pela via dos embargos de declaração, em decisão aclaratória, também monocrática, quando se pretende tão somente suprir omissão e não, modificação do julgado.

II – Postulando o embargante efeito modificativo, os embargos declaratórios deverão ser submetidos ao pronunciamento do Colegiado, convertidos em agravo, em face dos princípios da fungibilidade e celeridade processual. *(ex-OJ nº 74 – Inserida em 08.11.2000)*

Os embargos de declaração, conforme o art. 897-A da CLT, tratam da possibilidade de correção de eventuais erros. No caso de efeito modificativo, por adentrar ao mérito da decisão, pode ser recebido como recurso. Tal fato deverá ser contrarrazoado.

**422. Recurso. Apelo que não ataca os fundamentos da decisão recorrida. Não conhecimento. Art. 514, II, do CPC.** *(Conversão da Orientação Jurisprudencial nº 90 da SDI-2 – Res. 137/2005, DJ 22.08.2005)*

Não se conhece de recurso para o TST, pela ausência do requisito de admissibilidade inscrito no art. 514, II, do CPC, quando as razões do recorrente não impugnam os fundamentos da decisão recorrida, nos termos em que fora proposta. *(ex-OJ nº 90 – Inserida em 27.05.2002)*

O recurso de embargos para a SDI deve ter como requisito o conteúdo do art. 894, II, da CLT e Lei nº 7.701/1988.

**423. Turno ininterrupto de revezamento. Fixação de jornada de trabalho mediante negociação coletiva. Validade.** *(Conversão da Orientação Jurisprudencial nº 169 da SDI-1 – Res. 139/2006, DJ 10/10/2006)*

Estabelecida jornada superior a seis horas e limitada a oito horas por meio de regular negociação coletiva, os empregados submetidos a turnos ininterruptos de revezamento não têm direito ao pagamento da 7ª e 8ª horas como extras.

O turno ininterrupto só será válido se estiver em acordo ou em convenção coletiva.

# Parte II
# OJs do SDI-1

# Orientações Jurisprudenciais do Tribunal Superior do Trabalho

## Seção de Dissídios Individuais
## Subseção I

1. **Ação rescisória. Réu sindicato. Legitimidade passiva *"ad causam"*. Admitida.** *(Cancelada em decorrência da sua conversão na Orientação Jurisprudencial nº 110 da SDI-2, DJ 29.04.2003)*

2. **Adicional de insalubridade. Base de cálculo. Mesmo na vigência da CF/1988: salário-mínimo.** *(Cancelada – Res. 148/2008, DJ 04/07/2008 – Republicada no DJ de 08.07.2008 em razão de erro material)*

3. **Adicional de insalubridade. Base de cálculo, na vigência do Decreto-Lei nº 2.351/1987. Piso Nacional de Salários.** *(Cancelada em decorrência da sua conversão na Orientação Jurisprudencial Transitória nº 33 da SDI-1 – Res. 129/2005, DJ 20.04.2005)*

**4. Adicional de insalubridade. Lixo urbano.** *(Nova redação em decorrência da incorporação da Orientação Jurisprudencial nº 170 da SDI-1 – Res. 129/2005, DJ 20.04.2005)*

I – Não basta a constatação da insalubridade por meio de laudo pericial para que o empregado tenha direito ao respectivo adicional, sendo necessária a classificação da atividade insalubre na relação oficial elaborada pelo Ministério do Trabalho.

II – A limpeza em residências e escritórios e a respectiva coleta de lixo não podem ser consideradas atividades insalubres, ainda que constatadas por laudo pericial, porque não se encontram dentre as classificadas como lixo urbano na Portaria do Ministério do Trabalho. *(ex-OJ nº 170 da SDI-1 – Inserida em 8.11.00)*

**5. Adicional de periculosidade. Exposição permanente e intermitente. Inflamáveis e/ou explosivos. Direito ao adicional integral.** *(Cancelada em decorrência da sua conversão na Súmula nº 364 – Res. 129/2005, DJ 20.04.2005)*

**6. Adicional noturno. Prorrogação em horário diurno.** *(Cancelada em decorrência da sua incorporação à nova redação da Súmula nº 60 – Res. 129/2005, DJ 20.04.2005)*

Cumprida integralmente a jornada no período noturno e prorrogada esta, devido é também o adicional quanto às horas prorrogadas. Exegese do art. 73, § 5º, da CLT.

**7. Advogado. Atuação fora da seção da OAB onde o advogado está inscrito. Ausência de comunicação** *(Lei nº 4.215/1963, § 2º, art. 56). Infração disciplinar. Não importa nulidade. (Res. 129/2005, DJ 20.04.2005)*

A despeito da norma então prevista no art. 56, § 2º, da Lei nº 4.215/1963, a falta de comunicação do advogado à OAB para o exercício profissional em seção diversa daquela na qual tem inscrição não importa nulidade dos atos praticados, constituindo apenas infração disciplinar, que cabe àquela instituição analisar.

**8. Alçada. Ação rescisória. Não se aplica a alçada em ação rescisória.** *(Cancelada em decorrência da sua conversão na Súmula nº 365 – Res. 129/2005, DJ 20.04.2005)*

**9. Alçada. Decisão contrária à entidade pública. Cabível a remessa de ofício. Decreto-Lei nº 779/1969 e Lei nº 5.584/1970.** *(Cancelada em decorrência da sua incorporação à nova redação da Súmula nº 303 – Res. 129/2005, DJ 20.04.2005)*

Tratando-se de decisão contrária à entidade pública, cabível a remessa de ofício mesmo de processo de alçada.

**10. Alçada. Mandado de segurança.** *(Cancelada em decorrência da sua conversão na Súmula nº 365 – Res. 129/2005, DJ 20.04.2005)*

Não se aplica a alçada em Mandado de Segurança.

**11. Alçada. Vinculação ao salário mínimo. Duplo grau. Recorribilidade.** *(Convertida na Súmula nº 356 – Res. 75/1997, DJ 19.12.1997)*

O art. 5º, inc. LV e o art. 7º, inc. IV, da CF/1988 não revogaram o art. 2º, § 4º, da Lei nº 5.584/1970.

**12. Anistia. Emenda Constitucional nº 26/1985. Efeitos financeiros da promulgação.** *(Res. 129/2005, DJ 20.04.2005)*

Os efeitos financeiros decorrentes da anistia concedida pela Emenda Constitucional nº 26/1985 contam-se desde a data da sua promulgação.

**13. APPA. Decreto-Lei nº 779/1969. Depósito recursal e custas. Não isenção.** *(Inserida em 14.03.1994)*

**14. Aviso-prévio cumprido em casa. Verbas rescisórias. Prazo para pagamento.** *(Res. 129/2005, DJ 20.04.2005)*

Em caso de aviso-prévio cumprido em casa, o prazo para pagamento das verbas rescisórias é até o décimo dia da notificação de despedida.

**15. Bancário. Gratificação de função superior a 1/3 e inferior ao valor constante de norma coletiva. Inexistência de direito às 7ª e 8ª horas. Direito à diferença do adicional, se e quando pleiteada.** *(Cancelada em decorrência da sua incorporação à nova redação da Súmula nº 102 – Res. 129/2005, DJ 20.04.2005)*

**16. Banco do Brasil. ACP. Adicional de caráter pessoal. Indevido.** *(Res. 129/2005, DJ 20.04.2005)*

A isonomia de vencimentos entre servidores do Banco Central do Brasil e do Banco do Brasil, decorrente de sentença normativa, alcançou apenas os vencimentos e vantagens de caráter permanente. Dado o caráter personalíssimo do Adicional de Caráter Pessoal – ACP e não integrando a remuneração dos funcionários do Banco do Brasil, não foi ele contemplado na decisão normativa para efeitos de equiparação à tabela de vencimentos do Banco Central do Brasil.

**17. Banco do Brasil. AP e ADI.** *(Inserida em 07.11.1994)*

Os adicionais AP, ADI ou AFR, somados ou considerados isoladamente, sendo equivalentes a 1/3 do salário do cargo efetivo *(art. 224, § 2º, da CLT)*, excluem o empregado ocupante de cargo de confiança do Banco do Brasil da jornada de 6 horas.

**18. Complementação de aposentadoria. Banco do Brasil.** *(Nova redação em decorrência da incorporação das Orientações Jurisprudenciais nos 19, 20, 21, 136 e 289 da SDI-1 – Res. 129/2005, DJ 20.04.2005)*

I – As horas extras não integram o cálculo da complementação de aposentadoria; *(ex-OJ nº 18 da SDI-1 – Inserida em 29.03.1996)*

II – Os adicionais AP e ADI não integram o cálculo para a apuração do teto da complementação de aposentadoria; *(ex-OJ nº 21 da SDI-I-inserida em 13.02.1995)*

III – No cálculo da complementação de aposentadoria deve-se observar a média trienal; *(ex-OJs nº 19 e 289 ambas da SDI-1 – Inseridas respectivamente em 05.06.1995 e 11.08.2003)*

IV – A complementação de aposentadoria proporcional aos anos de serviços prestados exclusivamente ao Banco do Brasil somente se verifica a partir da Circular Funci nº 436/1963; *(ex-OJ nº 20 da SDI-1 – Inserida em 13.02.1995)*

V – O telex DIREC do Banco do Brasil nº 5003/1987 não assegura a complementação de aposentadoria integral, porque não aprovado pelo órgão competente ao qual a instituição se subordina. *(ex-OJ nº 136 da SDI-1 – Inserida em 27.11.1998)*

**19. Banco do Brasil. Complementação de aposentadoria. Média trienal.** *(Cancelada em decorrência da sua incorporação à nova redação conferida à Orientação Jurisprudencial nº 18 da SDI-1 – Res. 129/2005, DJ 20.04.2005)*

**20. Banco do Brasil. Complementação de aposentadoria. Proporcionalidade somente a partir da Circ. Funci nº 436/1963.** *(Cancelada em decorrência da sua incorporação à nova redação con-*

*ferida à Orientação Jurisprudencial nº 18 da SDI-1 – Res. 129/2005, DJ 20.04.2005)*

21. **Banco do Brasil. Complementação de aposentadoria. Teto. Cálculo. AP e ADI. Não integração.** *(Cancelada em decorrência da sua incorporação à nova redação conferida à Orientação Jurisprudencial nº 18 da SDI-1 – Res. 129/2005, DJ 20.04.2005)*

22. **BRDE. Entidade autárquica de natureza bancária. Lei nº 4.594/1964, art. 17. Res. Bacen 469/1970, art. 8º. CLT, art. 224, § 2º. CF, art. 173, § 1º.** *(Cancelada em decorrência da sua conversão na Orientação Jurisprudencial Transitória nº 34 da SDI-1 – Res. 129/2005, DJ 20.04.2005)*

23. **Cartão de ponto. Registro.** *(Inserida em 03.06.1996. Cancelada em decorrência da sua conversão na Súmula nº 366 – Res. 129/2005, DJ 20.04.2005)*

Não é devido o pagamento de horas extras relativamente aos dias em que o excesso de jornada não ultrapassa de cinco minutos antes e/ou após a duração normal do trabalho. (Se ultrapassado o referido limite, como extra será considerada a totalidade do tempo que exceder a jornada normal).

24. **Cigarro não é salário-utilidade.** *(Cancelada em decorrência da sua conversão na Súmula nº 367 – Res. 129/2005, DJ 20.04.2005)*

25. **Cipa. Suplente. Antes da CF/1988. Não tem direito à estabilidade.** *(Cancelada em decorrência da sua incorporação à nova redação da Súmula nº 339 – Res. 129/2005, DJ 20.04.2005)*

**26. Competência da Justiça do Trabalho. Complementação de pensão requerida por viúva de ex-empregado.** *(Res. 129/2005, DJ 20.04.2005)*

A Justiça do Trabalho é competente para apreciar pedido de complementação de pensão postulada por viúva de ex-empregado, por se tratar de pedido que deriva do contrato de trabalho.

**27. Conab. Estabilidade concedida por norma interna. Não assegurada. Aviso Direh nº 2/1984.** *(Cancelada em decorrência da sua conversão na Súmula nº 355 – Res. 72/1997, DJ 08.07.1997)*

**28. Correção monetária sobre as diferenças salariais. Universidades Federais. Devida. Lei nº 7.596/1987.** *(Res. 129/2005, DJ 20.04.2005)*

Incide correção monetária sobre as diferenças salariais dos servidores das universidades federais, decorrentes da aplicação retroativa dos efeitos financeiros assegurados pela Lei nº 7.596/1987, pois a correção monetária tem como escopo único minimizar a desvalorização da moeda em decorrência da corrosão inflacionária.

**29. Custas. Mandado de segurança. Recurso ordinário. Exigência do pagamento.** *(Cancelada em decorrência da sua conversão na Orientação Jurisprudencial nº 148 da SDI-2 – Res. 129/2005, DJ 20.04.2005)*

**30. Custas. Prazo para comprovação.** *(Cancelada em decorrência da sua conversão na Súmula nº 352 – Res. 69/1997, DJ 30.05.1997)*

**31. Depósito recursal e custas. Empresa em liquidação extrajudicial. Súmula nº 86. Não pertinência.** *(Cancelada em decorrência da sua incorporação à nova redação da Súmula nº 86 – Res. 129/2005, DJ 20.04.2005)*

**32. Descontos legais. Sentenças trabalhistas. Contribuição previdenciária e imposto de renda. Devidos. Provimento CGJT 3/1984.** *(Cancelada em decorrência da sua conversão na Súmula nº 368 – Res. 129/2005, DJ 20.04.2005)*

**33. Deserção. Custas. Carimbo do banco. Validade.** *(Inserida em 25.11.1996)*

O carimbo do banco recebedor na guia de comprovação do recolhimento das custas supre a ausência de autenticação mecânica.

**34. Dirigente sindical. Estabilidade provisória.** *(Cancelada em decorrência da sua conversão na Súmula nº 369 – Res. 129/2005, DJ 20.04.2005)*

É indispensável a comunicação, pela entidade sindical, ao empregador, na forma do § 5º, do art. 543, da CLT.

**35. Dirigente sindical. Registro de candidatura no curso do aviso prévio. Não tem direito à estabilidade provisória** *(Art. 543, § 3º, CLT). (Cancelada em decorrência da sua conversão na Súmula nº 369 – Res. 129/2005, DJ 20.04.2005)*

**36. Instrumento normativo. Cópia não autenticada. Documento comum às partes. Validade.** *(Res. 129/2005, DJ 20.04.2005)*

O instrumento normativo em cópia não autenticada possui valor probante, desde que não haja impugnação ao seu conteúdo, eis que se trata de documento comum às partes.

**37. Embargos. Violação do art. 896 da CLT.** *(Cancelada em decorrência da sua incorporação à nova redação da Súmula nº 296 – Res. 129/2005, DJ 20.04.2005)*

Não ofende o art. 896, da CLT, decisão de turma que, examinando premissas concretas de especificidade da divergência colacionada no apelo revisional, conclui pelo conhecimento ou desconhecimento do recurso.

**38.** Empregado que exerce atividade rural. Empresa de reflorestamento. Prescrição própria do rurícola. *(Lei nº 5.889/1973, art. 10 e Decreto nº 73.626/1974, art. 2º, § 4º). (Inserida em 29.03.1996)*

**39.** Engenheiro. Jornada de trabalho. Lei nº **4.950/1966.** *(Cancelada em decorrência da sua conversão na Súmula nº 370 – Res. 129/2005, DJ 20.04.2005)*

A Lei nº 4.950/1966 não estipula a jornada reduzida para os engenheiros, mas apenas estabelece o salário mínimo da categoria para uma jornada de 6 horas. Não há que se falar em horas extras, salvo as excedentes à 8ª, desde que seja respeitado o salário mínimo/horário da categoria.

**40.** Estabilidade. Aquisição no período do aviso prévio. Não reconhecida. *(Cancelada em decorrência da sua conversão na Súmula nº 371 – Res. 129/2005, DJ 20.04.2005)*

A projeção do contrato de trabalho para o futuro, pela concessão do aviso-prévio indenizado, tem efeitos limitados às vantagens econômicas obtidas no período de pré-aviso, ou seja, salários, reflexos e verbas rescisórias.

**41.** Estabilidade. Instrumento normativo. Vigência. Eficácia. *(Inserida em 25.11.1996)*

Preenchidos todos os pressupostos para a aquisição de estabilidade decorrente de acidente ou doença profissional, ainda durante a vigência do instrumento normativo, goza o empregado de estabilidade mesmo após o término da vigência do contrato.

**42. FGTS. Multa de 40%.** *(Nova redação em decorrência da incorporação das Orientações Jurisprudenciais nᵒˢ 107 e 254 da SDI-1 – Res. 129/2005, DJ 20.04.2005)*

I – É devida a multa do FGTS sobre os saques corrigidos monetariamente ocorridos na vigência do contrato de trabalho. Art. 18, § 1º, da Lei nº 8.036/1990 e art. 9º, § 1º, do Decreto nº 99.684/1990. *(ex-OJ nº 107 da SDI-1 – Inserida em 01.10.1997)*

II – O cálculo da multa de 40% do FGTS deverá ser feito com base no saldo da conta vinculada na data do efetivo pagamento das verbas rescisórias, desconsiderada a projeção do aviso prévio indenizado, por ausência de previsão legal. *(ex-OJ nº 254 da SDI-1 – Inserida em 13.03.2002)*

**43. Conversão de salários de cruzeiros para cruzados. Decreto-Lei nº 2.284/1986.** *(Res. 129/2005, DJ 20.04.2005)*

A conversão de salários de cruzeiros para cruzados, nos termos do Decreto-Lei nº 2.284/1986, não afronta direito adquirido dos empregados.

**44. Gestante. Salário maternidade.** *(Inserida em 13.09.1994)*

É devido o salário maternidade, de 120 dias, desde a promulgação da CF/1988, ficando a cargo do empregador o pagamento do período acrescido pela Carta.

**45. Gratificação de função percebida por 10 ou mais anos. Afastamento do cargo de confiança sem justo motivo. Estabilidade financeira. Manutenção do pagamento.** *(Cancelada em decorrência da sua conversão na Súmula nº 372 – Res. 129/2005, DJ 20.04.2005)*

**46. Gratificação semestral. Congelamento. Prescrição parcial.** *(Cancelada em decorrência da sua conversão na Súmula nº 373 – Res. 129/2005, DJ 20.04.2005)*

**47. Hora extra. Adicional de insalubridade. Base de cálculo.** *(Res. 148/2008, DJ 04/07/2008 – Republicada no DJ de 08.07.2008 em razão de erro material)*

A base de cálculo da hora extra é o resultado da soma do salário contratual mais o adicional de insalubridade.

**48. Horas extras pactuadas após a admissão do bancário não configura pré-contratação. Súmula 199. Inaplicável.** *(Cancelada em decorrência da sua incorporação à nova redação da Súmula nº 199 – Res. 129/2005, DJ 20.04.2005)*

**49. Horas extras. Uso do BIP. Não caracterizado o "sobreaviso".** *(Res. 129/2005, DJ 20.04.2005)*

O uso do aparelho BIP pelo empregado, por si só, não carateriza o regime de sobreaviso, uma vez que o empregado não permanece em sua residência aguardando, a qualquer momento, convocação para o serviço.

**50. Horas *"in itinere"*. Incompatibilidade de horários. Devidas. Aplicável a Súmula 90.** *(Cancelada em decorrência da nova redação da Súmula nº 90 – Res. 129/2005, DJ 20.04.2005)*

**51. Legislação eleitoral. Aplicável a pessoal celetista de empresas públicas e sociedades de economia mista.** *(Inserida em 25.11.1996)*

**52. Mandato. Procurador da União, Estados, Municípios e Distrito Federal, suas Autarquias e Fundações Públicas. Dispensável a**

JUNTADA DE PROCURAÇÃO. *(Lei nº 9.469, de 10 de julho de 1997). (Res. 129/2005, DJ 20.04.2005)*

A União, Estados, Municípios e Distrito Federal, suas autarquias e fundações públicas, quando representadas em juízo, ativa e passivamente, por seus procuradores, estão dispensadas da juntada de instrumento de mandato.

**53. MÉDICO. JORNADA DE TRABALHO. LEI Nº 3.999/1961.** *(Cancelada em decorrência da sua conversão na Súmula nº 370 – Res. 129/2005, DJ 20.04.2005)*

A Lei nº 3.999/1961 não estipula a jornada reduzida para os médicos, mas apenas estabelece o salário-mínimo da categoria para uma jornada de 4 horas. Não há que se falar em horas extras, salvo as excedentes à 8ª, desde que seja respeitado o salário-mínimo/horário da categoria.

**54. MULTA. CLÁUSULA PENAL. VALOR SUPERIOR AO PRINCIPAL.** *(Res. 129/2005, DJ 20.04.2005)*

O valor da multa estipulada em cláusula penal, ainda que diária, não poderá ser superior à obrigação principal corrigida, em virtude da aplicação do art. 412 do Código Civil de 2002 *(art. 920 do Código Civil de 1916).*

**55. NORMA COLETIVA. CATEGORIA DIFERENCIADA. ABRANGÊNCIA.** *(Cancelada em decorrência da sua conversão na Súmula nº 374 – Res. 129/2005, DJ 20.04.2005)*

Empregado integrante de categoria profissional diferenciada não tem o direito de haver de seu empregador vantagens previstas em instrumento coletivo no qual a empresa não foi representada por órgão de classe de sua categoria.

**56. Nossa Caixa-Nosso Banco** *(Caixa Econômica do Estado de São Paulo). Regulamento. Gratificação especial e/ou anuênios. (Inserida em 25.11.1996)*

Direito reconhecido apenas àqueles empregados que tinham 25 anos de efetivo exercício prestados exclusivamente à caixa.

**57. PCCS. Devido o reajuste do adiantamento. Lei nº 7.686/1988, art. 1º.** *(Res. 129/2005, DJ 20.04.2005)*

É devido o reajuste da parcela denominada "adiantamento do PCCS", conforme a redação do art. 1º da Lei nº 7.686/1988.

**58. Plano Bresser. IPC jun/1987. Inexistência de direito adquirido.** *(Res. 129/2005, DJ 20.04.2005)*

Inexiste direito adquirido ao IPC de junho de 1987 (Plano Bresser), em face da edição do Decreto-Lei nº 2.335/1987.

**59. Plano Verão. URP de fevereiro de 1989. Inexistência de direito adquirido.** *(Res. 129/2005, DJ 20.04.2005)*

Inexiste direito adquirido à URP de fevereiro de 1989 (Plano Verão), em face da edição da Lei nº 7.730/1989

**60. Portuários. Hora noturna. Horas extras.** *(Lei nº 4.860/1965, arts. 4º e 7º, § 5º). (Nova redação em decorrência da incorporação da Orientação Jurisprudencial nº 61 da SDI-1 – Res. 129/2005, DJ 20.04.2005)*

I – A hora noturna no regime de trabalho no porto, compreendida entre dezenove horas e sete horas do dia seguinte, é de sessenta minutos.

II – Para o cálculo das horas extras prestadas pelos trabalhadores portuários, observar-se-á somente o salário básico percebido, excluídos os adicionais de risco e produtividade. *(ex-OJ nº 61 da SDI-1 – Inserida em 14.03.1994)*

**61. PORTUÁRIOS. HORAS EXTRAS. BASE DE CÁLCULO: ORDENADO SEM O ACRÉSCIMO DOS ADICIONAIS DE RISCO E DE PRODUTIVIDADE. LEI Nº 4.860/1965, ART. 7º, § 5º.** *(Cancelada em decorrência da sua incorporação à nova redação da Orientação Jurisprudencial nº 60 da SDI-1 – Res. 129/2005, DJ 20.04.2005)*

**62. PREQUESTIONAMENTO. PRESSUPOSTO DE RECORRIBILIDADE EM APELO DE NATUREZA EXTRAORDINÁRIA.** *(Inserida em 14.03.1994)*

Necessidade, ainda que a matéria seja de incompetência absoluta.

**63. PRESCRIÇÃO TOTAL. HORAS EXTRAS. PRÉ-CONTRATADAS E SUPRIMIDAS. TERMO INICIAL. DATA DA SUPRESSÃO.** *(Cancelada em decorrência da sua incorporação à nova redação da Súmula nº 199 – Res. 129/2005, DJ 20.04.2005)*

**64. PROBAM. SÚMULA Nº 239. INAPLICÁVEL. NÃO SÃO BANCÁRIOS SEUS EMPREGADOS.** *(Cancelada em decorrência da sua incorporação à nova redação da Súmula nº 239 – Res. 129/2005, DJ 20.04.2005)*

**65. PROFESSOR ADJUNTO. INGRESSO NO CARGO DE PROFESSOR TITULAR. EXIGÊNCIA DE CONCURSO PÚBLICO NÃO AFASTADA PELA CONSTITUIÇÃO FEDERAL DE 1988** *(CF/1988, arts. 37, II, e 206, V). (Res. 129/2005, DJ 20.04.2005)*

O acesso de professor adjunto ao cargo de professor titular só pode ser efetivado por meio de concurso público, conforme dispõem os arts. 37, inciso II, e 206, inciso V, da CF/1988.

**66. Professor. Repouso semanal remunerado. Lei nº 605/1949, art. 7º, § 2º e art. 320, da CLT.** *(Cancelada em decorrência da sua conversão na Súmula nº 351 – Res. 68/1997, DJ 30.05.1997)*

**67. Radiologista. Salário profissional.** *(Cancelada em decorrência da sua conversão na Súmula nº 358 – Res. 77/1997, DJ 19.12.1997)*

O salário profissional dos técnicos em radiologia é igual a dois salários--mínimos e não a quatro *(Lei nº 7.394/1985)*.

**68. Reajustes salariais. Bimestrais e quadrimestrais** *(Lei nº 8.222/1991). Simultaneidade inviável. (Cancelada em decorrência da sua conversão na Orientação Jurisprudencial Transitória nº 35 da SDI-1 – Res. 129/2005, DJ 20.04.2005)*

**69. Reajustes salariais previstos em norma coletiva. Prevalência dos Decretos-Leis nºs 2.283/1986 e 2.284/1986. "Plano Cruzado".** *(Cancelada em decorrência da sua conversão na Súmula nº 375 – Res. 129/2005, DJ 20.04.2005)*

**70. Recurso ordinário. Cabimento.** *(Cancelada em decorrência da sua conversão na Orientação Jurisprudencial nº 5 do Tribunal Pleno – Res. 129/2005, DJ 20.04.2005)*

Não cabe recurso ordinário contra decisão de agravo regimental interposto em reclamação correicional.

**71. Remessa *"ex officio"*. Ação rescisória. Decisões contrárias a Entes Públicos (art. 1º, inc. V, do Decreto-Lei nº 779/1969 e inc. II, do art. 475, do CPC). Cabível.** *(Cancelada em decorrência da sua incorporação à nova redação da Súmula nº 303 – Res. 129/2005, DJ 20.04.2005)*

**72. Remessa *"ex officio".* Mandado de segurança concedido. Impetrante e terceiro interessado pessoas de direito privado. Incabível, ressalvadas as hipóteses de matéria administrativa, de competência do Órgão Especial.** *(Cancelada em decorrência da sua incorporação à nova redação da Súmula nº 303 – Res. 129/2005, DJ 20.04.2005)*

**73. Remessa *"ex officio".* Mandado de segurança. Incabível. Decisões proferidas pelo TRT e favoráveis ao Impetrante Ente Público. Inaplicabilidade do art. 12 da Lei nº 1.533/1951.** *(Cancelada em decorrência da sua incorporação à nova redação da Súmula nº 303 – Res. 129/2005, DJ 20.04.2005)*

**74. Revelia. Ausência da reclamada. Comparecimento de advogado.** *(Cancelada em decorrência da sua incorporação à nova redação da Súmula nº 122 – Res. 129/2005, DJ 20.04.2005)*

A reclamada, ausente à audiência em que deveria apresentar defesa, é revel, ainda que esteja presente seu advogado munido de procuração.

**75. Substabelecimento sem o reconhecimento de firma do substabelecente. Inválido** *(anterior à Lei nº 8.952/1994). (Res. 129/2005, DJ 20.04.2005)*

Não produz efeitos jurídicos recurso subscrito por advogado com poderes conferidos em substabelecimento em que não consta o reconhecimento de firma do outorgante. Entendimento aplicável antes do advento da Lei nº 8.952/1994.

**76. Substituição dos avanços trienais por quinquênios. Alteração do contrato de trabalho. Prescrição total. CEEE.** *(Res. 129/2005, DJ 20.04.2005)*

A alteração contratual consubstanciada na substituição dos avanços trienais por quinquênios decorre de ato único do empregador, momento em que começa a fluir o prazo fatal de prescrição.

**77. TESTEMUNHA QUE MOVE AÇÃO CONTRA A MESMA RECLAMADA. NÃO HÁ SUSPEIÇÃO.** *(Convertida na Súmula nº 357 – Res. 76/1997, DJ 19.12.1997)*

**78. TURNOS ININTERRUPTOS DE REVEZAMENTO. JORNADA DE SEIS HORAS.** *(Convertida na Súmula nº 360 – Res. 79/1997, DJ 13.01.1998)*

A interrupção do trabalho dentro de cada turno ou semanalmente, não afasta a aplicação do art. 7º, XIV, da CF/1988.

**79. URP DE ABRIL E MAIO DE 1988. DECRETO-LEI Nº 2.425/1988.** *(Inserida em 03.04.1995)*

Existência de direito apenas ao reajuste de 7/30 (sete trinta avos) de 16,19% (dezesseis vírgula dezenove por cento) a ser calculado sobre o salário de março e incidente sobre o salário dos meses de abril e maio, não cumulativamente e corrigido desde a época própria até a data do efetivo pagamento, com reflexos em junho e julho.

**80. AÇÃO RESCISÓRIA. RÉU SINDICATO. SUBSTITUTO PROCESSUAL NA AÇÃO ORIGINÁRIA. INEXISTÊNCIA DE LITISCONSÓRCIO PASSIVO NECESSÁRIO.** *(Cancelada em decorrência de sua conversão na Orientação Jurisprudencial nº 110 da SDI-1, DJ 29.04.2003)*

Quando o sindicato é réu na ação rescisória, por ter sido autor, como substituto processual na ação originária, é desnecessária a citação dos substituídos.

**81. ART. 462, DO CPC. FATO SUPERVENIENTE.** *(Cancelada em decorrência da sua conversão na Súmula nº 394 – Res. 129/2005, DJ 20.04.2005)*

É aplicável de ofício aos processos em curso em qualquer instância trabalhista.

**82. Aviso-prévio. Baixa na CTPS.** *(Inserida em 28.04.1997)*

A data de saída a ser anotada na CTPS deve corresponder à do término do prazo do aviso-prévio, ainda que indenizado.

**83. Aviso-prévio. Indenizado. Prescrição.** *(Inserida em 28.04.1997)*

A prescrição começa a fluir no final da data do término do aviso-prévio. Art. 487, § 1º, CLT.

**84. Aviso-prévio. Proporcionalidade.** *(Inserida em 28.04.1997)*

A proporcionalidade do aviso-prévio, com base no tempo de serviço, depende da legislação regulamentadora, posto que o art. 7º, inc. XXI, da CF/1988 não é autoaplicável.

**85. Contrato nulo. Efeitos. Devido apenas o equivalente aos salários dos dias trabalhados.** *(Cancelada em decorrência da sua conversão na Súmula nº 363 – Res. 97/2000, DJ 18.09.2000 – Republicação DJ 13.10.2000)*

**86. Dirigente sindical. Extinção da atividade empresarial no âmbito da base territorial do sindicato. Insubsistência da estabilidade.** *(Cancelada em decorrência da sua conversão na Súmula nº 369 – Res. 129/2005, DJ 20.04.2005)*

**87. Entidade Pública. Exploração de atividade eminentemente econômica. Execução. Art. 883 da CLT.** *(DJ 16.04.2004)*

É direta a execução contra a APPA e MINASCAIXA *(§1º do art. 173, da CF/1988).*

**88. Gestante. Estabilidade provisória.** *(Cancelada em decorrência da sua incorporação à nova redação da Súmula nº 244 – Res. 129/2005, DJ 20.04.2005)*

O desconhecimento do estado gravídico pelo empregador não afasta o direito ao pagamento da indenização decorrente da estabilidade. *(art. 10, II, "b", ADCT).*

**89. Horas extras. Reflexos.** *(Cancelada em decorrência da sua conversão na Súmula nº 376 – Res. 129/2005, DJ 20.04.2005)*

O valor das horas extras habitualmente prestadas integra o cálculo dos haveres trabalhistas, independentemente da limitação prevista no *"caput"* do art. 59 da CLT.

**90. Agravo de instrumento. Traslado. Não exigência de certidão de publicação do Acórdão Regional. Res. 52/1996 – Instrução Normativa nº 6/1996.** *(Cancelada em decorrência da nova redação conferida ao art. 897 da CLT pela Lei nº 9.756/1998 – Res. 129/2005, DJ 20.04.2005)*

Quando o despacho denegatório de processamento de recurso de revista não se fundou na intempestividade, não é necessário o traslado da certidão de publicação do acórdão regional.

**91. Anistia. Art. 8º, § 1º, ADCT. Efeitos financeiros. ECT.** *(Inserida em 30.05.1997)*

**92. Desmembramento de municípios. Responsabilidade trabalhista.** *(Inserida em 30.05.1997)*

Em caso de criação de novo município, por desmembramento, cada uma das novas entidades responsabiliza-se pelos direitos trabalhistas do empregado no período em que figurarem como real empregador.

**93. Domingos e feriados trabalhados e não compensados. Aplicação da Súmula nº 146.** *(Cancelada em decorrência da redação da Súmula nº 146 conferida pela Res. 121/2003, DJ 19.11.2003)*

O trabalho prestado em domingos e feriados não compensados deve ser pago em dobro sem prejuízo da remuneração relativa ao repouso semanal.

**94. Embargos. Exigência. Indicação expressa do dispositivo legal tido como violado.** *(Cancelada em decorrência da sua incorporação à nova redação da Súmula nº 221 – Res. 129/2005, DJ 20.04.2005)*

**95. Embargos para SDI. Divergência oriunda da mesma turma do TST. Inservível.** *(Inserida em 30.05.1997)*

**96. Férias. Salário substituição. Devido. Aplicação da Súmula nº 159.** *(Cancelada em decorrência da redação da Súmula nº 159 conferida pela Res. nº 121/2003, DJ 19.11.2003)*

**97. Horas extras. Adicional noturno. Base de cálculo.** *(Inserida em 30.05.1997)*

O adicional noturno integra a base de cálculo das horas extras prestadas no período noturno.

**98. Horas *"in itinere"*. Tempo gasto entre a portaria da empresa e o local do serviço. Devidas. Açominas.** *(Cancelada em decorrência da sua conversão na Orientação Jurisprudencial Transitória nº 36 da SDI-1 – Res. 129/2005, DJ 20.04.2005)*

**99. Preposto. Exigência da condição de empregado.** *(Cancelada em decorrência da sua conversão na Súmula nº 377 – Res. 129/2005, DJ 20.04.2005)*

Exceto quanto à reclamação de empregado doméstico, o preposto deve ser necessariamente empregado do reclamado. Inteligência do art. 843, § 1º, da CLT.

**100. Salário. Reajuste. Entes públicos.** *(Res. 129/2005, DJ 20.04.2005)*

Os reajustes salariais previstos em legislação federal devem ser observados pelos Estados-membros, suas Autarquias e Fundações Públicas nas relações contratuais trabalhistas que mantiverem com seus empregados.

**101. Reintegração convertida em indenização dobrada. Efeitos. Aplicação da Súmula nº 28.** *(Cancelada em decorrência da nova redação da Súmula nº 28 pela conferida Res. nº 121/2003, DJ 19.11.2003)*

**102. Adicional de insalubridade. Integração na remuneração.** *(Cancelada em decorrência da nova redação conferida à Súmula nº 139 – Res. 129/2005, DJ 20.04.2005)*

Enquanto percebido, o adicional de insalubridade integra a remuneração para todos os efeitos legais.

**103. Adicional de insalubridade. Repouso semanal e feriados.** *(Res. 129/2005, DJ 20.04.2005)*

O adicional de insalubridade já remunera os dias de repouso semanal e feriados.

**104. Custas. Condenação acrescida. Inexistência de deserção quando as custas não são expressamente calculadas e não**

HÁ INTIMAÇÃO DA PARTE PARA O PREPARO DO RECURSO, DEVENDO, ENTÃO, SER AS CUSTAS PAGAS AO FINAL. *(Res. 150/2008, DJ 20.11.2008)*

Não caracteriza deserção a hipótese em que, acrescido o valor da condenação, não houve fixação ou cálculo do valor devido a título de custas e tampouco intimação da parte para o preparo do recurso, devendo, pois, as custas serem pagas ao final.

**105.** ESTABILIDADE PROVISÓRIA. ACIDENTE DE TRABALHO. É CONSTITUCIONAL O ART. **118,** DA LEI Nº **8.213/1991.** *(Cancelada em decorrência da sua conversão na Súmula nº 378 – Res. 129/2005, DJ 20.04.2005)*

**106.** ESTABILIDADE PROVISÓRIA. PEDIDO DE REINTEGRAÇÃO. CONCESSÃO DO SALÁRIO RELATIVO AO PERÍODO DE ESTABILIDADE JÁ EXAURIDO. INEXISTÊNCIA DE JULGAMENTO *"EXTRA PETITA". (Cancelada em decorrência da sua conversão na Súmula nº 396 – Res. 129/2005, DJ 20.04.2005)*

**107.** FGTS. MULTA DE **40%.** SAQUES. ATUALIZAÇÃO MONETÁRIA. INCIDÊNCIA. *(Cancelada em decorrência da sua incorporação à nova redação na Orientação Jurisprudencial nº 42 da SDI-1 – Res. 129/2005, DJ 20.04.2005)*

A multa de 40% a que se refere o art. 9º, § 1º, do Decreto nº 99.684/1990, incide sobre os saques, corrigidos monetariamente.

**108.** MANDATO EXPRESSO. AUSÊNCIA DE PODERES PARA SUBSTABELECER. VÁLIDOS OS ATOS PRATICADOS PELO SUBSTABELECIDO. *(Art. 1.300, §§ 1º e 2º, do CCB). (Cancelada em decorrência da sua conversão na Súmula nº 395 – Res. 129/2005, DJ 20.04.2005)*

**109.** MINASCAIXA. LEGITIMIDADE PASSIVA *"AD CAUSAM"* ENQUANTO NÃO CONCLUÍDO O PROCEDIMENTO DE LIQUIDAÇÃO EXTRAJUDICIAL. *(Can-*

*celada em decorrência da sua conversão na Orientação Jurisprudencial Transitória nº 37 da SDI-1 – Res. 129/2005, DJ 20.04.2005)*

**110. Representação irregular. Procuração apenas nos autos de agravo de instrumento.** *(Inserida em 01.10.1997)*

**111. Recurso de revista. Divergência jurisprudencial. Aresto oriundo do mesmo Tribunal Regional. Lei nº 9.756/1998. Inservível ao conhecimento.** *(Res. 129/2005, DJ 20.04.2005)*

Não é servível ao conhecimento de recurso de revista aresto oriundo de mesmo Tribunal Regional do Trabalho, salvo se o recurso houver sido interposto anteriormente à vigência da Lei nº 9.756/1998.

**112. Vacância do cargo. Salário do sucessor. Súmula nº 159. Inaplicável.** *(Cancelada em decorrência da sua incorporação à nova redação da Súmula nº 159 – Res. 129/2005, DJ 20.04.2005)*

Vago o cargo em definitivo, o empregado que passa a ocupá-lo não tem direito a salário igual ao do antecessor.

**113. Adicional de transferência. Cargo de confiança ou previsão contratual de transferência. Devido. Desde que a transferência seja provisória.** *(Inserida em 20.11.1997)*

O fato de o empregado exercer cargo de confiança ou a existência de previsão de transferência no contrato de trabalho não exclui o direito ao adicional. O pressuposto legal apto a legitimar a percepção do mencionado adicional é a transferência provisória.

**114. Dirigente sindical. Despedida. Falta grave. Inquérito judicial. Necessidade.** *(Cancelada em decorrência da sua conversão na Súmula nº 379 – Res. 129/2005, DJ 20.04.2005)*

**115. Recurso de revista ou de embargos. Nulidade por negativa de prestação jurisdicional.** *(Res. 129/2005, DJ 20.04.2005)*

O conhecimento do recurso de revista ou de embargos, quanto à preliminar de nulidade por negativa de prestação jurisdicional, supõe indicação de violação do art. 832 da CLT, do art. 458 do CPC ou do art. 93, IX, da CF/1988.

**116. Estabilidade provisória. Período estabilitário exaurido. Reintegração não assegurada. Devidos apenas os salários desde a data da despedida até o final do período estabilitário.** *(Cancelada em decorrência da sua conversão na Súmula nº 396 – Res. 129/2005, DJ 20.04.2005)*

**117. Horas extras. Limitação. Art. 59 da CLT.** *(Cancelada em decorrência da sua conversão na Súmula nº 376 – Res. 129/2005, DJ 20.04.2005)*

A limitação legal da jornada suplementar a duas horas diárias não exime o empregador de pagar todas as horas trabalhadas.

**118. Prequestionamento. Tese explícita. Inteligência da Súmula nº 297.** *(Inserida em 20.11.1997)*

Havendo tese explícita sobre a matéria, na decisão recorrida, desnecessário conter referência expressa do dispositivo legal para tê-lo como prequestionado. Inteligência da Súmula nº 297.

**119. Prequestionamento inexigível. Violação nascida na própria decisão recorrida. Súmula nº 297. Inaplicável.** *(Inserida em 20.11.1997)*

**120. Recurso. Assinatura da petição ou das razões recursais. Validade.** *(Res. 129/2005, DJ 20.04.2005)*

O recurso sem assinatura será tido por inexistente. Será considerado válido o apelo assinado, ao menos, na petição de apresentação ou nas razões recursais.

**121. Substituição processual. Diferença do adicional de insalubridade. Legitimidade.** *(Res. 129/2005, DJ 20.04.2005)*

O sindicato tem legitimidade para atuar na qualidade de substituto processual para pleitear diferença de adicional de insalubridade.

**122. Aviso-prévio. Início da contagem. Art. 125, Código Civil.** *(Cancelada em decorrência da sua conversão na Súmula nº 380 – Res. 129/2005, DJ 20.04.2005)*

Aplica-se a regra prevista no art. 125, do Código Civil, à contagem do prazo do aviso prévio.

**123. Bancários. Ajuda-alimentação.** *(Inserida em 20.04.1998)*

A ajuda-alimentação prevista em norma coletiva em decorrência de prestação de horas extras tem natureza indenizatória e, por isso, não integra o salário do empregado bancário.

**124. Correção monetária. Salário. Art. 459, CLT.** *(Cancelada em decorrência da sua conversão na Súmula nº 381 – Res. 129/2005, DJ 20.04.2005)*

O pagamento dos salários até o 5º dia útil do mês subsequente ao vencido não está sujeito à correção monetária. Se essa data limite for ultrapassada, incidirá o índice da correção monetária do mês subsequente ao da prestação dos serviços.

**125. Desvio de função. Quadro de carreira.** *(Alterada em 13.02.2002)*

O simples desvio funcional do empregado não gera direito a novo enquadramento, mas apenas às diferenças salariais respectivas, mesmo que o desvio de função tenha sido iniciado antes da vigência da CF/1988.

**126.** Súmula Nº **239.** Empresa de processamento de dados. Inaplicável. *(Cancelada em decorrência da sua incorporação à nova redação da Súmula nº 239 – Res. 129/2005, DJ 20.04.2005)*

É inaplicável a Súmula nº 239 quando a empresa de processamento de dados presta serviços a banco e a empresas não bancárias do mesmo grupo econômico, ou a terceiros.

**127.** Hora noturna reduzida. Subsistência após a **CF/1988.** *(Inserida em 20.04.1998)*

O art. 73, § 1º, da CLT, que prevê a redução da hora noturna, não foi revogado pelo inciso IX do art. 7º da CF/1988.

**128.** Mudança de regime celetista para estatutário. Extinção do contrato. Prescrição bienal. *(Cancelada em decorrência da sua conversão na Súmula nº 382 – Res. 129/2005, DJ 20.04.2005)*

A transferência do regime jurídico de celetista para estatutário implica extinção do contrato de trabalho, fluindo o prazo da prescrição bienal a partir da mudança de regime.

**129.** Prescrição. Complementação da pensão e auxílio funeral. *(Inserida em 20.04.1998)*

A prescrição extintiva para pleitear judicialmente o pagamento da complementação de pensão e do auxílio-funeral é de 2 anos, contados a partir do óbito do empregado.

**130. Prescrição. Ministério Público. Arguição. "Custos legis". Ilegitimidade.** *(Res. 129/2005, DJ 20.04.2005)*

Ao exarar o parecer na remessa de ofício, na qualidade de *"custos legis"*, o Ministério Público não tem legitimidade para arguir a prescrição em favor de entidade de direito público, em matéria de direito patrimonial *(arts. 194 do CC de 2002 e 219, § 5º, do CPC).*

**131. Vantagem *"in natura"*. Hipóteses em que não integra o salário.** *(Cancelada em decorrência da sua conversão na Súmula nº 367 – Res. 129/2005, DJ 20.04.2005)*

A habitação e a energia elétrica fornecidas pelo empregador ao empregado, quando indispensáveis para a realização do trabalho, não têm natureza salarial.

**132. Agravo regimental. Peças essenciais nos autos principais.** *(Inserida em 27.11.1998)*

Inexistindo lei que exija a tramitação do AG em autos apartados, tampouco previsão no Regimento Interno do Regional, não pode o agravante ver-se apenado por não haver colacionado cópia de peças dos autos principais, quando o AG deveria fazer parte dele.

**133. Ajuda alimentação. PAT. Lei nº 6321/1976. Não integração ao salário.** *(Inserida em 27.11.1998)*

A ajuda alimentação fornecida por empresa participante do programa de alimentação ao trabalhador, instituído pela Lei nº 6.321/1976, não tem caráter salarial. Portanto, não integra o salário para nenhum efeito legal.

**134. Autenticação. Pessoa jurídica de direito público. Dispensada. Medida provisória nº 1.360, de 12.03.1996.** *(Inserida em 27.11.1998)*

São válidos os documentos apresentados, por pessoa jurídica de direito público, em fotocópia não autenticada, posteriormente à edição da Medida Provisória nº 1.360/1996 e suas reedições.

**135. Aviso prévio indenizado. Superveniência de auxílio-doença no curso deste.** *(Cancelada em decorrência da sua conversão na Súmula nº 371 – Res. 129/2005, DJ 20.04.2005)*

Os efeitos da dispensa só se concretizam depois de expirado o benefício previdenciário, sendo irrelevante que tenha sido concedido no período do aviso prévio já que ainda vigorava o contrato de trabalho.

**136. Banco do Brasil. Complementação de aposentadoria. Telex DIREC 5003/1987. Não assegurada.** *(Cancelada em decorrência da sua incorporação à nova redação da Orientação Jurisprudencial nº 18 da SDI-1 – Res. 129/2005, DJ 20.04.2005)*

O telex DIREC do Banco do Brasil nº 5.003/1987 não assegura a complementação de aposentadoria integral, porque não foi aprovado pelo órgão competente ao qual a instituição se subordina.

**137. Banco Meridional. Circular nº 34.046/1989. Dispensa sem justa causa.** *(Cancelada em decorrência da sua conversão na Orientação Jurisprudencial Transitória nº 38 da SDI-1 – Res. 129/2005, DJ 20.04.2005)*

A inobservância dos procedimentos disciplinados na Circular nº 34.046/1989, norma de caráter eminentemente procedimental, não é causa para a nulidade da dispensa sem justa causa.

**138. Competência residual. Regime jurídico único. Limitação da execução.** *(Nova redação em decorrência da incorporação da Orientação Jurisprudencial nº 249 da SDI-1 – Res. 129/2005, DJ 20.04.2005)*

Compete à Justiça do Trabalho julgar pedidos de direitos e vantagens previstos na legislação trabalhista referente a período anterior à Lei nº 8.112/1990, mesmo que a ação tenha sido ajuizada após a edição da referida lei. A superveniência de regime estatutário em substituição ao celetista, mesmo após a sentença, limita a execução ao período celetista. *(1ª parte – ex-OJ nº 138 da SDI-1, inserida em 27.11.1998; 2ª parte – ex-OJ nº 249, inserida em 13.03.2002)*

**139. DEPÓSITO RECURSAL. COMPLEMENTAÇÃO DEVIDA. APLICAÇÃO DA INSTRUÇÃO NORMATIVA Nº 3/1993, II.** *(Cancelada em decorrência da sua incorporação à nova redação da Súmula nº 128 – Res. 129/2005, DJ 20.04.2005)*

Está a parte recorrente obrigada a efetuar o depósito legal, integralmente, em relação a cada novo recurso interposto, sob pena de deserção. Atingido o valor da condenação, nenhum depósito mais é exigido para qualquer recurso.

**140. DEPÓSITO RECURSAL E CUSTAS. DIFERENÇA ÍNFIMA. DESERÇÃO. OCORRÊNCIA.** *(Res. 129/2005, DJ 20.04.2005)*

Ocorre deserção do recurso pelo recolhimento insuficiente das custas e do depósito recursal, ainda que a diferença em relação ao *"quantum"* devido seja ínfima, referente a centavos.

**141. DESCONTOS PREVIDENCIÁRIOS E FISCAIS. COMPETÊNCIA DA JUSTIÇA DO TRABALHO.** *(Convertida na Súmula nº 368 – Res. 129/2005, DJ 20.04.2005)*

**142. EMBARGOS DECLARATÓRIOS. EFEITO MODIFICATIVO. VISTA À PARTE CONTRÁRIA.** *(Inserida em 27.11.1998)*

**143. Empresa em liquidação extrajudicial. Execução. Créditos trabalhistas. Lei nº 6.024/1974.** *(Inserida em 27.11.1998)*

A execução trabalhista deve prosseguir diretamente na Justiça do Trabalho mesmo após a decretação da liquidação extrajudicial. Lei nº 6.830/1980, arts. 5º e 29, aplicados supletivamente *(CLT art. 889 e CF/1988, art. 114).*

**144. Enquadramento funcional. Prescrição extintiva.** *(Cancelada em decorrência da sua incorporação à nova redação da Súmula nº 275 – Res. 129/2005, DJ 20.04.2005)*

**145. Estabilidade. Dirigente sindical. Categoria diferenciada.** *(Cancelada em decorrência da sua conversão na Súmula nº 369 – Res. 129/2005, DJ 20.04.2005)*

O empregado de categoria diferenciada eleito dirigente sindical só goza de estabilidade se exercer na empresa atividade pertinente à categoria profissional do sindicato para o qual foi eleito dirigente.

**146. FGTS. Opção retroativa. Concordância do empregador. Necessidade.** *(Cancelada em decorrência da sua conversão na Orientação Jurisprudencial Transitória nº 39 da SDI-1 – Res. 129/2005, DJ 20.04.2005)*

**147. Lei Estadual, norma coletiva ou norma regulamentar. Conhecimento indevido do recurso de revista por divergência jurisprudencial.** *(Nova redação em decorrência da incorporação da Orientação Jurisprudencial nº 309 da SDI-1 – Res. 129/2005, DJ 20.04.2005)*

I – É inadmissível o recurso de revista fundado tão somente em divergência jurisprudencial, se a parte não comprovar que a lei estadual, a norma coletiva ou o regulamento da empresa extrapolam o âmbito do

TRT prolator da decisão recorrida. *(ex-OJ nº 309 da SDI-1 – Inserida em 11.08.2003)*

II – É imprescindível a arguição de afronta ao art. 896 da CLT para o conhecimento de embargos interpostos em face de acórdão de Turma que conhece indevidamente de recurso de revista, por divergência jurisprudencial, quanto a tema regulado por lei estadual, norma coletiva ou norma regulamentar de âmbito restrito ao TRT prolator da decisão.

**148. Lei nº 8.880/1994, art. 31. Constitucionalidade.** *(Res. 129/2005, DJ 20.04.2005)*

É constitucional o art. 31 da Lei nº 8.880/1994, que prevê a indenização por demissão sem justa causa.

**149. Mandato. Art. 13 do CPC. Regularização. Fase recursal. Inaplicável.** *(Cancelada em decorrência da sua conversão na Súmula nº 383 – Res. 129/2005, DJ 20.04.2005)*

**150. Multa prevista em vários instrumentos normativos. Cumulação de ações.** *(Cancelada em decorrência da sua conversão na Súmula nº 384 – Res. 129/2005, DJ 20.04.2005)*

O descumprimento de qualquer cláusula constante de instrumentos normativos diversos não submete o empregado a ajuizar várias ações, pleiteando em cada uma o pagamento da multa referente ao descumprimento de obrigações previstas nas cláusulas respectivas.

**151. Prequestionamento. Decisão regional que adota a sentença. Ausência de prequestionamento.** *(Inserida em 27.11.1998)*

Decisão regional que simplesmente adota os fundamentos da decisão de primeiro grau não preenche a exigência do prequestionamento, tal como previsto na Súmula nº 297.

**152. Revelia. Pessoa jurídica de direito público. Aplicável.** *(art. 844 da CLT). (Res. 129/2005, DJ 20.04.2005)*

Pessoa jurídica de direito público sujeita-se à revelia prevista no art. 844 da CLT.

**153. Adicional de insalubridade. Deficiência de iluminamento. Limitação.** *(Cancelada em decorrência da sua conversão na Orientação Jurisprudencial Transitória nº 57 da SDI-1 – Res. 129/2005, DJ 20.04.2005)*

Somente após 26.02.1991 foram, efetivamente, retiradas do mundo jurídico as normas ensejadoras do direito ao adicional de insalubridade por iluminamento insuficiente no local da prestação de serviço, como previsto na Portaria nº 3751/1990 do Ministério do Trabalho.

**155. Banrisul. Complementação de aposentadoria.** *(Cancelada em decorrência da sua conversão na Orientação Jurisprudencial Transitória nº 40 da SDI-1 – Res. 129/2005, DJ 20.04.2005)*

A Resolução nº 1.600/1964, vigente à época da admissão do empregado, incorporou-se ao contrato de trabalho, e sua alteração não poderá prejudicar o direito adquirido, mesmo em virtude da edição da Lei nº 6.435/1977. Incidência das Súmulas nºs 51 e 288.

**156. Complementação de aposentadoria. Diferenças. Prescrição.** *(Inserida em 26.03.1999)*

Ocorre a prescrição total quanto a diferenças de complementação de aposentadoria que decorrem de pretenso direito a verbas não recebidas no curso da relação de emprego e já atingidas pela prescrição, à época da propositura da ação.

**157.** COMPLEMENTAÇÃO DE APOSENTADORIA. FUNDAÇÃO CLEMENTE DE FARIA. BANCO REAL. *(Cancelada em decorrência da sua conversão na Orientação Jurisprudencial Transitória nº 41 da SDI-1 – Res. 129/2005, DJ 20.04.2005)*

É válida a cláusula do Estatuto da Fundação que condicionou o direito à complementação de aposentadoria à existência de recursos financeiros e, também, previa a suspensão, temporária ou definitiva, da referida complementação.

**158.** CUSTAS. COMPROVAÇÃO DE RECOLHIMENTO. **DARF** ELETRÔNICO. VALIDADE. *(Inserida em 26.03.1999)*

O denominado "DARF ELETRÔNICO" é válido para comprovar o recolhimento de custas por entidades da administração pública federal, emitido conforme a IN-SRF 162, de 04.11.1988.

**159.** DATA DE PAGAMENTO. SALÁRIOS. ALTERAÇÃO. *(Inserida em 26.03.1999)*

Diante da inexistência de previsão expressa em contrato ou em instrumento normativo, a alteração de data de pagamento pelo empregador não viola o art. 468, desde que observado o parágrafo único, do art. 459, ambos da CLT.

**160.** DESCONTOS SALARIAIS. AUTORIZAÇÃO NO ATO DA ADMISSÃO. VALIDADE. *(Inserida em 26.03.1999)*

É inválida a presunção de vício de consentimento resultante do fato de ter o empregado anuído expressamente com descontos salariais na oportunidade da admissão. É de se exigir demonstração concreta do vício de vontade.

**161.** FERIADO LOCAL. PRAZO RECURSAL. PRORROGAÇÃO. COMPROVAÇÃO. NECESSIDADE. *(Cancelada em decorrência da sua conversão na Súmula nº 385 – Res. 129/2005, DJ 20.04.2005)*

Cabe à parte comprovar, quando da interposição do recurso, a existência de feriado local que justifique a prorrogação do prazo recursal.

**162.** MULTA. ART. **477** DA **CLT.** CONTAGEM DO PRAZO. APLICÁVEL O ART. **132** DO CÓDIGO CIVIL DE **2002.** *(Res. 129/2005, DJ 20.04.2005)*

A contagem do prazo para quitação das verbas decorrentes da rescisão contratual prevista no art. 477 da CLT exclui necessariamente o dia da notificação da demissão e inclui o dia do vencimento, em obediência ao disposto no art. 132 do Código Civil de 2002 *(art. 125 do Código Civil de 1916).*

**163.** NORMA REGULAMENTAR. OPÇÃO PELO NOVO REGULAMENTO. ART. **468** DA **CLT** E SÚMULA Nº **51.** INAPLICÁVEIS. *(Cancelada em decorrência da sua incorporação à nova redação da Súmula nº 51 – Res. 129/2005, DJ 20.04.2005)*

Havendo a coexistência de dois regulamentos da empresa, a opção do empregado por um deles tem efeito jurídico de renúncia às regras do sistema do outro.

**164.** OFICIAL DE JUSTIÇA *"AD HOC".* INEXISTÊNCIA DE VÍNCULO EMPREGATÍCIO. *(Res. 129/2005, DJ 20.04.2005)*

Não se caracteriza o vínculo empregatício na nomeação para o exercício das funções de oficial de justiça *"ad hoc"*, ainda que feita de forma reiterada, pois exaure-se a cada cumprimento de mandado.

**165. Perícia. Engenheiro ou médico. Adicional de insalubridade e periculosidade. Válido. Art. 195, da CLT.** *(Inserida em 26.03.1999)*

O art. 195 da CLT não faz qualquer distinção entre o médico e o engenheiro para efeito de caracterização e classificação da insalubridade e periculosidade, bastando para a elaboração do laudo que o profissional seja devidamente qualificado.

**166. Petrobras. Pensão por morte do empregado assegurada no Manual de Pessoal. Estabilidade decenal. Opção pelo regime do FGTS.** *(Cancelada em decorrência da sua conversão na Orientação Jurisprudencial Transitória nº 42 da SDI-1 – Res. 129/2005, DJ 20.04.2005)*

Tendo o empregado adquirido a estabilidade decenal, antes de optar pelo regime do FGTS, não há como negar-se o direito à pensão, eis que preenchido o requisito exigido pelo Manual de Pessoal.

**167. Policial militar. Reconhecimento de vínculo empregatício com empresa privada.** *(Cancelada em decorrência da sua conversão na Súmula nº 386 – Res. 129/2005, DJ 20.04.2005)*

Preenchidos os requisitos do art. 3º da CLT, é legítimo o reconhecimento de relação de emprego entre policial militar e empresa privada, independentemente do eventual cabimento de penalidade disciplinar prevista no Estatuto do Policial Militar.

**168. SUDS. Gratificação. Convênio da União com Estado. Natureza salarial enquanto paga.** *(Cancelada em decorrência da sua* *conversão na Orientação Jurisprudencial Transitória nº 43 da SDI-1 – Res. 129/2005, DJ 20.04.2005)*

A parcela denominada "Complementação SUDS" paga aos servidores em virtude de convênio entre o Estado e a União Federal, tem natureza salarial, enquanto paga, pelo que repercute nos demais haveres trabalhistas do empregado.

**169.** TURNO ININTERRUPTO DE REVEZAMENTO. FIXAÇÃO DE JORNADA DE TRABALHO MEDIANTE NEGOCIAÇÃO COLETIVA. VALIDADE. *(Cancelada em decorrência da sua conversão na Súmula nº 423 – Res. 139/2006, DJ 10.10.2006)*

Quando há na empresa o sistema de turno ininterrupto de revezamento, é válida a fixação de jornada superior a seis horas mediante a negociação coletiva

**170.** ADICIONAL DE INSALUBRIDADE. LIXO URBANO. *(Cancelada em decorrência da sua incorporação à nova redação da Orientação Jurisprudencial nº 4 da SDI-1 – Res. 129/2005, DJ 20.04.2005)*

A limpeza em residências e escritórios e a respectiva coleta de lixo não podem ser consideradas atividades insalubres, ainda que constatadas por laudo pericial, porque não se encontram dentre as classificadas como lixo urbano, na Portaria do Ministério do Trabalho.

**171.** ADICIONAL DE INSALUBRIDADE. ÓLEOS MINERAIS. SENTIDO DO TERMO "MANIPULAÇÃO". *(Inserida em 08.11.2000)*

Para efeito de concessão de adicional de insalubridade não há distinção entre fabricação e manuseio de óleos minerais – Portaria nº 3.214 do Ministério do Trabalho, NR 15, Anexo XIII.

**172. Adicional de insalubridade ou periculosidade. Condenação. Inserção em folha de pagamento.** *(Inserida em 08.11.2000)*

Condenada ao pagamento do adicional de insalubridade ou periculosidade, a empresa deverá inserir, mês a mês e enquanto o trabalho for executado sob essas condições, o valor correspondente em folha de pagamento.

**173. Adicional de insalubridade. Raios solares. Indevido.** *(Inserida em 08.11.2000)*

Em face da ausência de previsão legal, é indevido o adicional de insalubridade ao trabalhador em atividade a céu aberto *(art. 195, CLT e NR 15 MTb, Anexo 7).*

**174. Adicional de periculosidade. Horas de sobreaviso. Indevido.** *(Cancelada em decorrência da sua incorporação à nova redação da Súmula nº 132 – Res. 129/2005, DJ 20.04.2005)*

Durante as horas de sobreaviso, o empregado não se encontra em condições de risco, razão pela qual é incabível a integração do adicional de periculosidade sobre as mencionadas horas.

**175. Comissões. Alteração ou supressão. Prescrição total.** *(Nova redação em decorrência da incorporação da Orientação Jurisprudencial nº 248 da SDI-1, DJ 22.11.2005)*

A supressão das comissões, ou a alteração quanto à forma ou ao percentual, em prejuízo do empregado, é suscetível de operar a prescrição total da ação, nos termos da Súmula nº 294 do TST, em virtude de cuidar-se de parcela não assegurada por preceito de lei.

**176. ANISTIA. LEI Nº 6.683/1979. TEMPO DE AFASTAMENTO. NÃO COMPUTÁVEL PARA EFEITO DE INDENIZAÇÃO E ADICIONAL POR TEMPO DE SERVIÇO, LICENÇA-PRÊMIO E PROMOÇÃO.** *(Cancelada em decorrência da sua conversão na Orientação Jurisprudencial Transitória nº 44 da SDI-1 – Res. 129/2005, DJ 20.04.2005)*

**177. APOSENTADORIA ESPONTÂNEA. EFEITOS.** *(Cancelada – DJ 30.10.2006)*

A aposentadoria espontânea extingue o contrato de trabalho, mesmo quando o empregado continua a trabalhar na empresa após a concessão do benefício previdenciário. Assim sendo, é indevida a multa de 40% do FGTS em relação ao período anterior à aposentadoria.

**178. BANCÁRIO. INTERVALO DE 15 MINUTOS. NÃO COMPUTÁVEL NA JORNADA DE TRABALHO.** *(Res. 129/2005, DJ 20.04.2005)*

Não se computa, na jornada do bancário sujeito a seis horas diárias de trabalho, o intervalo de quinze minutos para lanche ou descanso.

**179. BNDES. ARTS. 224/226, CLT. APLICÁVEL A SEUS EMPREGADOS. ENTIDADE SUJEITA À LEGISLAÇÃO BANCÁRIA.** *(Inserida em 08.11.2000)*

**180. COMISSIONISTA PURO. ABONO. LEI Nº 8.178/1991. NÃO INCORPORAÇÃO.** *(Cancelada em decorrência da sua conversão na Orientação Jurisprudencial Transitória nº 45 da SDI-1 – Res. 129/2005, DJ 20.04.2005)*

É indevida a incorporação do abono instituído pela Lei nº 8.178/1991 aos empregados comissionistas.

**181. COMISSÕES. CORREÇÃO MONETÁRIA. CÁLCULO.** *(Inserida em 08.11.2000)*

O valor das comissões deve ser corrigido monetariamente para em seguida obter-se a média para efeito de cálculo de férias, 13º salário e verbas rescisórias.

**182.** Compensação de jornada. Acordo individual. Validade. *(Cancelada em decorrência da nova redação conferida à Súmula nº 85 – Res. 129/2005, DJ 20.04.2005)*

É válido o acordo individual para compensação de horas, salvo se houver norma coletiva em sentido contrário.

**183.** Complementação de aposentadoria. Banco Itaú. *(Inserida em 08.11.2000. Cancelada em decorrência da sua conversão na Orientação Jurisprudencial Transitória nº 46 da SDI-1 – Res. 129/2005, DJ 20.04.2005)*

O empregado admitido na vigência da Circular BB-5/1966, que passou para a inatividade posteriormente à vigência da RP-40/1974, está sujeito ao implemento da condição "idade mínima de 55 anos".

**184.** Confissão ficta. Produção de prova posterior. *(Cancelada em decorrência da nova redação conferida à Súmula 74 – Res. 129/2005, DJ 20.04.2005)*

Somente a prova pré-constituída nos autos é que deve ser levada em conta para confronto com a confissão ficta *(art. 400, I, CPC)*, não implicando cerceamento de defesa o indeferimento de provas posteriores.

**185.** Contrato de trabalho com a Associação de Pais e Mestres – APM. Inexistência de responsabilidade solidária ou subsidiária do Estado. *(Res. 129/2005, DJ 20.04.2005)*

O Estado-Membro não é responsável subsidiária ou solidariamente com a Associação de Pais e Mestres pelos encargos trabalhistas dos empregados contratados por esta última, que deverão ser suportados integral e exclusivamente pelo real empregador.

**186. Custas. Inversão do ônus da sucumbência. Deserção. Não ocorrência.** *(Inserida em 08.11.2000)*

No caso de inversão do ônus da sucumbência em segundo grau, sem acréscimo ou atualização do valor das custas e se estas já foram devidamente recolhidas, descabe um novo pagamento pela parte vencida, ao recorrer. Deverá ao final, se sucumbente, ressarcir a quantia.

**187. Décimo terceiro salário. Dedução da 1ª parcela. URV. Lei nº 8.880/1994.** *(Cancelada em decorrência da sua conversão na Orientação Jurisprudencial Transitória nº 47 da SDI-1 – Res. 129/2005, DJ 20.04.2005)*

Ainda que o adiantamento do 13º salário tenha ocorrido anteriormente à edição da Lei nº 8.880/1994, as deduções deverão ser realizadas considerando o valor da antecipação, em URV, na data do efetivo pagamento, não podendo a 2ª parcela ser inferior à metade do 13º salário, em URV.

**188. Decisão normativa que defere direitos. Falta de interesse de agir para ação individual.** *(Inserida em 08.11.2000)*

Falta interesse de agir para a ação individual, singular ou plúrima, quando o direito já foi reconhecido por decisão normativa, cabendo, no caso, ação de cumprimento.

**189. Depósito recursal. Agravo de petição. IN/TST nº 3/1993.** *(Cancelada em decorrência da sua incorporação à Súmula nº 128 – Res. 129/2005, DJ 20.04.2005)*

Garantido o juízo, na fase executória, a exigência de depósito para recorrer de qualquer decisão viola os incisos II e LV do art. 5º da CF/1988. Havendo, porém, elevação do valor do débito, exige-se a complementação da garantia do juízo.

**190. Depósito recursal. Condenação solidária.** *(Cancelada em decorrência da nova redação conferida à Súmula nº 128 – Res. 129/2005, DJ 20.04.2005)*

Havendo condenação solidária de duas ou mais empresas, o depósito recursal efetuado por uma delas aproveita as demais, quando a empresa que efetuou o depósito não pleiteia sua exclusão da lide.

**191. Dono da obra. Responsabilidade.** *(Inserida em 08.11.2000)*

Diante da inexistência de previsão legal, o contrato de empreitada entre o dono da obra e o empreiteiro não enseja responsabilidade solidária ou subsidiária nas obrigações trabalhistas contraídas pelo empreiteiro, salvo sendo o dono da obra uma empresa construtora ou incorporadora.

**192. Embargos declaratórios. Prazo em dobro. Pessoa jurídica de direito público. Decreto-Lei nº 779/1969.** *(Inserida em 08.11.2000)*

É em dobro o prazo para a interposição de embargos declaratórios por pessoa jurídica de direito público.

**193. Equiparação salarial. Quadro de carreira. Homologação. Governo Estadual. Válido.** *(Cancelada em decorrência da redação da Súmula nº 6 conferida pela Res. 104/2000, DJ 18.02.2000 – Res. 129/2005, DJ 20.04.2005)*

**194. Fac-símile. Lei nº 9.800/1999. Aplicável só a recursos interpostos na sua vigência.** *(Cancelada em decorrência da sua conversão na Súmula nº 387 – Res. 129/2005, DJ 20.04.2005)*

A Lei nº 9.800/1999 é aplicável somente a recursos interpostos após o início de sua vigência

**195. Férias indenizadas. FGTS. Não incidência.** *(Res. 129/2005, DJ 20.04.2005)*

Não incide a contribuição para o FGTS sobre as férias indenizadas.

**196. Gestante. Contrato de experiência. Estabilidade provisória. Não assegurada.** *(Cancelada em decorrência da nova redação conferida à Súmula nº 244 – Res. 129/2005, DJ 20.04.2005)*

**197. Gratificação semestral. Repercussão no 13º salário. Súmula nº 78 do TST. Aplicável.** *(Cancelada em decorrência da redação da Súmula nº 253 conferida pela Res. 121/2003, DJ 19.11.2003 – Res. 129/2005, DJ 20.04.2005,)*

**198. Honorários periciais. Atualização monetária.** *(Inserida em 08.11.2000)*

Diferentemente da correção aplicada aos débitos trabalhistas, que têm caráter alimentar, a atualização monetária dos honorários periciais é fixada pelo art. 1º da Lei nº 6.899/1981, aplicável a débitos resultantes de decisões judiciais.

**199. Jogo do bicho. Contrato de trabalho. Nulidade. Objeto ilícito. Arts. 82 e 145 do Código Civil.** *(Inserida em 08.11.2000)*

**200. Mandato tácito. Substabelecimento inválido.** *(Res. 129/2005, DJ 20.04.2005)*

É inválido o substabelecimento de advogado investido de mandato tácito.

**201. Multa. Art. 477 da CLT. Massa falida. Inaplicável.** *(Cancelada em decorrência da sua conversão na Súmula nº 388 – Res. 129/2005, DJ 20.04.2005)*

**202. Petromisa. Sucessão. Petrobras. Legitimidade.** *(Cancelada em decorrência da sua conversão na Orientação Jurisprudencial Transitória nº 48 da SDI-1 – Res. 129/2005, DJ 20.04.2005)*

Em virtude da decisão tomada em assembleia, a Petrobras é a real sucessora da Petromisa, considerando que recebeu todos os bens móveis e imóveis da extinta Petromisa.

**203. Plano econômico (Collor). Execução. Correção monetária. Índice de 84,32%. Lei nº 7.738/1989. Aplicável.** *(Cancelada em decorrência da sua conversão na Orientação Jurisprudencial Transitória nº 54 da SDI-1 – Res. 129/2005, DJ 20.04.2005)*

**204. Prescrição. Contagem do prazo. Art. 7º, XXIX, da CF.** *(Cancelada em decorrência da sua incorporação à Súmula nº 308 – Res. 129/2005, DJ 20.04.2005)*

A prescrição quinquenal abrange os cinco anos anteriores ao ajuizamento da reclamatória e não os cinco anos anteriores à data da extinção do contrato.

**205. Competência material. Justiça do Trabalho. Ente Público. Contratação irregular. Regime especial. Desvirtuamento.** *(Cancelada – Res. 156/2009, DJ 27.04.2009)*

I – Inscreve-se na competência material da Justiça do Trabalho dirimir dissídio individual entre trabalhador e ente público se há controvérsia acerca do vínculo empregatício.

II – A simples presença de lei que disciplina a contratação por tempo determinado para atender a necessidade temporária de excepcional interesse público *(art. 37, inciso IX, da CF/1988)* não é o bastante para deslocar a competência da Justiça do Trabalho se se alega desvirtuamento em tal contratação, mediante a prestação de serviços à Administração para atendimento de necessidade permanente e não para acudir a situação transitória e emergencial.

**206.** PROFESSOR. HORAS EXTRAS. ADICIONAL DE **50%.** *(Inserida em 08.11.2000)*

Excedida a jornada máxima *(art. 318 da CLT)*, as horas excedentes devem ser remuneradas com o adicional de, no mínimo, 50% *(art. 7º, XVI, CF/1988)*

**207.** PROGRAMA DE INCENTIVO À DEMISSÃO VOLUNTÁRIA. INDENIZAÇÃO. IMPOSTO DE RENDA. NÃO INCIDÊNCIA. *(Res. 129/2005, DJ 20.04.2005)*

A indenização paga em virtude de adesão a programa de incentivo à demissão voluntária não está sujeita à incidência do imposto de renda.

**208.** RADIOLOGISTA. GRATIFICAÇÃO DE RAIOS X. REDUÇÃO. LEI Nº **7.923/1989.** *(Inserida em 08.11.2000)*

A alteração da gratificação por trabalho com raios X, de quarenta para dez por cento, na forma da Lei nº 7.923/1989, não causou prejuízo ao trabalhador porque passou a incidir sobre o salário incorporado com todas as demais vantagens.

**209.** RECESSO FORENSE. SUSPENSÃO DOS PRAZOS RECURSAIS (ARTS. **181,** I, E **148** DO RI/TST). *(Cancelada em decorrência da nova redação conferida à Súmula nº 262 – Res. 129/2005, DJ 20.04.2005)*

**210. Seguro-desemprego. Competência da Justiça do Trabalho.** *(Cancelada em decorrência da sua conversão na Súmula nº 389 – Res. 129/2005, DJ 20.04.2005)*

**211. Seguro-desemprego. Guias. Não liberação. Indenização substitutiva.** *(Cancelada em decorrência da sua conversão na Súmula nº 389 – Res. 129/2005, DJ 20.04.2005)*

O não fornecimento pelo empregador da guia necessária para o recebimento do seguro-desemprego dá origem ao direito à indenização

**212. Serpro. Norma regulamentar. Reajustes salariais. Superveniência de sentença normativa. Prevalência.** *(Cancelada em decorrência da sua conversão na Orientação Jurisprudencial Transitória nº 49 da SDI-1 – Res. 129/2005, DJ 20.04.2005)*

Durante a vigência do instrumento normativo, é lícita ao empregador a obediência à norma coletiva *(DC 8948/1990)*, que alterou as diferenças interníveis previstas no Regulamento de Recursos Humanos.

**213. Telex. Operadores. Art. 227 da CLT. Inaplicável.** *(Inserida em 08.11.2000)*

O operador de telex de empresa, cuja atividade econômica não se identifica com qualquer uma das previstas no art. 227 da CLT, não se beneficia de jornada reduzida.

**214. URPs de junho e julho de 1988. Suspensão do pagamento. Data-base em maio. Decreto-Lei nº 2.425/1988. Inexistência de violação a direito adquirido.** *(Inserida em 08.11.2000. Cancelada em decorrência da sua conversão na Orientação Jurisprudencial Transitória nº 58 da SDI-1 – Res. 129/2005, DJ 20.04.2005)*

O Decreto-Lei nº 2.425, de 07.04.1988, não ofendeu o direito adquirido dos empregados com data-base em maio, pelo que não fazem jus às URPs de junho e julho de 1988.

**215. VALE-TRANSPORTE. ÔNUS DA PROVA.** *(Inserida em 08.11.2000)*

É do empregado o ônus de comprovar que satisfaz os requisitos indispensáveis à obtenção do vale-transporte.

**216. VALE-TRANSPORTE. SERVIDOR PÚBLICO CELETISTA. LEI Nº 7.418/1985. DEVIDO.** *(Res. 129/2005, DJ 20.04.2005)*

Aos servidores públicos celetistas é devido o vale-transporte, instituído pela Lei nº 7.418/1985, de 16 de dezembro de 1985.

**217. AGRAVO DE INSTRUMENTO. TRASLADO. LEI Nº 9.756/1998. GUIAS DE CUSTAS E DE DEPÓSITO RECURSAL.** *(Inserida em 02.04.2001)*

Para a formação do agravo de instrumento, não é necessária a juntada de comprovantes de recolhimento de custas e de depósito recursal relativamente ao recurso ordinário, desde que não seja objeto de controvérsia no recurso de revista a validade daqueles recolhimentos.

**218. PLANO COLLOR. SERVIDORES DO GDF. CELETISTAS. LEI DISTRITAL Nº 38/1989.** *(Cancelada em decorrência da sua incorporação à Orientação Jurisprudencial nº 241 da SDI-1 e posterior conversão na Orientação Jurisprudencial Transitória nº 55 da SDI-1 – Res. 129/2005, DJ 20.04.2005)*

Inexiste direito adquirido às diferenças salariais de 84,32% do IPC de março de 1990 aos servidores celetistas da Administração Direta do Distrito Federal.

**219. Recurso de revista ou de embargos fundamentado em Orientação Jurisprudencial do TST.** *(Inserida em 02.04.2001)*

É válida, para efeito de conhecimento do recurso de revista ou de embargos, a invocação de Orientação Jurisprudencial do Tribunal Superior do Trabalho, desde que, das razões recursais, conste o seu número ou conteúdo.

**220. Acordo de compensação. Extrapolação da jornada.** *(Cancelada em decorrência da nova redação da Súmula nº 85 – Res. 129/2005, DJ 20.04.2005)*

A prestação de horas extras habituais descaracteriza o acordo de compensação de horas. Nesta hipótese, as horas que ultrapassarem a jornada semanal normal devem ser pagas como horas extras e, quanto àquelas destinadas à compensação, deve ser pago a mais apenas o adicional por trabalho extraordinário.

**221. Anistia. Lei nº 8.878/1994. Efeitos financeiros devidos a partir do efetivo retorno à atividade.** *(Cancelada em decorrência da sua conversão na Orientação Jurisprudencial Transitória nº 56 da SDI-1 – Res. 129/2005, DJ 20.04.2005)*

**222. Bancário. Advogado. Cargo de confiança.** *(Cancelada em decorrência da nova redação conferida à Súmula nº 102 – Res. 129/2005, DJ 20.04.2005)*

O advogado empregado de banco, pelo simples exercício da advocacia, não exerce cargo de confiança, não se enquadrando, portanto, na hipótese do § 2º do art. 224 da CLT.

**223. Compensação de jornada. Acordo individual tácito. Inválido.** *(Cancelada em decorrência da nova redação da Súmula nº 85 – Res. 129/2005, DJ 20.04.2005)*

**224. Complementação de aposentadoria. Reajuste. Lei nº 9.069/1995.** *(Res. 129/2005, DJ 20.04.2005)*

A partir da vigência da Medida Provisória nº 542/1994, convalidada pela Lei nº 9.069/1995, o critério de reajuste da complementação de aposentadoria passou a ser anual e não semestral, aplicando-se o princípio *"rebus sic stantibus"* diante da nova ordem econômica.

**225. Contrato de concessão de serviço público. Responsabilidade trabalhista.** *(Res. 129/2005, DJ 20.04.2005)*

Celebrado contrato de concessão de serviço público em que uma empresa (primeira concessionária) outorga a outra (segunda concessionária), no todo ou em parte, mediante arrendamento ou qualquer outra forma contratual, a título transitório, bens de sua propriedade:

I – em caso de rescisão do contrato de trabalho após a entrada em vigor da concessão, a segunda concessionária, na condição de sucessora, responde pelos direitos decorrentes do contrato de trabalho, sem prejuízo da responsabilidade subsidiária da primeira concessionária pelos débitos trabalhistas contraídos até a concessão;

II – no tocante ao contrato de trabalho extinto antes da vigência da concessão, a responsabilidade pelos direitos dos trabalhadores será exclusivamente da antecessora.

**226. Crédito trabalhista. Cédula de crédito rural. Cédula de crédito industrial. Penhorabilidade.** *(Res. 129/2005, DJ 20.04.2005)*

Diferentemente da cédula de crédito industrial garantida por alienação fiduciária, na cédula rural pignoratícia ou hipotecária o bem permanece sob o domínio do devedor (executado), não constituindo óbice à penhora na esfera trabalhista. *(Decreto-Lei nº 167/1967, art. 69; CLT, arts. 10 e 30 e Lei nº 6.830/1980)*

**227. Denunciação da lide. Processo do Trabalho. Incompatibilidade.** *(Cancelada – DJ 22.11.2005)*

**228. Descontos legais. Sentenças trabalhistas. Lei nº 8.541/1992, art. 46. Provimento da CGJT 3/1984 e alterações posteriores.** *(Cancelada em decorrência da sua conversão na Súmula nº 368 – Res. 129/2005, DJ 20.04.2005)*

O recolhimento dos descontos legais, resultante dos créditos do trabalhador oriundos de condenação judicial, deve incidir sobre o valor total da condenação e calculado ao final.

**229. Estabilidade. Art. 41 da CF/1988. Celetista. Empresa Pública e Sociedade de Economia Mista. Inaplicável.** *(Cancelada em decorrência da sua conversão na Súmula nº 390 – Res. 129/2005, DJ 20.04.2005)*

**230. Estabilidade. Lei nº 8.213/1991. Art. 118 c/c art. 59.** *(Cancelada em decorrência da sua conversão na Súmula nº 378 – Res. 129/2005, DJ 20.04.2005)*

O afastamento do trabalho por prazo superior a 15 dias e a consequente percepção do auxílio-doença acidentário constituem pressupostos para o direito à estabilidade prevista no art. 118 da Lei nº 8.213/1991, assegurado por período de 12 meses, após a cessação do auxílio-doença.

**231. Férias. Abono instituído por instrumento normativo e terço constitucional. Simultaneidade inviável.** *(Cancelada em decorrência da sua conversão na Orientação Jurisprudencial Transitória nº 50 da SDI-1 – Res. 129/2005, DJ 20.04.2005)*

**232. FGTS. Incidência. Empregado transferido para o exterior. Remuneração.** *(Inserida em 20.06.2001)*

O FGTS incide sobre todas as parcelas de natureza salarial pagas ao empregado em virtude de prestação de serviços no exterior.

**233. Horas extras. Comprovação de parte do período alegado.** *(Res. 129/2005, DJ 20.04.2005)*

A decisão que defere horas extras com base em prova oral ou documental não ficará limitada ao tempo por ela abrangido, desde que o julgador fique convencido de que o procedimento questionado superou aquele período.

**234. Horas extras. Folha individual de presença** *(FIP) instituída por norma coletiva. Prova oral. Prevalência. (Cancelada em decorrência da nova redação da Súmula nº 338 – Res. 129/2005, DJ 20.04.2005)*

A presunção de veracidade da jornada de trabalho anotada em folha individual de presença, ainda que prevista em instrumento normativo, pode ser elidida por prova em contrário.

**235. Horas extras. Salário por produção.** *(129/2005, DJ 20.04.2005)*

O empregado que recebe salário por produção e trabalha em sobre-jornada faz jus à percepção apenas do adicional de horas extras.

**236. Horas "in itinere". Horas extras. Adicional devido.** *(Cancelada em decorrência da nova redação conferida à Súmula nº 90 – Res. 129/2005, DJ 20.04.2005)*

Considerando que as horas *"in itinere"* são computáveis na jornada de trabalho, o tempo que extrapola a jornada legal é considerado como extraordinário e sobre ele deve incidir o adicional respectivo.

**237. Ministério público do trabalho. Ilegitimidade para recorrer.** *(Inserida em 20.06.2001)*

O Ministério Público não tem legitimidade para recorrer na defesa de interesse patrimonial privado, inclusive de empresas públicas e sociedades de economia mista.

**238. Multa. Art. 477 da CLT. Pessoa jurídica de direito público. Aplicável.** *(Res. 129/2005, DJ 20.04.2005)*

Submete-se à multa do art. 477 da CLT a pessoa jurídica de direito público que não observa o prazo para pagamento das verbas rescisórias, pois nivela-se a qualquer particular, em direitos e obrigações, despojando--se do *"jus imperii"* ao celebrar um contrato de emprego.

**239. Multa convencional. Horas extras.** *(Cancelada em decorrência da sua conversão na Súmula nº 384 – Res. 129/2005, DJ 20.04.2005)*

Prevista em instrumento normativo (sentença normativa, convenção ou acordo coletivo) determinada obrigação e, consequentemente, multa pelo respectivo descumprimento, esta tem incidência mesmo que aquela obrigação seja mera repetição de texto da CLT.

**240. Petroleiros. Horas extras. Lei nº 5.811/1972. Recepcionada pela CF/1988.** *(Cancelada em decorrência da sua conversão na Súmula nº 391 – Res. 129/2005, DJ 20.04.2005)*

**241. Plano Collor. Servidores de Fundações e Autarquias do GDF. Celetistas. Legislação Federal.** *(Cancelada em decorrência da sua conversão na Orientação Jurisprudencial Transitória nº 55 da SDI-1 – Res. 129/2005, DJ 20.04.2005)*

Inexiste direito adquirido às diferenças salariais de 84,32% do IPC de março de 1990 aos servidores celetistas de Fundações e Autarquias do GDF.

**242. Prescrição total. Horas extras. Adicional. Incorporação.** *(Inserida em 20.06.2001)*

Embora haja previsão legal para o direito à hora extra, inexiste previsão para a incorporação ao salário do respectivo adicional, razão pela qual deve incidir a prescrição total.

**243. Prescrição total. Planos econômicos.** *(Inserida em 20.06.2001)*

Aplicável a prescrição total sobre o direito de reclamar diferenças salariais resultantes de planos econômicos.

**244. Professor. Redução da carga horária. Possibilidade.** *(Inserida em 20.06.2001)*

A redução da carga horária do professor, em virtude da diminuição do número de alunos, não constitui alteração contratual, uma vez que não implica redução do valor da hora-aula.

**245. Revelia. Atraso. Audiência.** *(Inserida em 20.06.2001)*

Inexiste previsão legal tolerando atraso no horário de comparecimento da parte na audiência.

**246. SALÁRIO-UTILIDADE. VEÍCULO.** *(Cancelada em decorrência da sua conversão na Súmula nº 367 – Res. 129/2005, DJ 20.04.2005)*

A utilização, pelo empregado, em atividades particulares, de veículo que lhe é fornecido para o trabalho da empresa não caracteriza salário-utilidade.

**247. SERVIDOR PÚBLICO. CELETISTA CONCURSADO. DESPEDIDA IMOTIVADA. EMPRESA PÚBLICA OU SOCIEDADE DE ECONOMIA MISTA. POSSIBILIDADE.** *(Res. 143/2007 – DJ 13.11.2007)*

I – A despedida de empregados de empresa pública e de sociedade de economia mista, mesmo admitidos por concurso público, independe de ato motivado para sua validade.

II – A validade do ato de despedida do empregado da Empresa Brasileira de Correios e Telégrafos (ECT) está condicionada à motivação, por gozar a empresa do mesmo tratamento destinado à Fazenda Pública em relação à imunidade tributária e à execução por precatório, além das prerrogativas de foro, prazos e custas processuais.

**248. COMISSÕES. ALTERAÇÃO. PRESCRIÇÃO TOTAL. SÚMULA Nº 294. APLICÁVEL.** *(Cancelada em decorrência da sua incorporação à Orientação Jurisprudencial nº 175 da SDI-1, DJ 22.11.2005)*

A alteração das comissões caracteriza-se como ato único e positivo do empregador, incidindo a prescrição total, nos termos da Súmula nº 294 do TST.

**249. Competência residual. Regime Jurídico Único. Lei nº 8.112/1990. Limitação.** *(Cancelada em decorrência da sua incorporação à nova redação conferida à Orientação Jurisprudencial nº 138 da SDI-1 – Res. 129/2005, DJ 20.04.2005)*

A superveniência de regime estatutário em substituição ao celetista, mesmo após a sentença, limita a execução ao período celetista

**250. Complementação de aposentadoria. Caixa Econômica Federal. Auxílio-alimentação. Supressão. Súmulas nºs 51 e 288. Aplicáveis.** *(Cancelada em decorrência da sua conversão na Orientação Jurisprudencial Transitória nº 51 da SDI-1 – Res. 129/2005, DJ 20.04.2005)*

A determinação de supressão do pagamento de auxílio-alimentação aos aposentados e pensionistas da Caixa Econômica Federal, oriunda do Ministério da Fazenda, não atinge aqueles ex-empregados que já recebiam o benefício.

**251. Descontos. Frentista. Cheques sem fundos.** *(Inserida em 13.03.2002)*

É lícito o desconto salarial referente à devolução de cheques sem fundos, quando o frentista não observar as recomendações previstas em instrumento coletivo.

**252. Equiparação salarial. Mesma localidade. Conceito. Art. 461 da CLT.** *(Cancelada em decorrência da nova redação conferida à Súmula nº 6 – Res. 129/2005, DJ 20.04.2005)*

O conceito de "mesma localidade" de que trata o art. 461 da CLT refere-se, em princípio, ao mesmo município, ou a municípios distintos que, comprovadamente, pertençam à mesma região metropolitana.

## 253. Estabilidade provisória. Cooperativa. Lei nº 5.764/1971. Conselho fiscal. Suplente. Não assegurada. *(Inserida em 13.03.2002)*

O art. 55 da Lei nº 5.764/1971 assegura a garantia de emprego apenas aos empregados eleitos diretores de Cooperativas, não abrangendo os membros suplentes.

## 254. FGTS. Multa de 40%. Aviso prévio indenizado. Atualização monetária. Diferença indevida. *(Cancelada em decorrência da sua incorporação à nova redação conferida à Orientação Jurisprudencial nº 42 da SDI-1 – Res. 129/2005, DJ 20.04.2005)*

O cálculo da multa de 40% do FGTS deverá ser feito com base no saldo da conta vinculada na data do efetivo pagamento das verbas rescisórias, desconsiderada a projeção do aviso prévio indenizado, por ausência de previsão legal.

## 255. Mandato. Contrato social. Desnecessária a juntada. *(Inserida em 13.03.2002)*

O art. 12, VI, do CPC não determina a exibição dos estatutos da empresa em juízo como condição de validade do instrumento de mandato outorgado ao seu procurador, salvo se houver impugnação da parte contrária.

## 256. Prequestionamento. Configuração. Tese explícita. Súmula nº 297. *(Inserida em 13.03.2002)*

Para fins do requisito do prequestionamento de que trata a Súmula nº 297, há necessidade de que haja, no acórdão, de maneira clara, elementos que levem à conclusão de que o Regional adotou uma tese contrária à lei ou à súmula.

**257. Recurso. Fundamentação. Violação legal. Vocábulo violação. Desnecessidade.** *(Inserida em 13.03.2002)*

A invocação expressa, quer na revista, quer nos embargos, dos preceitos legais ou constitucionais tidos como violados não significa exigir da parte a utilização das expressões "contrariar", "ferir", "violar", etc.

**258. Adicional de periculosidade. Acordo coletivo ou convenção coletiva. Prevalência.** *(Cancelada em decorrência da sua conversão na Súmula nº 364 – Res. 129/2005, DJ 20.04.2005)*

A fixação do adicional de periculosidade, em percentual inferior ao legal e proporcional ao tempo de exposição ao risco, deve ser respeitada, desde que pactuada em acordos ou convenções coletivos de trabalho *(art. 7º, inciso XXVI, da CF/1988)*.

**259. Adicional noturno. Base de cálculo. Adicional de periculosidade. Integração.** *(Inserida em 27.09.2002)*

O adicional de periculosidade deve compor a base de cálculo do adicional noturno, já que também neste horário o trabalhador permanece sob as condições de risco.

**260. Agravo de instrumento. Recurso de revista. Procedimento sumaríssimo. Lei nº 9957/2000. Processos em curso.** *(Inserida em 27.09.2002)*

I – É inaplicável o rito sumaríssimo aos processos iniciados antes da vigência da Lei nº 9.957/2000.

II – No caso de o despacho denegatório de recurso de revista invocar, em processo iniciado antes da Lei nº 9.957/2000, o § 6º do art. 896 da CLT (rito sumaríssimo), como óbice ao trânsito do apelo calcado em divergência jurisprudencial ou violação de dispositivo infraconstitucional, o Tribunal superará o obstáculo, apreciando o recurso sob esses fundamentos.

**261. BANCOS. SUCESSÃO TRABALHISTA.** *(Inserida em 27.09.2002)*

As obrigações trabalhistas, inclusive as contraídas à época em que os empregados trabalhavam para o banco sucedido, são de responsabilidade do sucessor, uma vez que a este foram transferidos os ativos, as agências, os direitos e deveres contratuais, caracterizando típica sucessão trabalhista.

**262. COISA JULGADA. PLANOS ECONÔMICOS. LIMITAÇÃO À DATA-BASE NA FASE DE EXECUÇÃO.** *(Inserida em 27.09.2002)*

Não ofende a coisa julgada a limitação à data-base da categoria, na fase executória, da condenação ao pagamento de diferenças salariais decorrentes de planos econômicos, quando a decisão exequenda silenciar sobre a limitação, uma vez que a limitação decorre de norma cogente. Apenas quando a sentença exequenda houver expressamente afastado a limitação à data-base é que poderá ocorrer ofensa à coisa julgada.

**263. CONTRATO POR PRAZO DETERMINADO. LEI ESPECIAL** *(estadual e municipal). Incompetência da Justiça do Trabalho. (Cancelada pelo Tribunal Pleno em 02/09/2004, DJ 14/09/2004)*

A relação jurídica que se estabelece entre o Estado ou Município e o servidor contratado para exercer funções temporárias ou de natureza técnica, decorrente de lei especial, é de natureza administrativa, razão pela qual a competência é da justiça comum, até mesmo para apreciar a ocorrência de eventual desvirtuamento do regime especial *(CF/1967, art. 106; CF/1988, art. 37, IX)*.

**264. Depósito recursal. PIS/PASEP. Ausência de indicação na guia de depósito recursal. Validade.** *(Inserida em 27.09.2002)*

Não é essencial para a validade da comprovação do depósito recursal a indicação do número do PIS/PASEP na guia respectiva.

**265. Estabilidade. Art. 41 da CF/1988. Celetista. Administração direta, autárquica ou fundacional. Aplicabilidade.** *(Cancelada em decorrência da sua conversão na Súmula nº 390 – Res. 129/2005, DJ 20.04.2005)*

O servidor público celetista da administração direta, autárquica ou fundacional é beneficiário da estabilidade prevista no art. 41 da Constituição Federal.

**266. Estabilidade. Dirigente sindical. Limitação. Art. 522 da CLT.** *(Cancelada em decorrência da sua conversão na Súmula nº 369 – Res. 129/2005, DJ 20.04.2005)*

O art. 522 da CLT, que limita a sete o número de dirigentes sindicais, foi recepcionado pela Constituição Federal de 1988.

**267. Horas extras. Adicional de periculosidade. Base de cálculo.** *(Cancelada em decorrência da nova redação da Súmula nº 132 – Res. 129/2005, DJ 20.04.2005)*

O adicional de periculosidade integra a base de cálculo das horas extras.

**268. Indenização adicional. Leis Nºs 6.708/1979 e 7.238/1984. Aviso prévio. Projeção. Estabilidade provisória.** *(Inserida em 27.09.2002)*

Somente após o término do período estabilitário é que se inicia a contagem do prazo do aviso prévio para efeito das indenizações previstas nos artigos 9º da Lei nº 6.708/1979 e 9º da Lei nº 7.238/1984.

### 269. Justiça gratuita. Requerimento de isenção de despesas processuais. Momento oportuno. *(Inserida em 27.09.2002)*

O benefício da justiça gratuita pode ser requerido em qualquer tempo ou grau de jurisdição, desde que, na fase recursal, seja o requerimento formulado no prazo alusivo ao recurso.

### 270. Programa de Incentivo à Demissão Voluntária. Transação extrajudicial. Parcelas oriundas do extinto contrato de trabalho. Efeitos. *(Inserida em 27.09.2002)*

A transação extrajudicial que importa rescisão do contrato de trabalho ante a adesão do empregado a plano de demissão voluntária implica quitação exclusivamente das parcelas e valores constantes do recibo.

### 271. Rurícola. Prescrição. Contrato de emprego extinto. Emenda constitucional nº 28/2000. Inaplicabilidade. *(DJ 22.11.2005)*

O prazo prescricional da pretensão do rurícola, cujo contrato de emprego já se extinguira ao sobrevir a Emenda Constitucional nº 28, de 26/05/2000, tenha sido ou não ajuizada a ação trabalhista, prossegue regido pela lei vigente ao tempo da extinção do contrato de emprego.

### 272. Salário-mínimo. Servidor. Salário-base inferior. Diferenças. Indevidas. *(Inserida em 27.09.2002)*

A verificação do respeito ao direito ao salário-mínimo não se apura pelo confronto isolado do salário-base com o mínimo legal, mas deste com a soma de todas as parcelas de natureza salarial recebidas pelo empregado diretamente do empregador.

### 273. *"Telemarketing".* Operadores. Art. 227 da CLT. Inaplicável. *(Inserida em 27.09.2002)*

A jornada reduzida de que trata o art. 227 da CLT não é aplicável, por analogia, ao operador de televendas, que não exerce suas atividades exclusivamente como telefonista, pois, naquela função, não opera mesa de transmissão, fazendo uso apenas dos telefones comuns para atender e fazer as ligações exigidas no exercício da função.

**274.** TURNO ININTERRUPTO DE REVEZAMENTO. FERROVIÁRIO. HORAS EXTRAS. DEVIDAS. *(Inserida em 27.09.2002)*

O ferroviário submetido a escalas variadas, com alternância de turnos, faz jus à jornada especial prevista no art. 7º, XIV, da CF/1988.

**275.** TURNO ININTERRUPTO DE REVEZAMENTO. HORISTA. HORAS EXTRAS E ADICIONAL. DEVIDOS. *(Inserida em 27.09.2002)*

Inexistindo instrumento coletivo fixando jornada diversa, o empregado horista submetido a turno ininterrupto de revezamento faz jus ao pagamento das horas extraordinárias laboradas além da 6ª, bem como ao respectivo adicional.

**276.** AÇÃO DECLARATÓRIA. COMPLEMENTAÇÃO DE APOSENTADORIA. *(DJ 11.08.2003)*

É incabível ação declaratória visando a declarar direito à complementação de aposentadoria, se ainda não atendidos os requisitos necessários à aquisição do direito, seja por via regulamentar, ou por acordo coletivo.

**277.** AÇÃO DE CUMPRIMENTO FUNDADA EM DECISÃO NORMATIVA QUE SOFREU POSTERIOR REFORMA, QUANDO JÁ TRANSITADA EM JULGADO A SENTENÇA CONDENATÓRIA. COISA JULGADA. NÃO CONFIGURAÇÃO. *(DJ 11.08.2003)*

A coisa julgada produzida na ação de cumprimento é atípica, pois depende de condição resolutiva, ou seja, da não modificação da decisão normativa por eventual recurso. Assim, modificada a sentença normativa pelo TST, com a consequente extinção do processo, sem julgamento do mérito, deve-se extinguir a execução em andamento, uma vez que a norma sobre a qual se apoiava o título exequendo deixou de existir no mundo jurídico.

**278.** Adicional de insalubridade. Perícia. Local de trabalho desativado. *(DJ 11.08.2003)*

A realização de perícia é obrigatória para a verificação de insalubridade. Quando não for possível sua realização como em caso de fechamento da empresa, poderá o julgador utilizar-se de outros meios de prova.

**279.** Adicional de periculosidade. Eletricitários. Base de cálculo. Lei nº 7.369/1985, art. 1º. Interpretação. *(DJ 11.08.2003)*

O adicional de periculosidade dos eletricitários deverá ser calculado sobre o conjunto de parcelas de natureza salarial.

**280.** Adicional de periculosidade. Exposição eventual. Indevido. *(Cancelada em decorrência da sua conversão na Súmula nº 364 – Res. 129/2005, DJ 20.04.2005)*

O contato eventual com o agente perigoso, assim considerado o fortuito, ou o que, sendo habitual, se dá por tempo extremamente reduzido, não dá direito ao empregado a receber o adicional respectivo.

**281.** Agravo de instrumento. Acórdão do TRT não assinado. Interposto anteriormente à Instrução Normativa nº 16/1999. *(Cancelada em decorrência da sua conversão na Orientação Jurisprudencial Transitória nº 52 da SDI-1 – Res. 129/2005, DJ 20.04.2005)*

Nos Agravos de Instrumentos interpostos anteriormente à edição da Instrução Normativa nº 16/1999, a ausência de assinatura na cópia não a torna inválida, desde que dela conste o carimbo, aposto pelo servidor, certificando que confere com o original.

**282. Agravo de instrumento. Juízo de admissibilidade *"ad quem"*.** *(DJ 11.08.2003)*

No julgamento de Agravo de Instrumento, ao afastar o óbice apontado pelo TRT para o processamento do recurso de revista, pode o juízo *"ad quem"* prosseguir no exame dos demais pressupostos extrínsecos e intrínsecos do recurso de revista, mesmo que não apreciados pelo TRT.

**283. Agravo de instrumento. Peças essenciais. Traslado realizado pelo agravado. Validade.** *(DJ 11.08.2003)*

É válido o traslado de peças essenciais efetuado pelo agravado, pois a regular formação do agravo incumbe às partes e não somente ao agravante.

**284. Agravo de instrumento. Traslado. Ausência de certidão de publicação. Etiqueta adesiva imprestável para aferição da tempestividade.** *(DJ 11.08.2003)*

A etiqueta adesiva na qual consta a expressão "no prazo" não se presta à aferição de tempestividade do recurso, pois sua finalidade é tão somente servir de controle processual interno do TRT e sequer contém a assinatura do funcionário responsável por sua elaboração.

**285. Agravo de instrumento. Traslado. Carimbo do protocolo do recurso ilegível. Inservível.** *(DJ 11.08.2003)*

O carimbo do protocolo da petição recursal constitui elemento indispensável para aferição da tempestividade do apelo, razão pela qual deverá estar legível, pois um dado ilegível é o mesmo que a inexistência do dado.

**286. AGRAVO DE INSTRUMENTO. TRASLADO. MANDATO TÁCITO. ATA DE AUDIÊNCIA. CONFIGURAÇÃO.** *(DJ 11.08.2003)*

A juntada da ata de audiência, em que está consignada a presença do advogado do agravado, desde que não estivesse atuando com mandato expresso, torna dispensável a procuração, devido a demonstração da existência de mandato tácito.

**287. AUTENTICAÇÃO. DOCUMENTOS DISTINTOS. DESPACHO DENEGATÓRIO DO RECURSO DE REVISTA E CERTIDÃO DE PUBLICAÇÃO.** *(DJ 11.08.2003)*

Distintos os documentos contidos no verso e anverso, é necessária a autenticação de ambos os lados da cópia.

**288. BANCÁRIO. CARGO DE CONFIANÇA. ART. 224, § 2º, CLT. GRATIFICAÇÃO. PAGAMENTO A MENOR.** *(Cancelada em decorrência da nova redação conferida à Súmula nº 102 – Res. 129/2005, DJ 20.04.2005)*

Devidas são as 7ª e 8ª horas como extras no período em que se verificou o pagamento a menor da gratificação de 1/3.

**289. BANCO DO BRASIL. COMPLEMENTAÇÃO DE APOSENTADORIA. MÉDIA TRIENAL. VALORIZADA.** *(Cancelada em decorrência da nova redação conferida à Orientação Jurisprudencial nº 18 da SDI-1 – Res. 129/2005, DJ 20.04.2005)*

Nos cálculos da complementação de aposentadoria há de ser observada a média trienal valorizada.

**290. Contribuição sindical patronal. Ação de cumprimento. Incompetência da Justiça do Trabalho.** *(Cancelada – DJ 05/07/2005)*

É incompetente à Justiça do Trabalho apreciar lide entre o sindicato patronal e a respectiva categoria econômica, objetivando cobrar a contribuição assistencial.

**291. Custas. Embargos de terceiro interpostos anteriormente à Lei nº 10.537/2002. Inexigência de recolhimento.** *(Cancelada em decorrência da sua conversão na Orientação Jurisprudencial Transitória nº 53 da SDI-1 – Res. 129/2005, DJ 20.04.2005)*

Tratando-se de embargos de terceiro, incidentes em execução, interpostos anteriormente à Lei nº 10.537/2002, incabível o pagamento de custas, por falta de previsão legal.

**292. Diárias. Integração ao salário. Art. 457, § 2º, da CLT.** *(Cancelada em decorrência da nova redação conferida à Súmula nº 101 – Res. 129/2005, DJ 20.04.2005)*

As diárias de viagem pagas, ainda que superiores a 50%, só integram o salário do empregado enquanto perdurarem as viagens.

**293. Embargos à SDI contra decisão de turma do TST em agravo do art. 557, § 1º, do CPC. Cabimento.** *(DJ 11.08.2003)*

São cabíveis Embargos para a SDI contra decisão de Turma proferida em Agravo interposto de decisão monocrática do relator, baseada no art. 557, § 1º, do CPC.

**294. Embargos à SDI contra decisão em recurso de revista não conhecido quanto aos pressupostos intrínsecos. Necessária a indicação expressa de ofensa ao art. 896 da CLT.** *(DJ 11.08.2003)*

Para a admissibilidade e conhecimento de embargos, interpostos contra decisão mediante a qual não foi conhecido o recurso de revista pela análise dos pressupostos intrínsecos, necessário que a parte embargante aponte expressamente a violação ao art. 896 da CLT.

**295. EMBARGOS. REVISTA NÃO CONHECIDA POR MÁ APLICAÇÃO DE SÚMULA OU DE ORIENTAÇÃO JURISPRUDENCIAL. EXAME DO MÉRITO PELA SDI.** *(DJ 11.08.2003)*

A SDI, ao conhecer dos Embargos por violação do art. 896 – por má aplicação de súmula ou de orientação jurisprudencial pela Turma -, julgará desde logo o mérito, caso conclua que a revista merecia conhecimento e que a matéria de fundo se encontra pacificada neste Tribunal.

**296. EQUIPARAÇÃO SALARIAL. ATENDENTE E AUXILIAR DE ENFERMAGEM. IMPOSSIBILIDADE.** *(DJ 11.08.2003)*

Sendo regulamentada a profissão de auxiliar de enfermagem, cujo exercício pressupõe habilitação técnica, realizada pelo Conselho Regional de Enfermagem, impossível a equiparação salarial do simples atendente com o auxiliar de enfermagem.

**297. EQUIPARAÇÃO SALARIAL. SERVIDOR PÚBLICO DA ADMINISTRAÇÃO DIRETA, AUTÁRQUICA E FUNDACIONAL. ART. 37, XIII, DA CF/1988.** *(DJ 11.08.2003)*

O art. 37, inciso XIII, da CF/1988, veda a equiparação de qualquer natureza para o efeito de remuneração do pessoal do serviço público, sendo juridicamente impossível a aplicação da norma infraconstitucional prevista no art. 461 da CLT quando se pleiteia equiparação salarial entre servidores públicos, independentemente de terem sido contratados pela CLT.

**298. Equiparação salarial. Trabalho intelectual. Possibilidade.** *(Cancelada em decorrência da nova redação conferida à Súmula nº 6 – Res. 129/2005, DJ 20.04.2005)*

Desde que atendidos os requisitos do art. 461 da CLT, é possível a equiparação salarial de trabalho intelectual, que pode ser avaliado por sua perfeição técnica, cuja aferição terá critérios objetivos.

**299. Estabilidade contratual e FGTS. Compatibilidade.** *(Cancelada em decorrência da nova redação conferida à Súmula nº 98 – Res. 129/2005, DJ 20.04.2005)*

A estabilidade contratual ou derivada de regulamento de empresa é compatível com o regime do FGTS. Diversamente ocorre com a estabilidade legal *(decenal, art. 492, CLT)*, que é renunciada com a opção pelo FGTS.

**300. Execução trabalhista. Correção monetária. Juros. Lei nº 8.177/1991, art. 39, e Lei nº 10.192/2001, art. 15.** *(Res. 129/2005, DJ 20.04.2005)*

Não viola norma constitucional *(art. 5º, II e XXXVI)* a determinação de aplicação da TRD como fator de correção monetária dos débitos trabalhistas, cumulada com juros de mora previstos no art. 39 da Lei nº 8.177/1991 e convalidado pelo art. 15 da Lei nº 10.192/2001.

**301. FGTS. Diferenças. ônus da prova. Lei nº 8.036/1990, art. 17.** *(DJ 11.08.2003)*

Definido pelo reclamante o período no qual não houve depósito do FGTS, ou houve em valor inferior, alegado pela reclamada a inexistência de diferença nos recolhimentos de FGTS, atrai para si o ônus da prova, incumbindo-lhe, portanto, apresentar as guias respectivas, a fim de demonstrar o fato extintivo do direito do autor *(art. 818 da CLT c/c art. 333, II, do CPC)*

**302. FGTS. Índice de correção. Débitos trabalhistas.** *(DJ 11.08.2003)*

Os créditos referentes ao FGTS, decorrentes de condenação judicial, serão corrigidos pelos mesmos índices aplicáveis aos débitos trabalhistas.

**303. Gratificação. Redução. Impossibilidade.** *(Cancelada em decorrência da sua conversão na Súmula nº 372 – Res. 129/2005, DJ 20.04.2005)*

Mantido o empregado no exercício da função comissionada, não pode o empregador reduzir o valor da gratificação.

**304. Honorários advocatícios. Assistência judiciária. Declaração de pobreza. Comprovação.** *(DJ 11.08.2003)*

Atendidos os requisitos da Lei nº 5.584/1970 *(art. 14, § 2º)*, para a concessão da assistência judiciária, basta a simples afirmação do declarante ou de seu advogado, na petição inicial, para considerar configurada a sua situação econômica *(art. 4º, § 1º, da Lei nº 7.510/1986, que deu nova redação à Lei nº 1.060/1950)*

**305. Honorários advocatícios. Requisitos. Justiça do Trabalho.** *(DJ 11.08.2003)*

Na Justiça do Trabalho, o deferimento de honorários advocatícios sujeita-se à constatação da ocorrência concomitante de dois requisitos: o benefício da justiça gratuita e a assistência por sindicato.

**306. Horas extras. Ônus da prova. Registro invariável.** *(Cancelada em decorrência da nova redação conferida à Súmula nº 338 – Res. 129/2005, DJ 20.04.2005)*

Os cartões de ponto que demonstram horários de entrada e saída invariáveis são inválidos como meio de prova, invertendo-se o ônus da prova, relativo às horas extras, que passa a ser do empregador, prevalecendo o horário da inicial se dele não se desincumbir.

**307.** INTERVALO INTRAJORNADA *(para repouso e alimentação). Não concessão ou concessão parcial. Lei nº 8.923/1994. (DJ 11.08.2003)*

Após a edição da Lei nº 8.923/1994, a não concessão total ou parcial do intervalo intrajornada mínimo, para repouso e alimentação, implica o pagamento total do período correspondente, com acréscimo de, no mínimo, 50% sobre o valor da remuneração da hora normal de trabalho *(art. 71 da CLT)*.

**308.** JORNADA DE TRABALHO. ALTERAÇÃO. RETORNO À JORNADA INICIALMENTE CONTRATADA. SERVIDOR PÚBLICO. *(DJ 11.08.2003)*

O retorno do servidor público (administração direta, autárquica e fundacional) à jornada inicialmente contratada não se insere nas vedações do art. 468 da CLT, sendo a sua jornada definida em lei e no contrato de trabalho firmado entre as partes.

**309.** LEI ESTADUAL, NORMA COLETIVA OU REGULAMENTO DE EMPRESA. INTERPRETAÇÃO. ART. **896**, *"b"*, DA CLT. *(Cancelada em decorrência da nova redação conferida à Orientação Jurisprudencial nº 147 da SDI-1 – Res. 129/2005, DJ 20.04.2005)*

Viola o art. 896, *"b"*, da CLT, o conhecimento de recurso por divergência, caso a parte não comprove que a lei estadual, a norma coletiva ou o regulamento da empresa extrapolam o âmbito do TRT prolator da decisão recorrida.

**310. Litisconsortes. Procuradores distintos. Prazo em dobro. Art. 191 do CPC. Inaplicável ao processo do trabalho.** *(DJ 11.08.2003)*

A regra contida no art. 191 do CPC é inaplicável ao processo do trabalho, em face da sua incompatibilidade com o princípio da celeridade inerente ao processo trabalhista.

**311. Mandato. Art. 37 do CPC. Inaplicável na fase recursal.** *(Cancelada em decorrência da sua conversão na Súmula nº 383 – Res. 129/2005, DJ 20.04.2005)*

É inadmissível, em instância recursal, o oferecimento tardio de procuração, ainda que mediante protesto por posterior juntada, já que a interposição de recurso não pode ser reputada como ato urgente.

**312. Mandato. Cláusula com ressalva de vigência. Prorrogação até o final da demanda.** *(Cancelada em decorrência da sua conversão na Súmula nº 395 – Res. 129/2005, DJ 20.04.2005)*

Válido é o instrumento de mandato com prazo determinado que contém cláusula estabelecendo a prevalência dos poderes para atuar até o final da demanda.

**313. Mandato. Cláusula fixando prazo para juntada.** *(Cancelada em decorrência da sua conversão na Súmula nº 395 – Res. 129/2005, DJ 20.04.2005)*

Diante da existência de previsão, no mandato, fixando termo para sua juntada, o instrumento de mandato só tem validade se anexado ao processo dentro do aludido prazo.

**314. Massa falida. Dobra salarial. Art. 467 da CLT. Inaplicável.** *(Cancelada em decorrência da sua conversão na Súmula nº 388 – Res. 129/2005, DJ 20.04.2005)*

É indevida a aplicação da dobra salarial, prevista no art. 467 da CLT, nos casos da decretação de falência da empresa, porque a massa falida está impedida de saldar qualquer débito, até mesmo o de natureza trabalhista, fora do Juízo Universal da Falência *(Decreto-Lei nº 7.661/1945, art. 23)*.

**315. Motorista. Empresa. Atividade predominantemente rural. Enquadramento como trabalhador rural.** *(DJ 11.08.2003)*

É considerado trabalhador rural o motorista que trabalha no âmbito de empresa cuja atividade é preponderantemente rural, considerando que, de modo geral, não enfrenta o trânsito das estradas e cidades.

**316. Portuários. Adicional de risco. Lei nº 4.860/1965.** *(DJ 11.08.2003)*

O adicional de risco dos portuários, previsto no art. 14 da Lei nº 4.860/1965, deve ser proporcional ao tempo efetivo no serviço considerado sob risco; apenas àqueles que prestam serviços na área portuária.

**317. Repositório de jurisprudência autorizado após a interposição do recurso. Validade.** *(Cancelada em decorrência da nova redação conferida à Súmula nº 337 – Res. 129/2005, DJ 20.04.2005)*

A concessão de registro de publicação como repositório autorizado de jurisprudência do TST torna válidas todas as suas edições anteriores.

**318. Representação irregular. Autarquia.** *(DJ 11.08.2003)*

Os Estados e os Municípios não têm legitimidade para recorrer em nome das autarquias detentoras de personalidade jurídica própria, devendo ser representadas pelos procuradores que fazem parte de seus quadros ou por advogados constituídos.

**319. Representação regular. Estagiário. Habilitação posterior.** *(DJ 11.08.2003)*

Válidos são os atos praticados por estagiário se, entre o substabelecimento e a interposição do recurso, sobreveio a habilitação, do então estagiário, para atuar como advogado.

**320. Sistema de protocolo integrado. Norma interna. Eficácia limitada a recursos da competência do TRT que a editou. Art. 896, § 2º, da CLT.** *(Cancelada pelo Tribunal Pleno em 02.09.2004 – DJ 14.09.2004)*

O sistema de protocolo integrado, criado pelos Tribunais Regionais do Trabalho, que autoriza as Varas localizadas no interior do Estado a receberem e a protocolarem documentos de natureza judiciária ou administrativa, destinados a outras Varas ou ao TRT local, tem aplicação restrita ao âmbito de competência do Tribunal que a editou, não podendo ser considerado válido em relação a recursos de competência do Tribunal Superior do Trabalho.

**321. Vínculo empregatício com a administração pública. Período anterior à CF/1988.** *(Res. 129/2005, DJ 20.04.2005)*

Salvo os casos de trabalho temporário e de serviço de vigilância, previstos nas Leis nᵒˢ 6.019, de 03.01.1974, e 7.102, de 20.06.1983, é ilegal a contratação de trabalhadores por empresa interposta, formando-se o vínculo empregatício diretamente com o tomador dos serviços, inclusive ente público, em relação ao período anterior à vigência da CF/1988.

**322. Acordo coletivo de trabalho. Cláusula de termo aditivo prorrogando o acordo para prazo indeterminado. Inválida.** *(DJ 09.12.2003)*

Nos termos do art. 614, § 3º, da CLT, é de 2 anos o prazo máximo de vigência dos acordos e das convenções coletivas. Assim sendo, é inválida, naquilo que ultrapassa o prazo total de 2 anos, a cláusula de termo aditivo que prorroga a vigência do instrumento coletivo originário por prazo indeterminado.

**323. Acordo de compensação de jornada. "Semana espanhola". Validade.** *(DJ 09.12.2003)*

É válido o sistema de compensação de horário quando a jornada adotada é a denominada "semana espanhola", que alterna a prestação de 48 horas em uma semana e 40 horas em outra, não violando os arts. 59, § 2º, da CLT e 7º, XIII, da CF/1988 o seu ajuste mediante acordo ou convenção coletiva de trabalho.

**324. Adicional de periculosidade. Sistema elétrico de potência. Decreto nº 93.412/86, art. 2º, § 1º.** *(DJ 09.12.2003)*

É assegurado o adicional de periculosidade apenas aos empregados que trabalham em sistema elétrico de potência em condições de risco, ou que o façam com equipamentos e instalações elétricas similares, que ofereçam risco equivalente, ainda que em unidade consumidora de energia elétrica.

**325. Aumento salarial concedido pela empresa. Compensação no ano seguinte em antecipação sem a participação do sindicato profissional. Impossibilidade.** *(DJ 09.12.2003)*

O aumento real, concedido pela empresa a todos os seus empregados,

Súmulas Comentadas do TST com Jurisprudência    OJs do SDI-1 n<sup>os</sup> 326 a 328

somente pode ser reduzido mediante a participação efetiva do sindicato profissional no ajuste, nos termos do art. 7º, VI, da CF/1988.

**326. CARTÃO DE PONTO. REGISTRO. HORAS EXTRAS. MINUTOS QUE ANTE-CEDEM E SUCEDEM A JORNADA DE TRABALHO. TEMPO UTILIZADO PARA UNIFORMIZAÇÃO, LANCHE E HIGIENE PESSOAL.** *(Cancelada em decorrência da sua conversão na Súmula nº 366 – Res. 129/2005, DJ 20.04.2005)*

O tempo gasto pelo empregado com troca de uniforme, lanche e higiene pessoal, dentro das dependências da empresa, após o registro de entrada e antes do registro de saída, considera-se tempo à disposição do empregador, sendo remunerado como extra o período que ultrapassar, no total, dez minutos da jornada de trabalho diária.

**327. DANO MORAL. COMPETÊNCIA DA JUSTIÇA DO TRABALHO.** *(Cancelada em decorrência da sua conversão na Súmula nº 392 – Res. 129/2005, DJ 20.04.2005)*

Nos termos do art. 114 da CF/1988, a Justiça do Trabalho é competente para dirimir controvérsias referentes à indenização por dano moral, quando decorrente da relação de trabalho.

**328. EQUIPARAÇÃO SALARIAL. CARGO COM A MESMA DENOMINAÇÃO. FUN-ÇÕES DIFERENTES OU SIMILARES. NÃO AUTORIZADA A EQUIPARAÇÃO.** *(Cancelada em decorrência da sua incorporação à nova redação da Súmula nº 6 – Res. 129/2005, DJ 20.04.2005)*

A equiparação salarial só é possível se o empregado e o paradigma exercerem a mesma função, desempenhando as mesmas tarefas, não importando se os cargos têm, ou não, a mesma denominação.

**329. Estabilidade. Cipeiro. Suplente. Extinção do estabelecimento. Indenização indevida.** *(Cancelada em decorrência da nova redação conferida à Súmula nº 339 – Res. 129/2005, DJ 20.04.2005)*

A estabilidade provisória do cipeiro não constitui vantagem pessoal, mas garantia para as atividades dos membros da CIPA, que somente tem razão de ser quando em atividade a empresa. Extinto o estabelecimento, não se verifica a despedida arbitrária, sendo impossível a reintegração e indevida a indenização do período estabilitário.

**330. Irregularidade de representação. Substabelecimento anterior à procuração.** *(Cancelada em decorrência da sua conversão na Súmula nº 395 – Res. 129/2005, DJ 20.04.2005)*

Configura-se a irregularidade de representação se o substabelecimento é anterior à outorga passada ao substabelecente.

**331. Justiça gratuita. Declaração de insuficiência econômica. Mandato. Poderes específicos desnecessários.** *(DJ 09.12.2003)*

Desnecessária a outorga de poderes especiais ao patrono da causa para firmar declaração de insuficiência econômica, destinada à concessão dos benefícios da justiça gratuita.

**332. Motorista. Horas extras. Atividade externa. Controle de jornada por tacógrafo. Resolução nº 816/86 do CONTRAN.** *(DJ 09.12.2003)*

O tacógrafo, por si só, sem a existência de outros elementos, não serve para controlar a jornada de trabalho de empregado que exerce atividade externa.

**333. Petroleiros. Turno ininterrupto de revezamento. Alteração da jornada para horário fixo. Art. 10 da Lei nº 5.811/1972 recepcionado pela CF/1988.** *(Cancelada em decorrência da sua conversão na Súmula nº 391 – Res. 129/2005, DJ 20.04.2005)*

A previsão contida no art. 10 da Lei nº 5.811/1972, possibilitando a mudança do regime de revezamento para horário fixo, constitui alteração lícita, não violando os arts. 468 da CLT e 7º, VI, da CF/1988.

**334. Remessa *"ex officio"*. Recurso de revista. Inexistência de recurso ordinário voluntário de ente público. Incabível.** *(DJ 09.12.2003)*

Incabível recurso de revista de ente público que não interpôs recurso ordinário voluntário da decisão de primeira instância, ressalvada a hipótese de ter sido agravada, na segunda instância, a condenação imposta.

**335. Contrato nulo. Administração pública. Efeitos. Conhecimento do recurso por violação do art. 37, II e § 2º, da CF/1988.** *(DJ 04.05.2004)*

A nulidade da contratação sem concurso público, após a CF/1988, bem como a limitação de seus efeitos, somente poderá ser declarada por ofensa ao art. 37, II, se invocado concomitantemente o seu § 2º, todos da CF/1988.

**336. Embargos. Recurso não conhecido com base em orientação jurisprudencial. Desnecessário o exame das violações legais e constitucionais alegadas na revista.** *(DJ 04.05.2004)*

Estando a decisão recorrida em conformidade com orientação jurisprudencial, desnecessário o exame das divergências e das violações legais e constitucionais alegadas, salvo nas hipóteses em que a orientação jurisprudencial não fizer qualquer citação do dispositivo constitucional.

337. *FAC-SÍMILE*. LEI Nº **9.800/1999**, ART. 2º. PRAZO. APRESENTAÇÃO DOS ORIGINAIS. *(Cancelada em decorrência da sua conversão na Súmula nº 387 – Res. 129/2005, DJ 20.04.2005)*

A contagem do quinquídio para apresentação dos originais de recurso interposto por intermédio de *"fac-símile"* começa a fluir do dia subsequente ao término do prazo recursal, nos termos do art. 2º da Lei nº 9.800/1999, e não do dia seguinte à interposição do recurso, se esta se deu antes do termo final do prazo. Ademais, não se tratando a juntada dos originais de ato que dependa de notificação, pois a parte, ao interpor o recurso, já tem ciência de seu ônus processual, não se aplica a regra do art. 184 do CPC quanto ao *"dies a quo"* do prazo, podendo coincidir com sábado, domingo ou feriado.

338. MINISTÉRIO PÚBLICO DO TRABALHO. LEGITIMIDADE PARA RECORRER. SOCIEDADE DE ECONOMIA MISTA E EMPRESA PÚBLICA. CONTRATO NULO. *(DJ 04.05.2004)*

Há interesse do Ministério Público do Trabalho para recorrer contra decisão que declara a existência de vínculo empregatício com sociedade de economia mista, após a CF/1988, sem a prévia aprovação em concurso público.

339. TETO REMUNERATÓRIO. EMPRESA PÚBLICA E SOCIEDADE DE ECONOMIA MISTA. ART. **37, XI,** DA **CF/1988** *(anterior à Emenda Constitucional nº 19/1998). (Res. 129/2005, DJ 20.04.2005)*

As empresas públicas e as sociedades de economia mista estão submetidas à observância do teto remuneratório previsto no inciso XI do art. 37

da CF/1988, sendo aplicável, inclusive, ao período anterior à alteração introduzida pela Emenda Constitucional nº 19/1998.

**340.** Efeito devolutivo. Profundidade. Recurso ordinário. Art. **515**, § 1º, do **CPC**. Aplicação. *(Cancelada em decorrência da sua conversão na Súmula nº 393 – Res. 129/2005, DJ 20.04.2005)*

O efeito devolutivo em profundidade do Recurso Ordinário, que se extrai do § 1º do art. 515 do CPC, transfere automaticamente ao Tribunal a apreciação de fundamento da defesa não examinado pela sentença, ainda que não renovado em contrarrazões. Não se aplica, todavia, ao caso de pedido não apreciado na sentença.

**341. FGTS.** Multa de **40%.** Diferenças decorrentes dos expurgos inflacionários. Responsabilidade pelo pagamento. *(DJ 22.06.2004)*

É de responsabilidade do empregador o pagamento da diferença da multa de 40% sobre os depósitos do FGTS, decorrente da atualização monetária em face dos expurgos inflacionários.

**342.** Intervalo intrajornada para repouso e alimentação. Não concessão ou redução. Previsão em norma coletiva. Validade. *(DJ 22.06.2004)*

É inválida cláusula de acordo ou convenção coletiva de trabalho contemplando a supressão ou redução do intervalo intrajornada porque este constitui medida de higiene, saúde e segurança do trabalho, garantido por norma de ordem pública *(art. 71 da CLT e art. 7º, XXII, da CF/1988)*, infenso à negociação coletiva.

**343.** Penhora. Sucessão. Art. **100** da **CF/1988.** Execução. *(DJ 22.06.2004)*

É válida a penhora em bens de pessoa jurídica de direito privado, realizada anteriormente à sucessão pela União ou por Estado-membro, não podendo a execução prosseguir mediante precatório. A decisão que a mantém não viola o art. 100 da CF/1988.

**344. FGTS. Multa de 40%. Diferenças decorrentes dos expurgos inflacionários. Prescrição. Termo Inicial.** *(Alterada em decorrência do julgamento do processo TST IUJ-RR 1577/2003-019-03-00.8 – DJ 22.11.2005)*

O termo inicial do prazo prescricional para o empregado pleitear em juízo diferenças da multa do FGTS, decorrentes dos expurgos inflacionários, deu-se com a vigência da Lei Complementar nº 110, em 30.06.01, salvo comprovado trânsito em julgado de decisão proferida em ação proposta anteriormente na Justiça Federal, que reconheça o direito à atualização do saldo da conta vinculada.

**345. Adicional de periculosidade. Radiação ionizante ou substância radioativa. Devido.** *(DJ 22.06.2005)*

A exposição do empregado à radiação ionizante ou à substância radioativa enseja a percepção do adicional de periculosidade, pois a regulamentação ministerial *(Portarias do Ministério do Trabalho nºs 3.393, de 17.12.1987, e 518, de 07.04.2003)*, ao reputar perigosa a atividade, reveste-se de plena eficácia, porquanto expedida por força de delegação legislativa contida no art. 200, *"caput"*, e inciso VI, da CLT. No período de 12.12.2002 a 06.04.2003, enquanto vigeu a Portaria nº 496 do Ministério do Trabalho, o empregado faz jus ao adicional de insalubridade.

**346. Abono previsto em norma coletiva. Natureza indenizatória. Concessão apenas aos empregados em atividade. Extensão aos inativos. Impossibilidade.** *(DJ 25.04.2007)*

A decisão que estende aos inativos a concessão de abono de natureza jurídica indenizatória, previsto em norma coletiva apenas para os empregados em atividade, a ser pago de uma única vez, e confere natureza salarial à parcela, afronta o art. 7º, XXVI, da CF/1988.

### 347. Adicional de periculosidade. Sistema elétrico de potência. Lei nº 7.369, de 20.09.1985, regulamentada pelo Decreto nº 93.412, de 14.10.1986. Extensão do direito aos cabistas, instaladores e reparadores de linhas e aparelhos em empresa de telefonia. *(DJ 25.04.2007)*

É devido o adicional de periculosidade aos empregados cabistas, instaladores e reparadores de linhas e aparelhos de empresas de telefonia, desde que, no exercício de suas funções, fiquem expostos a condições de risco equivalente ao do trabalho exercido em contato com sistema elétrico de potência.

### 348. Honorários advocatícios. Base de cálculo. Valor líquido. Lei nº 1.060, de 05.02.1950. *(DJ 25.04.2007)*

Os honorários advocatícios, arbitrados nos termos do art. 11, § 1º, da Lei nº 1.060, de 05.02.1950, devem incidir sobre o valor líquido da condenação, apurado na fase de liquidação de sentença, sem a dedução dos descontos fiscais e previdenciários.

### 349. Mandato. Juntada de nova procuração. Ausência de ressalva. Efeitos. *(DJ 25.04.2007)*

A juntada de nova procuração aos autos, sem ressalva de poderes conferidos ao antigo patrono, implica revogação tácita do mandato anterior.

### 350. Ministério Público do Trabalho. Nulidade do contrato de trabalho não suscitada pelo ente público no momento da defesa. Arguição em parecer. Impossibilidade. *(DJ 25.04.2007)*

Não se conhece de arguição de nulidade do contrato de trabalho em favor de ente público, suscitada pelo Ministério Público do Trabalho, mediante parecer, quando a parte não a suscitou em defesa.

**351. MULTA. ART. 477, § 8º, DA CLT. VERBAS RESCISÓRIAS RECONHECIDAS EM JUÍZO.** *(DJ 25.04.2007)*

Incabível a multa prevista no art. 477, § 8º, da CLT, quando houver fundada controvérsia quanto à existência da obrigação cujo inadimplemento gerou a multa.

**352. PROCEDIMENTO SUMARÍSSIMO. RECURSO DE REVISTA FUNDAMENTADO EM CONTRARIEDADE A ORIENTAÇÃO JURISPRUDENCIAL. INADMISSIBILIDADE. ART. 896, § 6º, DA CLT, ACRESCENTADO PELA LEI Nº 9.957, DE 12.01.2000.** *(DJ 25.04.2007)*

Nas causas sujeitas ao procedimento sumaríssimo, não se admite recurso de revista por contrariedade à Orientação Jurisprudencial do Tribunal Superior do Trabalho *(Livro II, Título II, Capítulo III, do RITST)*, por ausência de previsão no art. 896, § 6º, da CLT.

**353. EQUIPARAÇÃO SALARIAL. SOCIEDADE DE ECONOMIA MISTA. ART. 37, XIII, DA CF/1988. POSSIBILIDADE.** *(DJ 14.03.2008)*

À sociedade de economia mista não se aplica a vedação à equiparação prevista no art. 37, XIII, da CF/1988, pois, ao contratar empregados sob o regime da CLT, equipara-se a empregador privado, conforme disposto no art. 173, § 1º, II, da CF/1988.

**354. INTERVALO INTRAJORNADA. ART. 71, § 4º, DA CLT. NÃO CONCESSÃO OU REDUÇÃO. NATUREZA JURÍDICA SALARIAL.** *(DJ 14.03.2008)*

Possui natureza salarial a parcela prevista no art. 71, § 4º, da CLT, com redação introduzida pela Lei nº 8.923, de 27 de julho de 1994, quando não concedido ou reduzido pelo empregador o intervalo mínimo intrajornada para repouso e alimentação, repercutindo, assim, no cálculo de outras parcelas salariais.

**355.** Intervalo interjornadas. Inobservância. Horas extras. Período pago como sobrejornada. Art. **66** da **CLT.** Aplicação analógica do § **4º** do art. **71** da **CLT.** *(DJ 14.03.2008)*

O desrespeito ao intervalo mínimo interjornadas previsto no art. 66 da CLT acarreta, por analogia, os mesmos efeitos previstos no § 4º do art. 71 da CLT e na Súmula nº 110 do TST, devendo-se pagar a integralidade das horas que foram subtraídas do intervalo, acrescidas do respectivo adicional.

**356.** Programa de incentivo à demissão voluntária **(PDV).** Créditos trabalhistas reconhecidos em juízo. Compensação. Impossibilidade. *(DJ 14.03.2008)*

Os créditos tipicamente trabalhistas reconhecidos em juízo não são suscetíveis de compensação com a indenização paga em decorrência de adesão do trabalhador a Programa de Incentivo à Demissão Voluntária (PDV).

**357.** Recurso. Interposição antes da publicação do acórdão impugnado. Extemporaneidade. Não conhecimento. *(DJ 14.03.2008)*

É extemporâneo recurso interposto antes de publicado o acórdão impugnado.

**358.** Salário-mínimo e piso salarial proporcional à jornada reduzida. Possibilidade. *(DJ 14.03.2008)*

Havendo contratação para cumprimento de jornada reduzida, inferior à previsão constitucional de oito horas diárias ou quarenta e quatro semanais, é lícito o pagamento do piso salarial ou do salário-mínimo proporcional ao tempo trabalhado.

**359. SUBSTITUIÇÃO PROCESSUAL. SINDICATO. LEGITIMIDADE. PRESCRIÇÃO. INTERRUPÇÃO.** *(DJ 14.03.2008)*

A ação movida por sindicato, na qualidade de substituto processual, interrompe a prescrição, ainda que tenha sido considerado parte ilegítima *"ad causam"*.

**360. TURNO ININTERRUPTO DE REVEZAMENTO. DOIS TURNOS. HORÁRIO DIURNO E NOTURNO. CARACTERIZAÇÃO.** *(DJ 14.03.2008)*

Faz jus à jornada especial prevista no art. 7º, XIV, da CF/1988 o trabalhador que exerce suas atividades em sistema de alternância de turnos, ainda que em dois turnos de trabalho, que compreendam, no todo ou em parte, o horário diurno e o noturno, pois submetido à alternância de horário prejudicial à saúde, sendo irrelevante que a atividade da empresa se desenvolva de forma ininterrupta.

**361. APOSENTADORIA ESPONTÂNEA. UNICIDADE DO CONTRATO DE TRABALHO. MULTA DE 40% DO FGTS SOBRE TODO O PERÍODO.** *(DJ 20.05.2008)*

A aposentadoria espontânea não é causa de extinção do contrato de trabalho se o empregado permanece prestando serviços ao empregador após a jubilação. Assim, por ocasião da sua dispensa imotivada, o empregado tem direito à multa de 40% do FGTS sobre a totalidade dos depósitos efetuados no curso do pacto laboral.

**362. Contrato nulo. Efeitos. FGTS. Medida Provisória 2.164-41, de 24.08.2001, e art. 19-A da Lei nº 8.036, de 11.05.1990. Irretroatividade.** *(DJ 20.05.2008)*

Não afronta o princípio da irretroatividade da lei a aplicação do art. 19-A da Lei nº 8.036, de 11.05.1990, aos contratos declarados nulos celebrados antes da vigência da Medida Provisória nº 2.164-41, de 24.08.2001.

**363. Descontos previdenciários e fiscais. Condenação do empregador em razão do inadimplemento de verbas remuneratórias. Responsabilidade do empregado pelo pagamento. Abrangência.** *(DJ 20.05.2008)*

A responsabilidade pelo recolhimento das contribuições social e fiscal, resultante de condenação judicial referente a verbas remuneratórias, é do empregador e incide sobre o total da condenação. Contudo, a culpa do empregador pelo inadimplemento das verbas remuneratórias não exime a responsabilidade do empregado pelos pagamentos do imposto de renda devido e da contribuição previdenciária que recaia sobre sua quota-parte.

**364. Estabilidade. Art. 19 do ADCT. Servidor público de fundação regido pela CLT.** *(DJ 20.05.2008)*

Fundação instituída por lei e que recebe dotação ou subvenção do Poder Público para realizar atividades de interesse do Estado, ainda que tenha personalidade jurídica de direito privado, ostenta natureza de fundação pública. Assim, seus servidores regidos pela CLT são beneficiários da estabilidade excepcional prevista no art. 19 do ADCT.

**365. Estabilidade provisória. Membro de Conselho Fiscal de Sindicato. Inexistência.** *(DJ 20.05.2008)*

Membro de conselho fiscal de sindicato não tem direito à estabilidade prevista nos arts. 543, § 3º, da CLT e 8º, VIII, da CF/1988, porquanto não representa ou atua na defesa de direitos da categoria respectiva, tendo sua competência limitada à fiscalização da gestão financeira do sindicato *(art. 522, § 2º, da CLT)*.

**366. ESTAGIÁRIO. DESVIRTUAMENTO DO CONTRATO DE ESTÁGIO. RECONHECIMENTO DO VÍNCULO EMPREGATÍCIO COM A ADMINISTRAÇÃO PÚBLICA DIRETA OU INDIRETA. PERÍODO POSTERIOR À CONSTITUIÇÃO FEDERAL DE 1988. IMPOSSIBILIDADE.** *(DJ 20.05.2008)*

Ainda que desvirtuada a finalidade do contrato de estágio celebrado na vigência da Constituição Federal de 1988, é inviável o reconhecimento do vínculo empregatício com ente da Administração Pública direta ou indireta, por força do art. 37, II, da CF/1988, bem como o deferimento de indenização pecuniária, exceto em relação às parcelas previstas na Súmula nº 363 do TST, se requeridas.

**367. AVISO PRÉVIO DE 60 DIAS. ELASTECIMENTO POR NORMA COLETIVA. PROJEÇÃO. REFLEXOS NAS PARCELAS TRABALHISTAS.** *(DJ 03.12.2008)*

O prazo de aviso prévio de 60 dias, concedido por meio de norma coletiva que silencia sobre alcance de seus efeitos jurídicos, computa-se integralmente como tempo de serviço, nos termos do § 1º do art. 487 da CLT, repercutindo nas verbas rescisórias.

**368. DESCONTOS PREVIDENCIÁRIOS. ACORDO HOMOLOGADO EM JUÍZO. INEXISTÊNCIA DE VÍNCULO EMPREGATÍCIO. PARCELAS INDENIZATÓRIAS. AUSÊNCIA DE DISCRIMINAÇÃO. INCIDÊNCIA SOBRE O VALOR TOTAL.** *(DJ 03.12.2008)*

É devida a incidência das contribuições para a Previdência Social sobre o valor total do acordo homologado em juízo, independentemente do reconhecimento de vínculo de emprego, desde que não haja discriminação das parcelas sujeitas à incidência da contribuição previdenciária, conforme parágrafo único do art. 43 da Lei nº 8.212, de 24.07.1991, e do art. 195, I, *"a"*, da CF/1988.

### 369. Estabilidade provisória. Delegado sindical. Inaplicável.
*(DJ 03.12.2008)*

O delegado sindical não é beneficiário da estabilidade provisória prevista no art. 8º, VIII, da CF/1988, a qual é dirigida, exclusivamente, àqueles que exerçam ou ocupem cargos de direção nos sindicatos, submetidos a processo eletivo.

### 370. FGTS. Multa de 40%. Diferenças dos expurgos inflacionários. Prescrição. Interrupção decorrente de protestos judiciais.
*(DJ 03.12.2008)*

O ajuizamento de protesto judicial dentro do biênio posterior à Lei Complementar nº 110, de 29.06.2001, interrompe a prescrição, sendo irrelevante o transcurso de mais de dois anos da propositura de outra medida acautelatória, com o mesmo objetivo, ocorrida antes da vigência da referida lei, pois ainda não iniciado o prazo prescricional, conforme disposto na Orientação Jurisprudencial nº 344 da SBDI-1.

### 371. Irregularidade de representação. Substabelecimento não datado. Inaplicabilidade do art. 654, § 1º, do Código Civil.
*(DJ 03.12.2008)*

Não caracteriza a irregularidade de representação a ausência da data da outorga de poderes, pois, no mandato judicial, ao contrário do mandato civil, não é condição de validade do negócio jurídico. Assim, a data a ser considerada é aquela em que o instrumento for juntado aos autos, conforme preceitua o art. 370, IV, do CPC. Inaplicável o art. 654, § 1º, do Código Civil.

**372. Minutos que antecedem e sucedem a jornada de trabalho. Lei nº 10.243, de 27.06.2001. Norma coletiva. Flexibilização. Impossibilidade.** *(DJ 03.12.2008)*

A partir da vigência da Lei nº 10.243, de 27.06.2001, que acrescentou o § 1º ao art. 58 da CLT, não mais prevalece cláusula prevista em convenção ou acordo coletivo que elastece o limite de 5 minutos que antecedem e sucedem a jornada de trabalho para fins de apuração das horas extras.

**Parte III**
**OJs do SDI-2**

# Orientações Jurisprudenciais do Tribunal Superior do Trabalho

## Seção de Dissídios Individuais
### Subseção II

**1. Ação rescisória. Ação cautelar incidental. Planos Econômicos.** *(Cancelada em decorrência da sua conversão na Súmula nº 405 – Res. 137/2005, DJ 22.08.2005)*

Procede o pedido de cautelar incidental somente se o autor da ação rescisória, fundada no art. 485, inciso V, do CPC, invocar na respectiva petição inicial afronta ao art. 5º, inciso XXXVI, da Constituição Federal de 1988.

**2. Ação Rescisória. Adicional de Insalubridade. Base de Cálculo. Salário Mínimo. Cabível.** *(Res. 148/2008, DJ 04.07.2008 – Republicada no DJ de 08.07.2008 em razão de erro material)*

Viola o art. 192 da CLT, decisão que acolhe pedido de adicional de insalubridade com base na remuneração do empregado.

**3. Ação rescisória. Antecipação de tutela de mérito requerida em fase recursal. Recebimento como medida acautelatória. Medida Provisória nº 1.906 e reedições.** *(Cancelada em decorrência da sua conversão na Súmula nº 405 – Res. 137/2005, DJ 22.08.2005)*

Em face do que dispõe a Medida Provisória nº 1.906 e reedições, é recebido como medida acautelatória em ação rescisória o pedido de antecipação de tutela formulado por entidade pública em recurso ordinário, visando suspender a execução até o trânsito em julgado da decisão proferida na ação principal.

**4. Ação rescisória. Banco do Brasil. Adicional de Caráter Pessoal. ACP.** *(Inserida em 20.09.2000)*

Procede, por ofensa ao art. 5º, inciso XXXVI, da CF/1988, o pedido de rescisão de julgado que acolheu Adicional de Caráter Pessoal em favor de empregado do Banco do Brasil S.A.

**5. Ação Rescisória. Banco do Brasil. AP e ADI. Horas Extras. Súmula nº 83 do TST. Aplicável.** *(Inserida em 20.09.2000)*

Não se acolhe pedido de rescisão de julgado que deferiu a empregado do Banco do Brasil S.A. horas extras após a sexta, não obstante o pagamento dos adicionais AP e ADI, ou AFR quando a decisão rescindenda for anterior à Orientação Jurisprudencial nº 17, da Seção de Dissídios Individuais do TST (07.11.94). Incidência das Súmulas nº 83 do TST e nº 343 do STF.

**6. Ação rescisória. Cipeiro suplente. Estabilidade. ADCT da CF/1988, art. 10, II, "a". Súmula nº 83 do TST.** *(Res. 137/2005, DJ 22.08.2005)*

Rescinde-se o julgado que nega estabilidade a membro suplente de CIPA, representante de empregado, por ofensa ao art. 10, II, "a", do ADCT da CF/1988, ainda que se cuide de decisão anterior à Súmula nº 339 do TST. Incidência da Súmula nº 83 do TST.

**7. Ação rescisória. Competência. Criação de Tribunal Regional do Trabalho. Na omissão da lei, é fixada pelo art. 678, inc. I, "c", item 2, da CLT.** *(Res. 137/2005, DJ 22.08.2005)*

A Lei nº 7.872/1989 que criou o Tribunal Regional do Trabalho da 17ª Região não fixou a sua competência para apreciar as ações rescisórias de decisões oriundas da 1ª Região, o que decorreu do art. 678, I, "c", item 2, da CLT.

**8. Ação rescisória. Complementação de aposentadoria. Banespa. Súmula nº 83 do TST.** *(Res. 137/2005, DJ 22.08.2005)*

Não se rescinde julgado que acolheu pedido de complementação de aposentadoria integral em favor de empregado do BANESPA, antes da Súmula nº 313 do TST, em virtude da notória controvérsia jurisprudencial então reinante. Incidência da Súmula nº 83 do TST.

**9. Ação Rescisória. CONAB. Aviso DIREH 02/1984. Súmula nº 83 do TST. Aplicável.** *(Inserida em 20.09.2000)*

Não se rescinde julgado que reconheceu garantia de emprego com base no Aviso DIREH 02/1984 da CONAB, antes da Súmula nº 355 do TST, em virtude da notória controvérsia jurisprudencial então reinante. Incidência da Súmula nº 83 do TST.

**10. Ação Rescisória. Contrato Nulo. Administração Pública. Efeitos. Art. 37, II e § 2º, da CF/1988.** *(Inserida em 20.09.2000)*

Somente por ofensa ao art. 37, II e § 2º, da CF/1988, procede o pedido de rescisão de julgado para considerar nula a contratação, sem concurso público, de servidor, após a CF/1988.

**11. Ação Rescisória. Correção Monetária. Lei nº 7.596/1987. Universidades Federais. Implantação tardia do Plano de Classificação de Cargos. Violação de lei. Súmula nº 83 do TST. Aplicável.** *(Inserida em 20.09.2000)*

Não se rescinde julgado que acolhe pedido de correção monetária decorrente da implantação tardia do Plano de Classificação de Cargos de Universidade Federal previsto na Lei nº 7.596/1987, à época em que era controvertida tal matéria na jurisprudência. Incidência da Súmula nº 83 do TST.

**12. Ação rescisória. Decadência. Consumação antes ou depois da edição da Medida Provisória nº 1.577/1997. Ampliação do prazo.** *(Nova redação em decorrência da incorporação da Orientação Jurisprudencial nº 17 da SDI-2 – Res. 137/2005, DJ 22.08.2005)*

I – A vigência da Medida Provisória nº 1.577/1997 e de suas reedições implicou o elastecimento do prazo decadencial para o ajuizamento da ação rescisória a favor dos entes de direito público, autarquias e fundações públicas. Se o biênio decadencial do art. 495 do CPC findou após a entrada em vigor da referida medida provisória e até sua suspensão pelo STF em sede liminar de ação direta de inconstitucionalidade *(ADIn 1753-2)*, tem-se como aplicável o prazo decadencial elastecido à rescisória. *(ex-OJ nº 17 da SDI-2 – Inserida em 20.09.2000)*

II – A regra ampliativa do prazo decadencial para a propositura de ação rescisória em favor de pessoa jurídica de direito público não se aplica se, ao tempo em que sobreveio a Medida Provisória nº 1.577/1997, já se exaurira o biênio do art. 495 do CPC. Preservação do direito adquirido da parte à decadência já consumada sob a égide da lei velha. *(ex-OJ nº 12 da SDI-2 – Inserida em 20.09.2000)*

**13. Ação rescisória. Decadência. *"Dies ad quem".* Art. 775 da CLT. Aplicável.** *(Cancelada em decorrência da nova redação conferida à Súmula nº 100 – Res. 137/2005, DJ 22.08.2005)*

Prorroga-se até o primeiro dia útil imediatamente subsequente o prazo decadencial para ajuizamento de ação rescisória quando expira em férias forenses, feriados, finais de semana ou em dia em que não houver expediente forense. Aplicação do art. 775 da CLT.

**14. Ação Rescisória. Decadência. *"Dies a quo".* Recurso Intempestivo.** *(Cancelada devido à nova redação conferida à Súmula nº 100, Res. 109/2001, DJ 18.04.2001)*

**15. Ação Rescisória. Decadência. Duas decisões rescindendas.** *(Cancelada devido à nova redação conferida à Súmula nº 100, Res. 109/2001, DJ 18.04.2001)*

**16. Ação rescisória. Decadência. Exceção de incompetência.** *(Cancelada em decorrência da nova redação conferida à Súmula nº 100 – Res. 137/2005, DJ 22.08.2005)*

A exceção de incompetência, ainda que oposta no prazo recursal, sem ter sido aviado o recurso próprio, não tem o condão de afastar a consumação da coisa julgada e, assim, postergar o termo inicial do prazo decadencial para a ação rescisória.

**17. Ação rescisória. Decadência. Não consumação antes da edição da Medida Provisória nº 1.577/1997. Ampliação do prazo.** *(Cancelada em decorrência da sua incorporação à nova redação da Orientação Jurisprudencial nº 12 da SDI-2 – Res. 137/2005, DJ 22.08.2005)*

A vigência da Medida Provisória nº 1.577/1997 e de suas reedições implicou o elastecimento do prazo decadencial para o ajuizamento da ação rescisória a favor dos entes de direito público, autarquias e fundações públicas. Se o biênio decadencial do art. 495 do CPC findou após a entrada em vigor da referida medida provisória e até sua suspensão pelo STF em sede liminar de ação direta de inconstitucionalidade *(ADIn 1753-2)*, tem-se como aplicável o prazo decadencial elastecido à rescisória.

**18. Ação Rescisória. Decadência. União. Lei Complementar nº 73/1993, art. 67. Lei nº 8.682/1993, art. 6º.** *(Inserida em 20.09.2000)*

O art. 67 da Lei Complementar nº 73/1993 interrompeu todos os prazos, inclusive o de decadência, em favor da União no período compreendido entre 14.02.1993 e 14.08.1993.

**19. Ação Rescisória. Desligamento Incentivado. Imposto de Renda. Abono Pecuniário. Violação de Lei. Súmula nº 83 do TST. Aplicável.** *(Inserida em 20.09.2000)*

Havendo notória controvérsia jurisprudencial acerca da incidência de imposto de renda sobre parcela paga pelo empregador ("abono pecuniário") a título de "desligamento incentivado", improcede pedido de rescisão do julgado. Incidência da Súmula nº 83 do TST.

**20. Ação rescisória. Documento novo. Dissídio coletivo. Sentença normativa.** *(Cancelada em decorrência da sua conversão na Súmula nº 402 – Res. 137/2005, DJ 22.08.2005)*

Documento novo é o cronologicamente velho, já existente ao tempo da decisão rescindenda, mas ignorado pelo interessado ou de impossível utilização à época no processo. Não é documento novo apto a viabilizar a desconstituição de julgado:

a) a sentença normativa proferida ou transitada em julgado posteriormente à sentença rescindenda.

b) a sentença normativa preexistente à sentença rescindenda, mas não exibida no processo principal, em virtude de negligência da parte, quando podia e deveria louvar-se de documento já existente e não ignorado quando emitida a decisão rescindenda.

**21. Ação rescisória. Duplo grau de jurisdição. Trânsito em julgado. Inobservância. Decreto-Lei nº 779/1969, art. 1º, V. Incabível.** *(Res. 137/2005, DJ 22.08.2005)*

É incabível ação rescisória para a desconstituição de sentença não transitada em julgado porque ainda não submetida ao necessário duplo grau de jurisdição, na forma do Decreto-Lei nº 779/1969. Determina-se que se oficie ao Presidente do TRT para que proceda à avocatória do processo principal para o reexame da sentença rescindenda.

**22. Ação Rescisória. Estabilidade. Art. 41, CF/1988. Celetista. Administração Direta, autárquica ou fundacional. Aplicabilidade.** *(Cancelada em decorrência da sua conversão na Súmula nº 390 – Res. 129/2005, DJ 20.04.2005)*

O servidor público celetista da administração direta, autárquica ou fundacional é beneficiário da estabilidade prevista no art. 41 da Constituição Federal.

**23. Ação Rescisória. Estabilidade. Período pré-eleitoral. Violação de Lei. Súmula nº 83 do TST. Aplicável.** *(Inserida em 20.09.2000)*

Não procede pedido de rescisão de sentença de mérito que assegura ou nega estabilidade pré-eleitoral, quando a decisão rescindenda for anterior à Orientação Jurisprudencial nº 51, da Seção de Dissídios Individuais do TST (25.11.1996). Incidência da Súmula nº 83 do TST.

**24. Ação Rescisória. Estabilidade provisória. Reintegração em período posterior. Direito limitado aos salários e consectários do período da estabilidade.** *(Inserida em 20.09.2000)*

Rescinde-se o julgado que reconhece estabilidade provisória e determina a reintegração de empregado, quando já exaurido o respectivo período de estabilidade. Em juízo rescisório, restringe-se a condenação quanto aos salários e consectários até o termo final da estabilidade.

**25. Ação rescisória. Expressão "lei" do art. 485, V, do CPC. Não inclusão do ACT, CCT, Portaria, Regulamento, Súmula e Orientação Jurisprudencial de Tribunal.** *(Nova redação em decorrência da incorporação da Orientação Jurisprudencial nº 118 da SDI-2 – Res. 137/2005, DJ 22.08.2005)*

Não procede pedido de rescisão fundado no art. 485, V, do CPC quando se aponta contrariedade à norma de convenção coletiva de trabalho, acordo coletivo de trabalho, portaria do Poder Executivo, regulamento de empresa e súmula ou orientação jurisprudencial de tribunal. *(ex-OJ nº 25 da SDI-2, inserida em 20.09.2000 e ex-OJ nº 118 da SDI-2, DJ 11.08.2003)*

**26. Ação Rescisória. Gratificação de Nível Superior. SUFRAMA.** *(Inserida em 20.09.2000)*

A extensão da gratificação instituída pela SUFRAMA aos servidores celetistas exercentes de atividade de nível superior não ofende as disposições contidas nos arts. 37, XIII e 39, § 1º, da CF/1988.

**27. Ação rescisória. Honorários advocatícios.** *(Cancelada em decorrência da nova redação conferida à Súmula nº 219 – Res. 137/2005, DJ 22.08.2005)*

Incabível condenação em honorários advocatícios em ação rescisória no processo trabalhista, salvo preenchidos os requisitos da Lei nº 5.584/1970.

**28. Ação Rescisória. Juízo rescisório. Restituição da parcela já recebida. Deve a parte propor ação própria.** *(Cancelada – Res. 149, DJ 20.11.2008)*

Inviável em sede de Ação Rescisória pleitear condenação relativa à devolução dos valores pagos aos empregados quando ultimada a execução da decisão rescindenda, devendo a empresa buscar por meio de procedimento próprio essa devolução.

**29. Ação rescisória. Matéria constitucional. Súmula nº 83 do TST e Sumula nº 343 do STF. Inaplicáveis.** *(Cancelada – Res. 137/2005, DJ 22.08.2005, em decorrência da redação conferida à Súmula nº 83 pela Res. 121/2003, DJ 21.11.2003)*

No julgamento de ação rescisória fundada no art. 485, inciso V, do CPC, não se aplica o óbice das Súmulas nos 83 do TST e 343 do STF, quando se tratar de matéria constitucional.

**30. Ação rescisória. Multa. Art. 920 do Código Civil de 1916** *(art. 412 do Código Civil de 2002). (Nova redação em decorrência da incorporação da Orientação Jurisprudencial nº 31 da SDI-2 – Res. 137/2005,- DJ 22.08.2005)*

Não se acolhe, por violação do art. 920 do Código Civil de 1916 *(art. 412 do Código Civil de 2002)*, pedido de rescisão de julgado que:
a) em processo de conhecimento, impôs condenação ao pagamento

de multa, quando a decisão rescindenda for anterior à Orientação Jurisprudencial nº 54 da Subseção I Especializada em Dissídios Individuais do TST *(30.05.94), incidindo o óbice da Súmula nº 83 do TST; (ex-OJ nº 30 da SDI-2 – Inserida em 20.09.2000)*

b) em execução, rejeita-se limitação da condenação ao pagamento de multa, por inexistência de violação literal. *(ex-OJ nº 31 da SDI-2 – Inserida em 20.09.2000)*

**31.** Ação rescisória. Multa. Violação do art. **920** do Código Civil. Decisão rescindenda em execução. *(Cancelada em decorrência da sua incorporação à redação da Orientação Jurisprudencial nº 30 da SDI-2 – Res. 137/2005, DJ 22.08.2005)*

Não se acolhe, por violação do art. 920 do Código Civil, pedido de rescisão de julgado que, em execução, rejeita limitação da condenação ao pagamento de multa. Inexistência de violação literal.

**32.** Ação rescisória. Petição inicial. Causa de pedir. Ausência de capitulação ou capitulação errônea no art. **485** do **CPC.** Princípio *"iura novit curia". (Cancelada em decorrência da sua conversão na Súmula nº 408 – Res. 137/2005, DJ 22.08.2005)*

Não padece de inépcia a petição inicial de ação rescisória apenas porque omite a subsunção do fundamento de rescindibilidade no art. 485 do CPC, ou o capitula erroneamente. Contanto que não se afaste dos fatos e fundamentos invocados como causa de pedir, ao Tribunal é lícito emprestar-lhes a adequada qualificação jurídica *("iura novit curia").*

**33.** Ação rescisória. Petição inicial. Violação literal de lei. Princípio *"iura novit curia". (Cancelada em decorrência da sua conversão na Súmula nº 408 – Res. 137/2005, DJ 22.08.2005)*

Fundando-se a ação rescisória no art. 485, inciso V, do CPC é indispensável expressa indicação na petição inicial da ação rescisória do dispositivo legal violado, não se aplicando, no caso, o princípio *"iura novit curia"*.

**34.** AÇÃO RESCISÓRIA. PLANOS ECONÔMICOS. *(Inserida em 20.09.2000)*

1) O acolhimento de pedido em ação rescisória de plano econômico, fundada no art. 485, inciso V, do CPC, pressupõe, necessariamente, expressa invocação na petição inicial de afronta ao art. 5º, inciso XXXVI, da Constituição Federal de 1988. A indicação de ofensa literal a preceito de lei ordinária atrai a incidência do Súmula nº 83 do TST e Súmula nº 343 do STF.

2) Se a decisão rescindenda é posterior à Súmula nº 315 do TST *(Res. 07, DJ 22.09.1993)*, inaplicável a Súmula nº 83 do TST.

**35.** AÇÃO RESCISÓRIA. PLANOS ECONÔMICOS. COISA JULGADA. LIMITAÇÃO À DATA-BASE NA FASE DE EXECUÇÃO. *(Inserida em 20.09.2000)*

Não ofende a coisa julgada a limitação à data-base da categoria, na fase executória, da condenação ao pagamento de diferenças salariais decorrentes de planos econômicos, quando a decisão exequenda silenciar sobre a limitação, uma vez que a limitação decorre de norma cogente. Apenas quando a sentença exequenda houver expressamente afastado a limitação à data-base é que poderá ocorrer ofensa à coisa julgada.

**36.** AÇÃO RESCISÓRIA. PREQUESTIONAMENTO. VIOLAÇÃO OCORRIDA NA PRÓPRIA DECISÃO RESCINDENDA. *(Cancelada em decorrência da nova redação conferida à Súmula nº 298 – Res. 137/2005, DJ 22.08.2005)*

Não é absoluta a exigência de prequestionamento na ação rescisória: ainda que a ação rescisória tenha por fundamento violação de dispositivo legal, é prescindível o prequestionamento quando o vício nasce no próprio julgamento, como se dá com a sentença *"extra, citra e ultra petita"*.

**37. Ação rescisória. Prescrição quinquenal. Matéria constitucional. Súmula nº 83 do TST e Súmula nº 343 do STF. Inaplicáveis.** *(Cancelada pela Res. 137/2005, DJ 22.08.2005, em decorrência da redação conferida à Súmula nº 83 pela Res. 121/2003, DJ 19.11.2003)*

No julgamento de ação rescisória fundada no art. 485, inciso V, do CPC, não se aplica o óbice das Súmulas nos 83 do TST e 343 do STF quando se tratar de prazo prescricional com assento constitucional.

**38. Ação Rescisória. Professor-Adjunto. Ingresso no cargo de professor titular. Exigência de concurso público.** *(Lei nº 7.596/1987, Decreto nº 94.664/1987 e art. 206, V, CF/1988). (Inserida em 20.09.2000)*

A assunção do professor adjunto ao cargo de Professor Titular de universidade pública, sem prévia aprovação em concurso público, viola o art. 206, inciso V, da Constituição Federal. Procedência do pedido de rescisão do julgado.

**39. Ação Rescisória. Reajustes bimestrais e quadrimestrais. Lei nº 8222/1991. Súmula nº 83 do TST. Aplicável.** *(Inserida em 20.09.2000)*

Havendo controvérsia jurisprudencial à época, não se rescinde decisão que aprecia a possibilidade de cumulação das antecipações bimestrais e reajustes quadrimestrais de salário previstos na Lei nº 8.222/1991. Incidência da Súmula nº 83 do TST.

**40. Ação Rescisória. Reajustes salariais previstos em norma coletiva. Prevalência da legislação de política salarial quando a norma coletiva é anterior à lei.** *(Cancelada em decorrência da sua conversão na Súmula nº 375 – Res. 129/2005, DJ 20.04.2005)*

Os reajustes salariais previstos em norma coletiva de trabalho não prevalecem frente à legislação superveniente de política salarial.

**41. Ação rescisória. Sentença *"citra petita"*. Cabimento.** *(Inserida em 20.09.2000)*

Revelando-se a sentença *"citra petita"*, o vício processual vulnera os arts. 128 e 460 do CPC, tornando-a passível de desconstituição, ainda que não opostos Embargos Declaratórios.

**42. Ação rescisória. Sentença de mérito. Competência do TST. Acórdão rescindindo do TST. Não conhecimento de recurso. Súmula nº 192. Não aplicação.** *(Cancelada pela Res. 137/2005, DJ 22.08.2005, em decorrência da redação conferida à Súmula nº 192 pela Res. 121/2003, DJ 19.11.2003)*

Acórdão rescindindo do TST que não conhece de recurso de embargos ou de revista, seja examinando a arguição de violação de dispositivo de lei, seja decidindo de acordo com súmula de direito material ou em consonância com iterativa, notória e atual jurisprudência de direito material da SDI *(Súmula nº 333)* examina o mérito da causa, comportando ação rescisória da competência do Tribunal Superior do Trabalho.

**43. Ação rescisória. Sentença de mérito. Decisão de Tribunal Regional do Trabalho em agravo regimental confirmando decisão monocrática do relator que, aplicando a Súmula nº 83 do TST, indeferiu a petição inicial da ação rescisória. Cabimento.** *(Cancelada em decorrência da sua conversão na Súmula nº 411 – Res. 137/2005, DJ 22.08.2005)*

Se a decisão recorrida, em agravo regimental, aprecia a matéria na fundamentação, sob o enfoque das Súmulas nos 83 do TST e 343 do STF, constitui sentença de mérito ainda que haja resultado no indeferimento da petição inicial e na extinção do processo, "sem julgamento do mérito". Sujeita-se, assim, à reforma pelo TST a decisão do Tribunal que, invocando controvérsia na interpretação da lei, indefere a petição inicial de ação rescisória.

**44. A**ÇÃO RESCISÓRIA. **S**ENTENÇA DE MÉRITO. **D**ECISÃO HOMOLOGATÓRIA DE ADJUDICAÇÃO. **I**NCABÍVEL. *(Cancelada em decorrência da sua conversão na Súmula nº 399 – Res. 137/2005, DJ 22.08.2005)*

Incabível ação rescisória para impugnar decisão homologatória de adjudicação.

**45. A**ÇÃO RESCISÓRIA. **S**ENTENÇA DE MÉRITO. **D**ECISÃO HOMOLOGATÓRIA DE ARREMATAÇÃO. **I**NCABÍVEL. *(Cancelada em decorrência da sua conversão na Súmula nº 399 – Res. 137/2005, DJ 22.08.2005)*

Incabível ação rescisória para impugnar decisão homologatória de arrematação.

**46. A**ÇÃO RESCISÓRIA. **S**ENTENÇA DE MÉRITO. **Q**UESTÃO PROCESSUAL. *(Cancelada em decorrência da sua conversão na Súmula nº 412 – Res. 137/2005, DJ 22.08.2005)*

Pode uma questão processual ser objeto de rescisão desde que consista em pressuposto de validade de uma sentença de mérito.

**47. A**ÇÃO RESCISÓRIA. **S**ENTENÇA DE MÉRITO. **V**IOLAÇÃO DO ART. **896, "a", DA CLT.** *(Cancelada em decorrência da sua conversão na Súmula nº 413 – Res. 137/2005, DJ 22.08.2005)*

Incabível ação rescisória, por violação do art. 896, *"a"*, da CLT, contra decisão que não conhece de recurso de revista, com base em divergência jurisprudencial, pois não se cuida de sentença de mérito *(art. 485 do CPC)*.

**48. Ação rescisória. Sentença e acórdão. Substituição.** *(Cancelada em decorrência da nova redação da Súmula n° 192 – Res. 137/2005, DJ 22.08.2005)*

Em face do disposto no art. 512 do CPC, é juridicamente impossível o pedido explícito de desconstituição de sentença quando substituída por acórdão regional.

**49. Mandado de segurança. Ação de cumprimento fundada em decisão normativa que sofreu posterior reforma, quando já transitada em julgado a sentença condenatória proferida na ação de cumprimento.** *(Cancelada em decorrência da conversão da tese mais abrangente da Orientação Jurisprudencial n° 116 na Súmula n° 397 – Res. 137/2005, DJ 22.08.2005)*

É cabível o mandado de segurança para extinguir a execução fundada em sentença proferida em ação de cumprimento, quando excluída da sentença normativa a cláusula que lhe serviu de sustentáculo.

**50. Mandado de segurança. Antecipação de tutela. Cabimento.** *(Cancelada em decorrência da sua conversão na Súmula n° 414 – Res. 137/2005, DJ 22.08.2005)*

A tutela antecipada concedida antes da prolação da sentença é impugnável mediante mandado de segurança, por não comportar recurso próprio.

**51. Mandado de segurança. Antecipação de tutela concedida em sentença. Reintegração. Não cabimento.** *(Cancelada em decorrência da sua conversão na Súmula n° 414 – Res. 137/2005, DJ 22.08.2005)*

A antecipação da tutela conferida na sentença não comporta impugnação pela via do mandado de segurança, por ser impugnável mediante recurso ordinário. A ação cautelar é o meio próprio para se obter efeito suspensivo a recurso.

**52.** MANDADO DE SEGURANÇA. ART. **284, CPC.** APLICABILIDADE. *(Cancelada em decorrência da sua conversão na Súmula nº 415 – Res. 137/2005, DJ 22.08.2005)*

Exigindo o mandado de segurança prova documental pré-constituída, inaplicável se torna o art. 284 do CPC quando verificada na petição inicial do *"mandamus"* a ausência de documento indispensável ou sua autenticação.

**53.** MANDADO DE SEGURANÇA. COOPERATIVA EM LIQUIDAÇÃO EXTRAJUDICIAL. LEI Nº **5.764/1971,** ART. **76.** INAPLICÁVEL. NÃO SUSPENDE A EXECUÇÃO. *(Inserida em 20.09.2000)*

A liquidação extrajudicial de sociedade cooperativa não suspende a execução dos créditos trabalhistas existentes contra ela.

**54.** MANDADO DE SEGURANÇA. EMBARGOS DE TERCEIRO. CUMULAÇÃO. PENHORA. INCABÍVEL. *(Res. 137/2005, DJ 22.08.2005)*

Ajuizados embargos de terceiro *(art. 1046 do CPC)* para pleitear a desconstituição da penhora, é incabível a interposição de mandado de segurança com a mesma finalidade.

**55.** MANDADO DE SEGURANÇA. EXECUÇÃO. LEI Nº **8.432/1992.** ART. **897,** § 1º, DA **CLT.** CABIMENTO. *(Cancelada em decorrência da sua conversão na Súmula nº 416 – Res. 137/2005, DJ 22.08.2005)*

Devendo o agravo de petição delimitar justificadamente a matéria e os valores objeto de discordância, não fere direito líquido e certo o prosseguimento da execução quanto aos tópicos e valores não especificados no agravo.

**56. Mandado de segurança. Execução. Pendência de recurso extraordinário.** *(Inserida em 20.09.2000)*

Não há direito líquido e certo à execução definitiva na pendência de recurso extraordinário, ou de agravo de instrumento visando a destrancá-lo.

**57. Mandado de segurança. INSS. Tempo de serviço. Averbação e/ou reconhecimento.** *(Inserida em 20.09.2000)*

Conceder-se-á mandado de segurança para impugnar ato que determina ao INSS o reconhecimento e/ou averbação de tempo de serviço.

**58. Mandado de segurança para cassar liminar concedida em ação civil pública. Cabível.** *(Cancelada em decorrência da sua conversão na Súmula nº 414 – Res. 137/2005, DJ 22.08.2005)*

É cabível o mandado de segurança visando a cassar liminar concedida em ação civil pública.

**59. Mandado de segurança. Penhora. Carta de fiança bancária.** *(Inserida em 20.09.2000)*

A carta de fiança bancária equivale a dinheiro para efeito da gradação dos bens penhoráveis, estabelecida no art. 655 do CPC.

**60. Mandado de segurança. Penhora em dinheiro. Banco.** *(Cancelada em decorrência da sua conversão na Súmula nº 417 – Res. 137/2005, DJ 22.08.2005)*

Não fere direito líquido e certo do impetrante o ato judicial que determina penhora em dinheiro de banco, em execução definitiva, para garantir crédito exequendo, uma vez que obedece à gradação prevista no art. 655 do CPC.

**61. Mandado de segurança. Penhora em dinheiro. Execução definitiva. Depósito em banco oficial no Estado. Arts. 612 e 666 do CPC.** *(Cancelada em decorrência da sua conversão na Súmula nº 417 – Res. 137/2005, DJ 22.08.2005)*

Havendo discordância do credor, em execução definitiva, não tem o executado direito líquido e certo a que os valores penhorados em dinheiro fiquem depositados no próprio banco, ainda que atenda aos requisitos do art. 666, I, do CPC.

**62. Mandado de segurança. Penhora em dinheiro. Execução provisória.** *(Cancelada em decorrência da sua conversão na Súmula nº 417 – Res. 137/2005, DJ 22.08.2005)*

Em se tratando de execução provisória, fere direito líquido e certo do impetrante a determinação de penhora em dinheiro, quando nomeados outros bens à penhora, pois o executado tem direito a que a execução se processe da forma que lhe seja menos gravosa, nos termos do art. 620 do CPC.

**63. Mandado de segurança. Reintegração. Ação cautelar.** *(Inserida em 20.09.2000)*

Comporta a impetração de mandado de segurança o deferimento de reintegração no emprego em ação cautelar.

**64. Mandado de segurança. Reintegração liminarmente concedida.** *(Inserida em 20.09.2000)*

Não fere direito líquido e certo a concessão de tutela antecipada para reintegração de empregado protegido por estabilidade provisória decorrente de lei ou norma coletiva.

**65. MANDADO DE SEGURANÇA. REINTEGRAÇÃO LIMINARMENTE CONCEDIDA. DIRIGENTE SINDICAL.** *(Inserida em 20.09.2000)*

Ressalvada a hipótese do art. 494 da CLT, não fere direito líquido e certo a determinação liminar de reintegração no emprego de dirigente sindical, em face da previsão do inciso X do art. 659 da CLT.

**66. MANDADO DE SEGURANÇA. SENTENÇA HOMOLOGATÓRIA DE ADJUDICAÇÃO. INCABÍVEL.** *(Inserida em 20.09.2000)*

É incabível o mandado de segurança contra sentença homologatória de adjudicação, uma vez que existe meio próprio para impugnar o ato judicial, consistente nos embargos à adjudicação *(CPC, art. 746)*.

**67. MANDADO DE SEGURANÇA. TRANSFERÊNCIA. ART. 659, IX, DA CLT.** *(Inserida em 20.09.2000)*

Não fere direito líquido e certo a concessão de liminar obstativa de transferência de empregado, em face da previsão do inciso IX do art. 659 da CLT.

**68. ANTECIPAÇÃO DE TUTELA. COMPETÊNCIA.** *(Res. 137/2005, DJ 22.08.2005)*

Nos Tribunais, compete ao relator decidir sobre o pedido de antecipação de tutela, submetendo sua decisão ao Colegiado respectivo, independentemente de pauta, na sessão imediatamente subsequente.

**69. FUNGIBILIDADE RECURSAL. INDEFERIMENTO LIMINAR DE AÇÃO RESCISÓRIA OU MANDADO DE SEGURANÇA. RECURSO PARA O TST. RECEBIMENTO**

COMO AGRAVO REGIMENTAL E DEVOLUÇÃO DOS AUTOS AO TRT. *(Inserida em 20.09.2000)*

Recurso ordinário interposto contra despacho monocrático indeferitório da petição inicial de ação rescisória ou de mandado de segurança pode, pelo princípio de fungibilidade recursal, ser recebido como agravo regimental. Hipótese de não conhecimento do recurso pelo TST e devolução dos autos ao TRT, para que aprecie o apelo como agravo regimental.

**70. Ação rescisória. Manifesto e inescusável equívoco no direcionamento. Inépcia da inicial. Extinção do processo.** *(Alterada em 26.11.2002).*

O manifesto equívoco da parte em ajuizar ação rescisória no TST para desconstituir julgado proferido pelo TRT, ou vice-versa, implica a extinção do processo sem julgamento do mérito por inépcia da inicial.

**71. Ação rescisória. Salário profissional. Fixação. Múltiplo de salário mínimo. Art. 7º, inciso IV, da Constituição Federal de 1988.** *(DJ 11.11.2004)*

A estipulação do salário profissional em múltiplos do salário mínimo não afronta o art. 7º, inciso IV, da Constituição Federal de 1988, só incorrendo em vulneração do referido preceito constitucional a fixação de correção automática do salário pelo reajuste do salário-mínimo.

**72. Ação rescisória. Prequestionamento quanto à matéria e ao conteúdo da norma, não necessariamente do dispositivo legal tido por violado.** *(Cancelada em decorrência da nova redação conferida à Súmula nº 298 – Res. 137/2005, DJ 22.08.2005)*

O prequestionamento exigido em ação rescisória diz respeito à matéria e ao enfoque específico da tese debatida na ação e não, necessariamente, ao dispositivo legal tido por violado. Basta que o conteúdo da norma reputada como violada tenha sido abordado na decisão rescindenda para que se considere preenchido o pressuposto do prequestionamento.

**73. Art. 557 do CPC. Constitucionalidade.** *(Inserida em 08.11.2000)*

Não há como se cogitar da inconstitucionalidade do art. 557 do CPC, meramente pelo fato da decisão ser exarada pelo Relator, sem a participação do Colegiado, porquanto o princípio da publicidade insculpido no inciso IX do art. 93 da CF/1988 não está jungido ao julgamento pelo colegiado e sim o acesso ao processo pelas partes, seus advogados ou terceiros interessados, direito preservado pela Lei nº 9.756/1998, ficando, outrossim, assegurado o acesso ao colegiado por meio de agravo.

**74. Embargos declaratórios contra decisão monocrática do relator, calcada no art. 557 do CPC. Cabimento.** *(Cancelada em decorrência da sua conversão na Súmula nº 421 – Res. 137/2005, DJ 22.08.2005)*

I – Tendo o despacho monocrático de provimento ou denegação de recurso, previsto no art. 557 do CPC, conteúdo decisório definitivo e conclusivo da lide, comporta ser esclarecido pela via dos embargos declaratórios, em despacho aclaratório, também monocrático quando se pretende tão-somente suprir omissão e não modificação do julgado.

II – Postulando o embargante efeito modificativo, os embargos declaratórios deverão ser submetidos ao pronunciamento do Colegiado, convertidos em agravo, em face dos princípios da fungibilidade e celeridade processual.

**75. Remessa de ofício. Ação rescisória. Prequestionamento. Decisão regional que simplesmente confirma a sentença.** *(Cancelada em* *decorrência da nova redação conferida à Súmula nº 298. Res. 137/2005, DJ 22.08.2005)*

Para efeito de ação rescisória, considera-se prequestionada a matéria tratada na sentença quando, examinando remessa de ofício, o Tribunal simplesmente a confirma.

**76. Ação rescisória. Ação cautelar para suspender execução. Juntada de documento indispensável. Possibilidade de êxito na rescisão do julgado.** *(Inserida em 13.03.2002)*

É indispensável a instrução da ação cautelar com as provas documentais necessárias à aferição da plausibilidade de êxito na rescisão do julgado. Assim sendo, devem vir junto com a inicial da cautelar as cópias da petição inicial da ação rescisória principal, da decisão rescindenda, da certidão do trânsito em julgado e informação do andamento atualizado da execução.

**77. Ação rescisória. Aplicação da Súmula nº 83 do TST. Matéria controvertida. Limite temporal. Data de inserção em Orientação Jurisprudencial do TST.** *(Cancelada em decorrência da nova redação conferida à Súmula nº 83 – Res. 137/2005 – DJ 22.08.2005)*

A data da inclusão da matéria discutida na ação rescisória, na Orientação Jurisprudencial do TST, é o divisor de águas quanto a ser, ou não, controvertida nos Tribunais a interpretação dos dispositivos legais citados na ação rescisória.

**78. Ação rescisória. Cumulação sucessiva de pedidos. Rescisão da sentença e do acórdão. Ação única. Art. 289 do CPC.** *(Inserida em 13.03.2002)*

É admissível o ajuizamento de uma única ação rescisória contendo mais de um pedido, em ordem sucessiva, de rescisão da sentença e do acórdão. Sendo inviável a tutela jurisdicional de um deles, o julgador está obrigado a apreciar os demais, sob pena de negativa de prestação jurisdicional.

**79. Ação rescisória. Decadência afastada. Imediato julgamento do mérito. Inexistência de ofensa ao duplo grau de jurisdição.** *(Cancelada em decorrência da nova redação conferida à Súmula nº 100 – Res. 137/2005, DJ 22.08.2005)*

Não ofende o princípio do duplo grau de jurisdição a decisão do TST que, após afastar a decadência em sede de recurso ordinário, aprecia desde logo a lide, se a causa versar questão exclusivamente de direito e estiver em condições de imediato julgamento.

**80. Ação rescisória. Decadência. *"Dies a quo". Recurso deserto. Súmula nº 100/TST.*** *(Inserida em 13.03.2002)*

O não conhecimento do recurso por deserção não antecipa o *"dies a quo"* do prazo decadencial para o ajuizamento da ação rescisória, atraindo, na contagem do prazo, a aplicação da Súmula nº 100 do TST.

**81. Ação rescisória. Descontos legais. Fase de execução. Sentença exequenda omissa. Inexistência de ofensa à coisa julgada.** *(Cancelada em decorrência da sua conversão na Súmula nº 401 – Res. 137/2005, DJ 22.08.2005)*

Os descontos previdenciários e fiscais devem ser efetuados pelo juízo executório, ainda que a sentença exequenda tenha sido omissa sobre a questão, dado o caráter de ordem pública ostentado pela norma que os disciplina. A ofensa à coisa julgada somente poderá ser caracterizada na hipótese do título exequendo, expressamente, afastar a dedução dos valores a título de imposto de renda e de contribuição previdenciária.

**82. Ação rescisória. Litisconsórcio. Necessário no polo passivo e facultativo no ativo.** *(Cancelada em decorrência da sua conversão na Súmula nº 406 – Res. 137/2005, DJ 22.08.2005)*

O litisconsórcio, na ação rescisória, é necessário em relação ao polo passivo da demanda, porque supõe uma comunidade de direito ou de obrigações que não admite solução díspar para os litisconsortes, em face da indivisibilidade do objeto. Já em relação ao polo ativo, o litisconsórcio é facultativo, uma vez que a aglutinação de autores se faz por conveniência, e não pela necessidade decorrente da natureza do litígio, pois não se pode condicionar o exercício do direito individual de um dos litigantes no processo originário à anuência dos demais para retomar a lide.

**83. Ação rescisória. Ministério Público. Legitimidade *"ad causam"* prevista no art. 487, III, *"a"* e *"b"*, do CPC. As hipóteses são meramente exemplificativas.** *(Cancelada em decorrência da sua conversão na Súmula nº 407 – Res. 137/2005, DJ 22.08.2005)*

A legitimidade *"ad causam"* do Ministério Público para propor ação rescisória, ainda que não tenha sido parte no processo que deu origem à decisão rescindenda, não está limitada às alíneas *"a"* e *"b"* do inciso III do art. 487 do CPC, uma vez que traduzem hipóteses meramente exemplificativas.

**84. Ação rescisória. Petição inicial. Ausência da decisão rescindenda e/ou da certidão de seu trânsito em julgado devidamento autenticadas. Peças essenciais para a constituição válida e regular do feito. Arguição de ofício. Extinção do processo sem julgamento do mérito.** *(Alterada em 26.11.2002)*

A decisão rescindenda e/ou a certidão do seu trânsito em julgado, devidamente autenticadas, à exceção de cópias reprográficas apresentadas por pessoa jurídica de direito público, a teor do art. 24 da Lei nº 10.522/2002, são peças essenciais para o julgamento da ação rescisória. Em fase recursal, verificada a ausência de qualquer delas, cumpre ao Relator do recurso ordinário arguir, de ofício, a extinção do processo, sem julgamento do mérito, por falta de pressuposto de constituição e desenvolvimento válido do feito.

**85.** Ação rescisória. Sentença homologatória de cálculo. Existência de contraditório. Decisão de mérito. Cabimento. *(Cancelada – 1ª parte convertida na Súmula nº 399 e parte final incorporada à nova redação da Súmula nº 298 – Res. 137/2005, DJ 22.08.2005)*

A decisão homologatória de cálculos apenas comporta rescisão quando enfrentar as questões envolvidas na elaboração da conta de liquidação, quer solvendo a controvérsia das partes, quer explicitando, de ofício, os motivos pelos quais acolheu os cálculos oferecidos por uma das partes, ou pelo setor de cálculos, e não contestados pela outra. A sentença meramente homologatória, que silencia sobre os motivos de convencimento do juiz, não se mostra rescindível, por ausência de prequestionamento.

**86.** Mandado de segurança. Antecipação de tutela. Sentença superveniente. Perda de objeto. *(Cancelada em decorrência da sua conversão na Súmula nº 414 – Res. 137/2005, DJ 22.08.2005)*

Perde objeto o mandado de segurança que impugna tutela antecipada pelo fato de haver sido proferida sentença de mérito nos autos originários.

**87.** Mandado de segurança. Reintegração em execução provisória. Impossibilidade. *(Cancelada – Res. 137/2005, DJ 22.08.2005)*

O art. 899 da CLT, ao impedir a execução definitiva do título executório, enquanto pendente recurso, alcança tanto as execuções por obrigação de pagar quanto as por obrigação de fazer. Assim, tendo a obrigação de reintegrar caráter definitivo, somente pode ser decretada, liminarmente, nas hipóteses legalmente previstas, em sede de tutela antecipada ou tutela específica.

**88. MANDADO DE SEGURANÇA. VALOR DA CAUSA. CUSTAS PROCESSUAIS. CABIMENTO.** *(Inserida em 13.03.2002)*

Incabível a impetração de mandado de segurança contra ato judicial que, de ofício, arbitrou novo valor à causa, acarretando a majoração das custas processuais, uma vez que cabia à parte, após recolher as custas, calculadas com base no valor dado à causa na inicial, interpor recurso ordinário e, posteriormente, agravo de instrumento no caso de o recurso ser considerado deserto.

**89. *"HABEAS CORPUS".* DEPOSITÁRIO. TERMO DE DEPÓSITO NÃO ASSINADO PELO PACIENTE. NECESSIDADE DE ACEITAÇÃO DO ENCARGO. IMPOSSIBI-LIDADE DE PRISÃO CIVIL.** *(Inserida em 27.05.2002)*

A investidura no encargo de depositário depende da aceitação do nomeado que deve assinar termo de compromisso no auto de penhora, sem o que, é inadmissível a restrição de seu direito de liberdade.

**90. RECURSO ORDINÁRIO. APELO QUE NÃO ATACA OS FUNDAMENTOS DA DECISÃO RECORRIDA. NÃO CONHECIMENTO. ART. 514, II, DO CPC.** *(Cancelada em decorrência da sua conversão na Súmula nº 422 – Res. 137/2005, DJ 22.08.2005)*

Não se conhece de recurso ordinário para o TST, pela ausência do requisito de admissibilidade inscrito no art. 514, II, do CPC, quando as razões do recorrente não impugnam os fundamentos da decisão recorrida, nos termos em que fora proposta.

**91. Mandado de segurança. Autenticação de cópias pelas secretarias dos Tribunais Regionais do Trabalho. Requerimento indeferido. Art. 789, § 9º, da CLT.** *(Inserida em 27.05.2002)*

Não sendo a parte beneficiária da assistência judiciária gratuita, inexiste direito líquido e certo à autenticação, pelas Secretarias dos Tribunais, de peças extraídas do processo principal, para formação do agravo de instrumento.

**92. Mandado de segurança. Existência de recurso próprio.** *(Inserida em 27.05.2002)*

Não cabe mandado de segurança contra decisão judicial passível de reforma mediante recurso próprio, ainda que com efeito diferido.

**93. Mandado de segurança. Possibilidade da penhora sobre parte da renda de estabelecimento comercial.** *(Inserida em 27.05.2002)*

É admissível a penhora sobre a renda mensal ou faturamento de empresa, limitada a determinado percentual, desde que não comprometa o desenvolvimento regular de suas atividades.

**94. Ação rescisória. Colusão. Fraude à lei. Reclamatória simulada extinta.** *(Inserida em 27.09.2002)*

A decisão ou acordo judicial subjacente à reclamação trabalhista, cuja tramitação deixa nítida a simulação do litígio para fraudar a lei e prejudicar terceiros, enseja ação rescisória, com lastro em colusão. No juízo rescisório, o processo simulado deve ser extinto.

**95. Ação rescisória de ação rescisória. Violação de lei. Indicação dos mesmos dispositivos legais apontados na rescisória primitiva.**

*(Cancelada em decorrência da sua conversão na Súmula nº 400 – Res. 137/2005, DJ 22.08.2005)*

Em se tratando de rescisória de rescisória, o vício apontado deve nascer na decisão rescindenda, não se admitindo a rediscussão do acerto do julgamento da rescisória anterior. Assim, não se admite rescisória calcada no inciso V do art. 485 do CPC, para discussão, por má aplicação, dos mesmos dispositivos de lei tidos por violados na rescisória anterior, bem como para arguição de questões inerentes à ação rescisória primitiva.

**96.** AÇÃO RESCISÓRIA. VÍCIO DE INTIMAÇÃO DA DECISÃO RESCINDENDA. AUSÊNCIA DA FORMAÇÃO DA COISA JULGADA MATERIAL. CARÊNCIA DE AÇÃO. *(Cancelada em decorrência da nova redação conferida à Súmula nº 299 – Res. 137/2005, DJ 22.08.2005)*

O pretenso vício de intimação posterior à decisão que se pretende rescindir, se efetivamente ocorrido, não permite a formação da coisa julgada material. Assim, a ação rescisória deve ser julgada extinta sem julgamento do mérito por carência de ação, por inexistir decisão transitada em julgado a ser rescindida.

**97.** AÇÃO RESCISÓRIA. VIOLAÇÃO DO ART. 5º, I, LIV E LV, DA CONSTITUIÇÃO FEDERAL. PRINCÍPIOS DA LEGALIDADE, DO DEVIDO PROCESSO LEGAL, DO CONTRADITÓRIO E DA AMPLA DEFESA. *(Res. 137/2005, DJ 22.08.2005)*

Os princípios da legalidade, do devido processo legal, do contraditório e da ampla defesa não servem de fundamento para a desconstituição de decisão judicial transitada em julgado, quando se apresentam sob a forma de pedido genérico e desfundamentado, acompanhando dispositivos legais que tratam especificamente da matéria debatida, estes sim, passíveis de fundamentarem a análise do pleito rescisório.

**98. Mandado de segurança. Cabível para atacar exigência de depó-sito prévio de honorários periciais.** *(Res. 137/2005, DJ 22.08.2005)*

É ilegal a exigência de depósito prévio para custeio dos honorários periciais, dada a incompatibilidade com o processo do trabalho, sendo cabível o mandado de segurança visando à realização da perícia, independentemente do depósito.

**99. Mandado de segurança. Esgotamento de todas as vias processuais disponíveis. Trânsito em julgado formal. Descabimento.** *(Inserida em 27.09.2002)*

Esgotadas as vias recursais existentes, não cabe mandado de segurança.

**100. Recurso ordinário para o TST. Decisão de TRT proferida em agravo regimental contra liminar em ação cautelar ou em mandado de segurança. Incabível.** *(Inserida em 27.09.2002)*

Não cabe recurso ordinário para o TST de decisão proferida pelo Tribunal Regional do Trabalho em agravo regimental interposto contra despacho que concede ou não liminar em ação cautelar ou em mandado de segurança, uma vez que o processo ainda pende de decisão definitiva do Tribunal *"a quo"*.

**101. Ação rescisória. Art. 485, IV, do CPC. Ofensa a coisa julgada. Necessidade de fixação de tese na decisão rescindenda.** *(DJ 29.04.2003)*

Para viabilizar a desconstituição do julgado pela causa de rescindibilidade do inciso IV, do art. 485, do CPC, é necessário que a decisão rescindenda tenha enfrentado as questões ventiladas na ação rescisória, sob pena de inviabilizar o cotejo com o título executivo judicial tido por desrespeitado, de modo a se poder concluir pela ofensa à coisa julgada.

**102. Ação rescisória. Certidão de trânsito em julgado. Descompasso com a realidade. Presunção relativa de veracidade.** *(Cancelada em decorrência da nova redação conferida à Súmula nº 100 – Res. 137/2005, DJ 22.08.2005)*

O juízo rescindente não está adstrito à certidão de trânsito em julgado juntada com a ação rescisória, podendo formar sua convicção por meio de outros elementos dos autos quanto à antecipação ou postergação do *"dies a quo"* do prazo decadencial.

**103. Ação rescisória. Contradição entre fundamentação e parte dispositiva do julgado. Cabimento. Erro de fato.** *(DJ 29.04.2003)*

É cabível a rescisória para corrigir contradição entre a parte dispositiva do acórdão rescindendo e a sua fundamentação, por erro de fato na retratação do que foi decidido.

**104. Ação rescisória. Decadência. De acordo. Momento do trânsito em julgado.** *(Cancelada em decorrência da nova redação conferida à Súmula nº 100 – Res. 137/2005, DJ 22.08.2005)*

O acordo homologado judicialmente tem força de decisão irrecorrível, na forma do art. 831 da CLT. Assim sendo, o termo conciliatório transita em julgado na data da sua homologação judicial.

**105. Ação rescisória. Decisão rescindenda. Agravo de instrumento. Não substituição. Impossibilidade jurídica.** *(Cancelada em decorrência da nova redação conferida à Súmula nº 192 – Res. 137/2005, DJ 22.08.2005)*

É manifesta a impossibilidade jurídica do pedido de rescisão de julgado proferido em agravo de instrumento que, limitando-se a aferir o eventual desacerto do juízo negativo de admissibilidade do recurso de revista, não substitui o acórdão regional, na forma do art. 512 do CPC.

**106. Ação rescisória. Decisão rescindenda. Ausência de trânsito em julgado. Descabimento de ação rescisória preventiva.** *(Cancelada em decorrência da nova redação conferida à Súmula nº 299 – Res. 137/2005, DJ 22.08.2005)*

A comprovação do trânsito em julgado da decisão rescindenda é pressuposto processual indispensável ao tempo do ajuizamento da ação rescisória. Eventual trânsito em julgado posterior ao ajuizamento da ação rescisória não reabilita a ação proposta, na medida em que o ordenamento jurídico não contempla a ação rescisória preventiva.

**107. Ação rescisória. Decisão rescindenda de mérito. Sentença declaratória de extinção de execução. Satisfação da obrigação.** *(DJ 29.04.2003)*

Embora não haja atividade cognitiva, a decisão que declara extinta a execução, nos termos do art. 794 c/c 795 do CPC, extingue a relação processual e a obrigacional, sendo passível de corte rescisório.

**108. Ação rescisória. Fundamento para invalidar confissão. Confissão ficta. Inadequação do enquadramento no art. 485, VIII, do CPC.** *(Cancelada em decorrência da sua conversão na Súmula nº 404 – Res. 137/2005, DJ 22.08.2005)*

O art. 485, VIII, do CPC, ao tratar do fundamento para invalidar a confissão como hipótese de rescindibilidade da decisão judicial, refere-se à confissão real, fruto de erro, dolo ou coação, e não à confissão ficta resultante de revelia.

**109. Ação rescisória. Reexame de fatos e provas. Inviabilidade.** *(Cancelada em decorrência da sua conversão na Súmula nº 410 – Res. 137/2005, DJ 22.08.2005)*

A ação rescisória calcada em violação de lei não admite reexame de fatos e provas do processo que originou a decisão rescindenda.

**110. Ação rescisória. Réu sindicato. Substituto processual na ação originária. Legitimidade passiva *"ad causam".* Inexistência de litisconsórcio passivo necessário.** *(Cancelada em decorrência da sua conversão na Súmula nº 406 – Res. 137/2005, DJ 22.08.2005)*

O Sindicato, substituto processual e autor da reclamação trabalhista, em cujos autos fora proferida a decisão rescindenda, possui legitimidade para figurar como réu na ação rescisória, sendo descabida a exigência de citação de todos os empregados substituídos, porquanto inexistente litisconsórcio passivo necessário.

**111. Ação rescisória. Sentença homologatória de acordo. Dolo da parte vencedora em detrimento da vencida. Art. 485, III, do CPC. Inviável.** *(Cancelada em decorrência da sua conversão na Súmula nº 403 – Res. 137/2005, DJ 22.08.2005)*

Se a decisão rescindenda é homologatória de acordo, não há parte vencedora ou vencida, razão pela qual não é possível a sua desconstituição calcada no inciso III do art. 485 do CPC (dolo da parte vencedora em detrimento da vencida), pois constitui fundamento de rescindibilidade que supõe solução jurisdicional para a lide.

**112. Ação rescisória. Violação de lei. Decisão rescindenda por duplo fundamento. Impugnação parcial.** *(DJ 29.04.2003)*

Para que a violação da lei dê causa à rescisão de decisão de mérito alicerçada em duplo fundamento, é necessário que o Autor da ação rescisória invoque causas de rescindibilidade que, em tese, possam infirmar a motivação dúplice da decisão rescindenda.

**113. Ação cautelar. Efeito suspensivo ao recurso ordinário em mandado de segurança. Incabível. Ausência de interesse. Extinção.** *(DJ 29.04.2003)*

É incabível medida cautelar para imprimir efeito suspensivo a recurso interposto contra decisão proferida em mandado de segurança, pois ambos visam, em última análise, à sustação do ato atacado. Extingue-se, pois, o processo, sem julgamento do mérito, por ausência de interesse de agir, para evitar que decisões judiciais conflitantes e inconciliáveis passem a reger idêntica situação jurídica.

**114. Competência. Execução por carta. Embargos de terceiro. Juízo deprecante.** *(Cancelada em decorrência da sua conversão na Súmula nº 419 – Res. 137/2005, DJ 22.08.2005)*

Na execução por carta precatória, os embargos de terceiro serão oferecidos no juízo deprecante ou no juízo deprecado, mas a competência para julgá-los é do juízo deprecante, salvo se versarem, unicamente, sobre vícios ou irregularidades da penhora, avaliação ou alienação dos bens, praticados pelo juízo deprecado, em que a competência será deste último.

**115. Competência funcional. Conflito negativo. TRT e Vara do Trabalho de idêntica Região. Não configuração.** *(Cancelada em decorrência da sua conversão na Súmula nº 420 – Res. 137/2005, DJ 22.08.2005)*

Não se configura conflito de competência entre Tribunal Regional do Trabalho e Vara do Trabalho a ele vinculada.

**116. Ação rescisória. Art. 485, IV, do CPC. Ação de cumprimento. Ofensa à coisa julgada emanada de sentença normativa modificada em grau de recurso. Inviabilidade.** *(Cancelada em decorrência da sua conversão na Súmula nº 397 – Res. 137/2005, DJ 22.08.2005)*

Não procede ação rescisória calcada em ofensa à coisa julgada perpetrada por decisão proferida em ação de cumprimento, em face de a sentença normativa, na qual se louvava, ter sido modificada em grau de recurso, porque em dissídio coletivo somente se consubstancia coisa julgada formal. Assim os meios processuais, aptos a atacarem a execução da cláusula reformada, são a exceção da pré-executividade e o mandado de segurança, no caso de descumprimento do art. 572 do CPC.

**117. Ação rescisória. Depósito recursal. Pedido rescisório procedente. Condenação em pecúnia. Instrução normativa nº 3/93, III.** *(Cancelada em decorrência da nova redação conferida à Súmula nº 99 – Res. 137/2005, DJ 22.08.2005)*

Havendo recurso ordinário em sede de rescisória, o depósito recursal prévio só é exigível quando for julgado procedente o pedido e imposta condenação em pecúnia.

**118. Ação rescisória. Expressão "lei" do art. 485, V, do CPC. Indicação de contrariedade à Súmula ou Orientação Jurisprudencial do TST. Descabimento.** *(Cancelada em decorrência da sua incorporação à nova redação da Orientação Jurisprudencial nº 25 da SDI-2 – Res. 137/2005, DJ 22.08.2005)*

Não prospera pedido de rescisão fundado no art. 485, inciso V, do CPC, com indicação de contrariedade a súmula, uma vez que a jurisprudência consolidada dos tribunais não corresponde ao conceito de lei.

**119. Ação rescisória. Prazo prescricional. Total ou parcial. Violação do art. 7º, XXIX, da CF/1988. Matéria infraconstitucional.** *(Cancelada em decorrência da sua conversão na Súmula nº 409 – Res. 137/2005, DJ 22.08.2005)*

Não procede ação rescisória calcada em violação do art. 7º, XXIX, da CF/1988, quando a questão envolve discussão sobre a espécie de prazo prescricional aplicável aos créditos trabalhistas, se total ou parcial, porque a matéria tem índole infraconstitucional, construída, na Justiça do Trabalho, no plano jurisprudencial.

**120. Mandado de segurança. Recusa à homologação de acordo. Inexistência de direito líquido e certo.** *(Cancelada em decorrência da sua conversão na Súmula nº 418 – Res. 137/2005, DJ 22.08.2005)*

Não comporta mandado de segurança à negativa de homologação de acordo, por inexistir direito líquido e certo à homologação, já que se trata de atividade jurisdicional alicerçada no livre convencimento do juiz.

**121. Ação rescisória. Pedido de antecipação de tutela. Descabimento.** *(Cancelada em decorrência da sua conversão na Súmula nº 405 – Res. 137/2005, DJ 22.08.2005)*

Não se admite tutela antecipada em sede de ação rescisória, na medida em que não se pode desconstituir antecipadamente a coisa julgada, com base em juízo de verossimilhança, dadas as garantias especiais de que se reveste o pronunciamento estatal transitado em julgado.

**122. Ação rescisória. Decadência. Ministério Público. "Dies a quo" do prazo. Contagem. Colusão das partes.** *(Cancelada em decorrência da nova redação conferida à Súmula nº 100 – Res. 137/2005, DJ 22.08.2005)*

Na hipótese de colusão das partes, o prazo decadencial da ação rescisória somente começa a fluir para o Ministério Público, que não interveio no processo principal, a partir do momento em que tem ciência da fraude.

**123. Ação rescisória. Interpretação do sentido e alcance do título executivo. Inexistência de ofensa à coisa julgada.** *(Res. 137/2005, DJ 22.08.2005)*

O acolhimento da ação rescisória calcada em ofensa à coisa julgada supõe dissonância patente entre as decisões exequenda e rescindenda, o que não se verifica quando se faz necessária a interpretação do título executivo judicial para se concluir pela lesão à coisa julgada.

**124. Ação rescisória. Art. 485, II, do CPC. Arguição de incompetência absoluta. Prequestionamento inexigível.** *(DJ 09.12.2003)*

Na hipótese em que a ação rescisória tem como causa de rescindibilidade o inciso II do art. 485 do CPC, a arguição de incompetência absoluta prescinde de prequestionamento.

**125. Ação rescisória. Art. 485, III, do CPC. Silêncio da parte vencedora acerca de eventual fato que lhe seja desfavorável. Descaracterizado o dolo processual.** *(Cancelada em decorrência da sua conversão na Súmula nº 403 – Res. 137/2005, DJ 22.08.2005)*

Não caracteriza dolo processual, previsto no art. 485, III, do CPC, o simples fato de a parte vencedora haver silenciado a respeito de fatos contrários a ela, porque o procedimento, por si só, não constitui ardil do qual resulte cerceamento de defesa e, em consequência, desvie o juiz de uma sentença não condizente com a verdade.

**126.** Ação rescisória. Ausência de defesa. Inaplicáveis os efeitos da revelia. *(Cancelada em decorrência da sua conversão na Súmula nº 398 – Res. 137/2005, DJ 22.08.2005)*

Na ação rescisória, o que se ataca na ação é a sentença, ato oficial do Estado, acobertado pelo manto da coisa julgada. Assim sendo e, considerando que a coisa julgada envolve questão de ordem pública, à revelia não produz confissão na ação rescisória.

**127.** Mandado de segurança. Decadência. Contagem. Efetivo ato coator. *(DJ 09.12.2003)*

Na contagem do prazo decadencial para ajuizamento de mandado de segurança, o efetivo ato coator é o primeiro em que se firmou a tese hostilizada e não aquele que a ratificou.

**128.** Ação rescisória. Concurso público anulado posteriormente. Aplicação da Súmula nº 363 do TST. *(DJ 09.12.2003)*

O certame público posteriormente anulado equivale à contratação realizada sem a observância da exigência contida no art. 37, II, da Constituição Federal de 1988. Assim sendo, aplicam-se à hipótese os efeitos previstos na Súmula nº 363 do TST.

**129.** Ação anulatória. Competência originária. *(DJ 04.05.2004)*

Em se tratando de ação anulatória, a competência originária se dá no mesmo juízo em que praticado o ato supostamente eivado de vício.

**130.** Ação civil pública. Competência territorial. Extensão do dano causado ou a ser reparado. Aplicação analógica do art. 93. do Código de Defesa do Consumidor. *(DJ 04.05.2004)*

Para a fixação da competência territorial em sede de ação civil pública, cumpre tomar em conta a extensão do dano causado ou a ser reparado, pautando-se pela incidência analógica do art. 93 do Código de Defesa do Consumidor. Assim, se a extensão do dano a ser reparado limitar-se ao âmbito regional, a competência é de uma das Varas do Trabalho da Capital do Estado; se for de âmbito suprarregional ou nacional, o foro é o do Distrito Federal.

**131. Ação rescisória. Ação cautelar para suspender exceção da decisão rescindenda. Pendência de trânsito em julgado da ação rescisória principal. Efeitos.** *(DJ 04.05.2004)*

A ação cautelar não perde o objeto enquanto ainda estiver pendente o trânsito em julgado da ação rescisória principal, devendo o pedido cautelar ser julgado procedente, mantendo-se os efeitos da liminar eventualmente deferida, no caso de procedência do pedido rescisório ou, por outro lado, improcedente, se o pedido da ação rescisória principal tiver sido julgado improcedente.

**132. Ação rescisória. Acordo homologado. Alcance. Ofensa à coisa julgada.** *(DJ 04.05.2004)*

Acordo celebrado – homologado judicialmente – em que o empregado dá plena e ampla quitação, sem qualquer ressalva, alcança não só o objeto da inicial, como também todas as demais parcelas referentes ao extinto contrato de trabalho, violando a coisa julgada, a propositura de nova reclamação trabalhista.

**133. Ação rescisória. Decisão em agravo regimental. Aplicação da Súmula nº 333. Juízo de mérito.** *(Cancelada em decorrência da nova redação conferida à Súmula nº 192 – Res. 137/2005, DJ 22.08.2005)*

A decisão proferida pela SDI, em sede de agravo regimental, calcada na Súmula nº 333, substitui acórdão de Turma do TST, porque emite juízo de mérito, comportando, em tese, o corte rescisório.

**134.** Ação rescisória. Decisão rescindenda. Preclusão declarada. Formação da coisa julgada formal. Impossibilidade jurídica do pedido. *(DJ 04.05.2004)*

A decisão que conclui estar preclusa a oportunidade de impugnação da sentença de liquidação, por ensejar tão somente a formação da coisa julgada formal, não é suscetível de rescindibilidade.

**135.** Ação rescisória. Violação do art. 37, *"caput"*, da CF/1988. Necessidade de prequestionamento. *(DJ 4.05.2004)*

A ação rescisória calcada em violação do art. 37, *"caput"*, da Constituição Federal, por desrespeito ao princípio da legalidade administrativa exige que ao menos o princípio constitucional tenha sido prequestionado na decisão.

**136.** Ação rescisória. Erro de fato. caracterização. *(DJ 04.05.2004)*

A caracterização do erro de fato como causa de rescindibilidade de decisão judicial transitada em julgado supõe a afirmação categórica e indiscutida de um fato, na decisão rescindenda, que não corresponde à realidade dos autos. O fato afirmado pelo julgador, que pode ensejar ação rescisória calcada no inciso IX do art. 485 do CPC, é apenas aquele que se coloca como premissa fática indiscutida de um silogismo argumentativo, não aquele que se apresenta ao final desse mesmo silogismo, como conclusão decorrente das premissas que especificaram as provas oferecidas, para se concluir pela existência do fato. Esta última hipótese é afastada pelo § 2º do art. 485 do CPC, ao exigir que não tenha havido controvérsia sobre o fato e pronunciamento judicial esmiuçando as provas.

**137. Mandado de segurança. Dirigente sindical. Art. 494 da CLT. Aplicável.** *(DJ 04.05.2004)*

Constitui direito líquido e certo do empregador a suspensão do empregado, ainda que detentor de estabilidade sindical, até a decisão final do inquérito em que se apure a falta grave a ele imputada, na forma do art. 494, *"caput"* e parágrafo único, da CLT.

**138. Mandado de segurança. Incompetência da Justiça do Trabalho. Cobrança de honorários advocatícios. Contrato de natureza civil.** *(Cancelada – DJ 10.05.2006)*

A Justiça do Trabalho é incompetente para apreciar ação de cobrança de honorários advocatícios, pleiteada na forma do art. 24, §§ 1º e 2º, da Lei nº 8.906/1994, em face da natureza civil do contrato de honorários. *(Legislação: CF/1988, art. 114, Lei nº 8.906/1994, art. 24, § 1º)*

**139. Mandado de segurança. Liminar em ação civil pública. Sentença de mérito superveniente. Perda de objeto.** *(Cancelada em decorrência da sua conversão na Súmula nº 414 – Res. 137/2005, DJ 22.08.2005)*

Perde objeto o mandado de segurança que impugna liminar em ação civil pública substituída por sentença de mérito superveniente.

**140. Mandado de segurança contra liminar, concedida ou denegada em outra segurança. Incabível.** *(Art. 8º da Lei nº 1.533/1951) (DJ 04.05.2004)*

Não cabe mandado de segurança para impugnar despacho que acolheu ou indeferiu liminar em outro mandado de segurança.

SÚMULAS COMENTADAS DO TST COM JURISPRUDÊNCIA                    OJs DO SDI-2 Nᵒˢ 141 a 144

**141. MANDADO DE SEGURANÇA PARA CONCEDER LIMINAR DENEGADA EM AÇÃO CAUTELAR.** *(Cancelada em decorrência da sua conversão na Súmula nᵒ 418 – Res. 137/2005, DJ 22.08.2005)*

A concessão de liminar constitui faculdade do juiz, no uso de seu poder discricionário e de cautela, inexistindo direito líquido e certo tutelável pela via do mandado de segurança.

**142. MANDADO DE SEGURANÇA. REINTEGRAÇÃO LIMINARMENTE CONCEDIDA.** *(DJ 04.05.2004)*

Inexiste direito líquido e certo a ser oposto contra ato de juiz que, antecipando a tutela jurisdicional, determina a reintegração do empregado até a decisão final do processo, quando demonstrada a razoabilidade do direito subjetivo material, como nos casos de anistiado pela da Lei nᵒ 8.878/1994, aposentado, integrante de comissão de fábrica, dirigente sindical, portador de doença profissional, portador de vírus HIV ou detentor de estabilidade provisória prevista em norma coletiva.

**143. "HABEAS CORPUS". PENHORA SOBRE COISA FUTURA E INCERTA. PRISÃO. DEPOSITÁRIO INFIEL.** *(Res. 151/2008 – DJ 20.11.2008)*

Não se caracteriza a condição de depositário infiel quando a penhora recair sobre coisa futura e incerta, circunstância que, por si só, inviabiliza a materialização do depósito no momento da constituição do paciente em depositário, autorizando-se a concessão de *"habeas corpus"* diante da prisão ou ameaça de prisão que sofra.

**144. MANDADO DE SEGURANÇA. PROIBIÇÃO DE PRÁTICA DE ATOS FUTUROS. SENTENÇA GENÉRICA. EVENTO FUTURO. INCABÍVEL.** *(Res. 137/2005, DJ 22.08.2005)*

307

O mandado de segurança não se presta à obtenção de uma sentença genérica, aplicável a eventos futuros, cuja ocorrência é incerta.

**145. Ação rescisória. Decadência. Não esgotamento das vias recursais. Prazo legal do recurso extraordinário.** *(Cancelada em decorrência da nova redação conferida à Súmula nº 100 – Res. 137/2005, DJ 22.08.2005)*

Conta-se o prazo decadencial da ação rescisória, após o decurso do prazo legal previsto para a interposição do recurso extraordinário, apenas quando esgotadas todas as vias recursais ordinárias.

**146. Ação Rescisória. Início do prazo para apresentação da contestação. Art. 774 da CLT.** *(DJ 10.11.2004)*

A contestação apresentada em sede de ação rescisória obedece à regra relativa à contagem de prazo constante do art. 774 da CLT, sendo inaplicável o art. 241 do CPC.

**147. Ação Rescisória. Valor da causa.** *(Cancelada pela Res. 142/2007 – DJ 10.10.2007)*

O valor da causa, na ação rescisória de sentença de mérito advinda de processo de conhecimento, corresponde ao valor da causa fixado no processo originário, corrigido monetariamente. No caso de se pleitear a rescisão de decisão proferida na fase de execução, o valor da causa deve corresponder ao montante da condenação.

**148. Custas. Mandado de Segurança. Recurso Ordinário. Exigência do pagamento.** *(Conversão da Orientação Jurisprudencial nº 29 da SDI-1 – Res. 129/2005, DJ 20.04.2005)*

É responsabilidade da parte, para interpor recurso ordinário em mandado de segurança, a comprovação do recolhimento das custas processuais no prazo recursal, sob pena de deserção. *(ex-OJ nº 29 – Inserida em 03.06.1996)*

**149. Conflito de competência. Incompetência territorial. Hipótese do art. 651, § 3º, da CLT. Impossibilidade de declaração de ofício de incompetência relativa.** *(DJ 03.12.2008)*

Não cabe declaração de ofício de incompetência territorial no caso do uso, pelo trabalhador, da faculdade prevista no art. 651, § 3º, da CLT. Nessa hipótese, resolve-se o conflito pelo reconhecimento da competência do juízo do local onde a ação foi proposta.

**150. Ação rescisória. Decisão rescindenda que extingue o processo sem resolução de mérito por acolhimento da exceção de coisa julgada. Conteúdo meramente processual. Impossibilidade jurídica do pedido.** *(DJ 03.12.2008)*

Reputa-se juridicamente impossível o pedido de corte rescisório de decisão que, reconhecendo a configuração de coisa julgada, nos termos do art. 267, V, do CPC, extingue o processo sem resolução de mérito, o que, ante o seu conteúdo meramente processual, a torna insuscetível de produzir a coisa julgada material.

**151. Ação rescisória e mandado de segurança. Irregularidade de representação processual verificada na fase recursal. Procuração outorgada com poderes específicos para ajuizamento de reclamação trabalhista. Vício processual insanável.** *(DJ 03.12.2008)*

A procuração outorgada com poderes específicos para ajuizamento de reclamação trabalhista não autoriza a propositura de ação rescisória e mandado de segurança, bem como não se admite sua regularização quando verificado o defeito de representação processual na fase recursal, nos termos da Súmula nº 383, item II, do TST.

**152.** Ação rescisória e mandado de segurança. Recurso de revista de acórdão regional que julga ação rescisória ou mandado de segurança. Princípio da fungibilidade. Inaplicabilidade. Erro grosseiro na interposição do recurso. *(DJ 03.12.2008)*

A interposição de recurso de revista de decisão definitiva de Tribunal Regional do Trabalho em ação rescisória ou em mandado de segurança, com fundamento em violação legal e divergência jurisprudencial e remissão expressa ao art. 896 da CLT, configura erro grosseiro, insuscetível de autorizar o seu recebimento como recurso ordinário, em face do disposto no art. 895, *"b"*, da CLT.

**153.** Mandado de segurança. Execução. Ordem de penhora sobre valores existentes em conta salário. Art. **649, IV,** do CPC. Ilegalidade. *(DJ 03.12.2008)*

Ofende direito líquido e certo decisão que determina o bloqueio de numerário existente em conta salário, para satisfação de crédito trabalhista, ainda que seja limitado a determinado percentual dos valores recebidos ou a valor revertido para fundo de aplicação ou poupança, visto que o art. 649, IV, do CPC contém norma imperativa que não admite interpretação ampliativa, sendo a exceção prevista no art. 649, § 2º, do CPC espécie e não gênero de crédito de natureza alimentícia, não englobando o crédito trabalhista.

# Parte IV
# OJs do SDC

# Orientações Jurisprudenciais do Tribunal Superior do Trabalho

## Seção de Dissídios Coletivos

**1. Acordo coletivo. Descumprimento. Existência de ação própria. Abusividade da greve deflagrada para substituí-la.** *(Cancelada – DJ 22.06.2004)*

O ordenamento legal vigente assegura a via da ação de cumprimento para as hipóteses de inobservância de norma coletiva em vigor, razão pela qual é abusivo o movimento grevista deflagrado em substituição ao meio pacífico próprio para a solução do conflito.

**2. Acordo homologado. Extensão a partes não subscreventes. Inviabilidade.** *(Inserida em 27.03.1998)*

É inviável aplicar condições constantes de acordo homologado nos autos de dissídio coletivo, extensivamente, às partes que não o subscreveram, exceto se observado o procedimento previsto no art. 868 e seguintes, da CLT.

**3. Arresto. Apreensão. Depósito. Pretensões insuscetíveis de dedução em sede coletiva.** *(Inserida em 27.03.1998)*

São incompatíveis com a natureza e finalidade do dissídio coletivo as pretensões de provimento judicial de arresto, apreensão ou depósito.

**4. Disputa por titularidade de representação. Incompetência da Justiça do Trabalho.** *(Cancelada – DJ 18.10.2006)*

A disputa intersindical pela representatividade de certa categoria refoge ao âmbito da competência material da Justiça do Trabalho.

**5. Dissídio coletivo contra pessoa jurídica de direito público. Impossibilidade jurídica.** *(Inserida em 27.03.1998)*

Aos servidores públicos não foi assegurado o direito ao reconhecimento de acordos e convenções coletivos de trabalho, pelo que, por conseguinte, também não lhes é facultada a via do dissídio coletivo, à falta de previsão legal.

**6. Dissídio coletivo. Natureza jurídica. Imprescindibilidade de realização de assembleia de trabalhadores e negociação prévia.** *(Cancelada pela SDC em sessão de 10.08.2000, no julgamento do RODC 604502/1999-8, DJ 23.03.2001)*

O dissídio coletivo de natureza jurídica não prescinde da autorização da categoria, reunida em assembleia, para legitimar o sindicato próprio, nem da etapa negocial prévia para buscar solução de consenso.

**7. Dissídio coletivo. Natureza jurídica. Interpretação de norma de caráter genérico. Inviabilidade.** *(Inserida em 27.03.1998)*

Não se presta o dissídio coletivo de natureza jurídica à interpretação de normas de caráter genérico, a teor do disposto no art. 313, II, do RITST.

**8. Dissídio coletivo. Pauta reivindicatória não registrada em ata. Causa de extinção.** *(Inserida em 27.03.1998)*

A ata da assembleia de trabalhadores que legitima a atuação da entidade sindical respectiva em favor de seus interesses deve registrar, obrigatoriamente, a pauta reivindicatória, produto da vontade expressa da categoria.

**9. Enquadramento sindical. Incompetência material da Justiça do Trabalho.** *(Inserida em 27.03.1998)*

O dissídio coletivo não é meio próprio para o Sindicato vir a obter o reconhecimento de que a categoria que representa é diferenciada, pois esta matéria – enquadramento sindical – envolve a interpretação de norma genérica, notadamente do art. 577 da CLT.

**10. Greve abusiva não gera efeitos.** *(Inserida em 27.03.1998)*

É incompatível com a declaração de abusividade de movimento grevista o estabelecimento de quaisquer vantagens ou garantias a seus partícipes, que assumiram os riscos inerentes à utilização do instrumento de pressão máximo.

**11. Greve. Imprescindibilidade de tentativa direta e pacífica da solução do conflito. Etapa negocial prévia.** *(Inserida em 27.03.1998)*

É abusiva a greve levada a efeito sem que as partes hajam tentado, direta e pacificamente, solucionar o conflito que lhe constitui o objeto.

**12. GREVE. QUALIFICAÇÃO JURÍDICA. ILEGITIMIDADE ATIVA *"AD CAUSAM"* DO SINDICATO PROFISSIONAL QUE DEFLAGRA O MOVIMENTO.** *(Inserida em 27.03.1998)*

Não se legitima o Sindicato profissional a requerer judicialmente a qualificação legal de movimento paredista que ele próprio fomentou.

**13. LEGITIMAÇÃO DA ENTIDADE SINDICAL. ASSEMBLEIA DELIBERATIVA. *"QUORUM"* DE VALIDADE. ART. 612 DA CLT.** *(Cancelada – DJ 24.11.2003)*

Mesmo após a promulgação da Constituição Federal de 1988, subordina-se a validade da assembleia de trabalhadores que legitima a atuação da entidade sindical respectiva em favor de seus interesses à observância do *"quorum"* estabelecido no art. 612 da CLT.

**14. SINDICATO. BASE TERRITORIAL EXCEDENTE DE UM MUNICÍPIO. OBRIGATORIEDADE DA REALIZAÇÃO DE MÚLTIPLAS ASSEMBLEIAS.** *(Cancelada – DJ 02.12.2003)*

Se a base territorial do Sindicato representativo da categoria abrange mais de um Município, a realização de assembleia deliberativa em apenas um deles inviabiliza a manifestação de vontade da totalidade dos trabalhadores envolvidos na controvérsia, pelo que conduz à insuficiência de *"quorum"* deliberativo, exceto quando particularizado o conflito.

**15. SINDICATO. LEGITIMIDADE *"AD PROCESSUM"*. IMPRESCINDIBILIDADE DO REGISTRO NO MINISTÉRIO DO TRABALHO.** *(Inserida em 27.03.1998)*

A comprovação da legitimidade *"ad processum"* da entidade sindical se faz por seu registro no órgão competente do Ministério do Trabalho, mesmo após a promulgação da Constituição Federal de 1988.

### 16. Taxa de homologação de rescisão contratual. Ilegalidade. *(Inserida em 27.03.1998)*

É contrária ao espírito da lei *(art. 477, § 7º, da CLT)* e da função precípua do Sindicato a cláusula coletiva que estabelece taxa para homologação de rescisão contratual, a ser paga pela empresa a favor do sindicato profissional.

### 17. Contribuições para entidades sindicais. Inconstitucionalidade de sua extensão a não associados. *(Inserida em 25.05.1998)*

As cláusulas coletivas que estabeleçam contribuição em favor de entidade sindical, a qualquer título, obrigando trabalhadores não sindicalizados, são ofensivas ao direito de livre associação e sindicalização, constitucionalmente assegurado, e, portanto, nulas, sendo passíveis de devolução, por via própria, os respectivos valores eventualmente descontados.

### 18. Descontos autorizados no salário pelo trabalhador. Limitação máxima de **70%** do salário base. *(Inserida em 25.05.1998)*

Os descontos efetuados com base em cláusula de acordo firmado entre as partes não podem ser superiores a 70% do salário base percebido pelo empregado, pois deve-se assegurar um mínimo de salário em espécie ao trabalhador.

### 19. Dissídio coletivo contra empresa. Legitimação da entidade sindical. Autorização dos trabalhadores diretamente envolvidos no conflito. *(Inserida em 25.05.1998)*

**20. Empregados sindicalizados. Admissão preferencial. Condição violadora do art. 8º, V, da CF/1988.** *(Inserida em 25.05.1998)*

**21. Ilegitimidade *"ad causam"* do sindicato. Ausência de indicação do total de associados da entidade sindical. Insuficiência de quorum** *(art. 612 da CLT). (Cancelada – DJ 02.12.2003)*

**22. Legitimidade *"ad causam"* do sindicato. Correspondência entre as atividades exercidas pelos setores profissional e econômico envolvidos no conflito. Necessidade.** *(Inserida em 25.05.1998)*

**23. Legitimidade ad causam. Sindicato representativo de segmento profissional ou patronal. Impossibilidade.** *(Inserida em 25.05.1998)*

A representação sindical abrange toda a categoria, não comportando separação fundada na maior ou menor dimensão de cada ramo ou empresa.

**24. Negociação prévia insuficiente. Realização de mesa redonda perante a DRT. Art. 114, § 2º, da CF/1988. Violação.** *(Inserida em 25.05.1998. Cancelada – DJ 16.04.2004)*

**25. Salário normativo. Contrato de experiência. Limitação. Tempo de serviço. Possibilidade.** *(Inserida em 25.05.1998)*

Não fere o princípio da isonomia salarial *(art. 7º, XXX, da CF/1988)* a previsão de salário normativo tendo em vista o fator tempo de serviço.

**26. Salário normativo. Menor empregado. Art. 7º, XXX, da CF/1988. Violação.** *(Inserida em 25.05.1998)*

Os empregados menores não podem ser discriminados em cláusula que fixa salário mínimo profissional para a categoria.

## 27. Custas. Ausência de intimação. Deserção. Caracterização. *(Inserida em 19.08.1998)*

A deserção se impõe mesmo não tendo havido intimação, pois incumbe à parte, na defesa do próprio interesse, obter os cálculos necessários para efetivar o preparo.

## 28. Edital de convocação da AGT. Publicação. Base territorial. Validade. *(Inserida em 19.08.1998)*

O edital de convocação para a AGT deve ser publicado em jornal que circule em cada um dos municípios componentes da base territorial.

## 29. Edital de convocação e ata da assembleia geral. Requisitos essenciais para instauração de dissídio coletivo. *(Inserida em 19.08.1998)*

O edital de convocação da categoria e a respectiva ata da AGT constituem peças essenciais à instauração do processo de dissídio coletivo.

## 30. Estabilidade da gestante. Renúncia ou transação de direitos constitucionais. Impossibilidade. *(Inserida em 19.08.1998)*

Nos termos do art. 10, II, a, do ADCT, a proteção à maternidade foi erigida à hierarquia constitucional, pois retirou do âmbito do direito potestativo do empregador a possibilidade de despedir arbitrariamente a empregada em estado gravídico. Portanto, a teor do art. 9º da CLT, torna-se nula de pleno direito a cláusula que estabelece a possibilidade de renúncia ou transação, pela gestante, das garantias referentes à manutenção do emprego e salário.

**31. ESTABILIDADE DO ACIDENTADO. ACORDO HOMOLOGADO. PREVALÊNCIA. IMPOSSIBILIDADE. VIOLAÇÃO DO ART. 118 DA LEI Nº 8.213/1991.** *(Inserida em 19.08.1998)*

Não é possível a prevalência de acordo sobre legislação vigente, quando ele é menos benéfico do que a própria lei, porquanto o caráter imperativo dessa última restringe o campo de atuação da vontade das partes.

**32. REIVINDICAÇÕES DA CATEGORIA. FUNDAMENTAÇÃO DAS CLÁUSULAS. NECESSIDADE. APLICAÇÃO DO PRECEDENTE NORMATIVO Nº 37 DO TST.** *(Inserida em 19.08.1998)*

É pressuposto indispensável à constituição válida e regular da ação coletiva a apresentação em forma cláusulada e fundamentada das reivindicações da categoria, conforme orientação do item VI, letra "e", da Instrução Normativa nº 4/93.

**33. AÇÃO RESCISÓRIA. MINISTÉRIO PÚBLICO. LEGITIMIDADE RESTRITA. HIPÓTESES DO ART. 487, INCISOS I E III DO CPC.** *(Cancelada – Res. 137/2005 – DJ 22.08.2005)*

A teor do disposto no art. 487, incisos I e III, do CPC, o Ministério Público apenas detém legitimidade para propor ação rescisória nas hipótese em que tenha sido parte no processo no qual proferida a decisão rescindenda; nas quais deixou de manifestar-se ou intervir na lide, quando por previsão legal expressa deveria tê-lo feito, ou ainda naquelas em que a sentença resultou de colusão das partes, com o intuito de fraudar a lei.

**34. ACORDO EXTRAJUDICIAL. HOMOLOGAÇÃO. JUSTIÇA DO TRABALHO. PRESCINDIBILIDADE.** *(Inserida em 07.12.1998)*

É desnecessária a homologação, por Tribunal Trabalhista, do acordo extrajudicialmente celebrado, sendo suficiente, para que surta efeitos, sua formalização perante o Ministério do Trabalho *(art. 614 da CLT e art. 7º, inciso XXXV, da Constituição Federal).*

**35.** EDITAL DE CONVOCAÇÃO DA **AGT.** DISPOSIÇÃO ESTATUTÁRIA ESPECÍFICA. PRAZO MÍNIMO ENTRE A PUBLICAÇÃO E A REALIZAÇÃO DA ASSEMBLEIA. OBSERVÂNCIA OBRIGATÓRIA. *(Inserida em 07.12.1998)*

Se os estatutos da entidade sindical contam com norma específica que estabeleça prazo mínimo entre a data de publicação do edital convocatório e a realização da assembleia correspondente, então a validade desta última depende da observância desse interregno.

**36.** EMPREGADOS DE EMPRESA DE PROCESSAMENTO DE DADOS. RECONHECIMENTO COMO CATEGORIA DIFERENCIADA. IMPOSSIBILIDADE. *(Inserida em 07.12.1998)*

É por lei e não por decisão judicial, que as categorias diferenciadas são reconhecidas como tais. De outra parte, no que tange aos profissionais da informática, o trabalho que desempenham sofre alterações, de acordo com a atividade econômica exercida pelo empregador.

**37.** EMPREGADOS DE ENTIDADES SINDICAIS. ESTABELECIMENTO DE CONDIÇÕES COLETIVAS DE TRABALHO DISTINTAS DAQUELAS ÀS QUAIS SUJEITAS AS CATEGORIAS REPRESENTADAS PELOS EMPREGADORES. IMPOSSIBILIDADE JURÍDICA. ART. **10** DA LEI Nº **4.725/1965.** *(Cancelada – DJ 18.10.2006)*

O art. 10 da Lei nº 4.725/1965 assegura, para os empregados de entidades sindicais, as mesmas condições coletivas de trabalho fixadas para os integrantes das categorias que seus empregadores representam. Assim, a previsão legal expressa constitui óbice ao ajuizamento de dissídio coletivo com vistas a estabelecer para aqueles profissionais regramento próprio.

**38. Greve. Serviços essenciais. Garantia das necessidades inadiá-veis da população usuária. Fator determinante da qualificação jurídica do movimento.** *(Inserida em 07.12.1998)*

É abusiva a greve que se realiza em setores que a lei define como sendo essenciais à comunidade, se não é assegurado o atendimento básico das necessidades inadiáveis dos usuários do serviço, na forma prevista na Lei nº 7.783/1989.

# Índice Remissivo

## Parte I – Súmulas, 9

- Abandono de emprego, **23**
- Abandono de emprego, **31**
- Abono de faltas. Serviço médico da empresa, **98**
- Ação de cumprimento. Trânsito em julgado da sentença normativa, **88**
- Ação rescisória de ação rescisória. Violação de lei. Indicação dos mesmos dispositivos legais apontados na rescisória primitiva, **163**
- Ação rescisória, **65**
- Ação rescisória. Art. 485, IV, do CPC. Ação de cumprimento. Ofensa à coisa julgada emanada de sentença normativa modificada em grau de recurso. Inviabilidade. Cabimento de mandado de segurança, **161**
- Ação rescisória. Ausência de defesa. Inaplicáveis os efeitos da revelia, **162**
- Ação rescisória. Cabimento. Sentença de mérito. Decisão homologatória de adjudicação, de arrematação e de cálculos, **162**
- Ação rescisória. Competência e possibilidade jurídica do pedido, **72**
- Ação rescisória. Decadência, **45**
- Ação rescisória. Decisão rescindenda. Trânsito em julgado. Comprovação. Efeitos, **105**
- Ação rescisória. Descontos legais. Fase de execução. Sentença exequenda omissa. Inexistência de ofensa à coisa julgada, **164**
- Ação rescisória. Deserção. Prazo, **45**
- Ação rescisória. Documento novo. Dissídio coletivo. Sentença normativa, **164**
- Ação rescisória. Dolo da parte vencedora em detrimento da vencida. Art. 485, III, do CPC, **165**
- Ação rescisória. Fundamento para invalidar confissão. Confissão ficta. Inadequação do enquadramento no art. 485, VIII, do CPC, **166**
- Ação rescisória. Liminar. Antecipação de tutela, **166**
- Ação rescisória. Litisconsórcio. Necessário no polo passivo e facultativo no ativo. Inexistente quanto aos substituídos pelo sindicato, **168**

- Ação rescisória. Matéria controvertida, **36**
- Ação rescisória. Ministério Público. Legitimidade *"ad causam"* prevista no art. 487, III, *"a"* e *"b"*, do CPC. As hipóteses são meramente exemplificativas, **169**
- Ação rescisória. Petição inicial. Causa de pedir. Ausência de capitulação ou capitulação errônea no art. 485 do CPC. Princípio *"iura novit curia"*, **169**
- Ação rescisória. Prazo prescricional. Total ou parcial. Violação do art. 7º, XXIX, da CF/1988. Matéria infraconstitucional, **170**
- Ação rescisória. Reexame de fatos e provas. Inviabilidade, **170**
- Ação rescisória. Sentença de mérito. Decisão de Tribunal Regional do Trabalho em agravo regimental confirmando decisão monocrática do relator que, aplicando a Súmula nº 83 do TST, indeferiu a petição inicial da ação rescisória. Cabimento, **171**
- Ação rescisória. Sentença de mérito. Questão processual, **171**
- Ação rescisória. Sentença de mérito. Violação do art. 896, *"a"*, da CLT, **172**
- Ação rescisória. Violação de lei. Prequestionamento, **104**
- Acidente de trabalho, **25**
- Acordo de compensação de horário em atividade insalubre, celebrado por acordo coletivo. Validade, **128**
- Adicional de insalubridade, **61**
- Adicional de insalubridade. Base de cálculo, **84**
- Adicional de insalubridade. Causa de pedir. Agente nocivo diverso do apontado na inicial, **102**
- Adicional de insalubridade. Direito adquirido, **89**
- Adicional de periculosidade, **32**
- Adicional de periculosidade. Eletricitários. Exposição intermitente, **132**
- Adicional de periculosidade. Exposição eventual, permanente e intermitente, **133**
- Adicional de periculosidade. Integração, **60**
- Adicional noturno. Alteração de turno de trabalho. Possibilidade de supressão, **93**
- Adicional noturno. Integração no salário e prorrogação em horário diurno, **30**
- Adicional regional, **37**
- Adicional. Periculosidade. Incidência, **72**
- Alçada recursal. Vinculação ao salário-mínimo, **130**
- Alçada, **33**
- Alçada. Ação rescisória e mandado de segurança, **134**
- Aposentadoria por invalidez, **66**
- Aposentadoria, **33**
- Aposentadoria, **43**
- Aposentadoria. Complementação, **44**
- Art. 462 do CPC. Fato superveniente, **159**
- Assistência, **36**
- Atestado médico, **18**
- Ausência ao serviço, **65**

- Ausência do reclamante, **15**
- Auxiliar de laboratório. Ausência de diploma. Efeitos, **107**
- Aviso prévio, **25**
- Aviso prévio. Concessão na fluência da garantia de emprego. Invalidade, **127**
- Aviso prévio. Contrato de experiência, **67**
- Aviso prévio. Indenização compensatória. Lei nº 6.708, de 30.10.1979, **69**
- Aviso prévio. Início da contagem. Art. 132 do Código Civil de 2002, **148**
- Aviso prévio. Renúncia pelo empregado, **96**
- Aviso prévio. Substituição pelo pagamento das horas reduzidas da jornada de trabalho, **85**
- Aviso-prévio indenizado. Efeitos. Superveniência de auxílio-doença no curso deste, **143**
- Bancário, **43**
- Bancário. Cargo de confiança, **50**
- Bancário. Categoria diferenciada, **56**
- Bancário. Empregado de empresa de processamento de dados, **85**
- Bancário. Gratificação de função e adicional por tempo de serviço, **86**
- Bancário. Gratificação por tempo de serviço. Integração no cálculo das horas extras, **84**
- Bancário. Hora de salário. Divisor, **57, 126**
- Bancário. Pré-contratação de horas extras, **74**
- Bancário. Sábado. Dia útil, **53**
- BANDEPE. Regulamento Interno de Pessoal não confere estabilidade aos empregados, **126**
- Benefício previdenciário a dependente de ex-empregado. Correção monetária. Legislação aplicável, **111**
- Cartão de ponto. Registro. Horas extras. Minutos que antecedem e sucedem a jornada de trabalho, **135**
- Carteira profissional, **16**
- CIPA. Suplente. Garantia de emprego. CF/1988, **123**
- Comissionista, **21**
- Comissionista. Horas extras, **124**
- Compensação de jornada, **37**
- Compensação, **20, 26**
- Competência da Justiça do Trabalho. Cadastramento no PIS, **107**
- Competência funcional. Conflito negativo. TRT e Vara do Trabalho de idêntica região. Não configuração, **179**
- Competência. Execução por carta. Embargos de terceiro. Juízo deprecante, **178**
- Complementação de aposentadoria. Petrobras. Manual de pessoal. Norma programática, **120**
- Complementação de aposentadoria. Proporcionalidade. Banespa, **111**
- Complementação dos proventos da aposentadoria, **100**

- Complementação dos proventos de aposentadoria. Diferença. Prescrição parcial, **114**
- Complementação dos proventos de aposentadoria. Parcela nunca recebida. Prescrição total, **114**
- Comprovação de divergência jurisprudencial. Recursos de revista e de embargos, **122**
- CONAB. Estabilidade. Aviso DIREH nº 2 de 12.12.1984, **130**
- Confissão, **34**
- Conflitos de leis trabalhistas no espaço. Princípio da *"lex loci executionis"*, **77**
- Constitucionalidade. § 2º do art. 9º do Decreto-Lei nº 1.971, de 30.11.1982, **121**
- Constitucionalidade. Alínea *"b"* do art. 896 da CLT, **111**
- Contrato de prestação de serviços. Legalidade, **116**
- Contrato de trabalho. Art. 479 da CLT, **57**
- Contrato de trabalho. Experiência. Prorrogação, **71**
- Contrato de trabalho. Grupo econômico, **59**
- Contrato nulo. Efeitos, **133**
- Correção monetária. Empresas em liquidação. Art. 46 do ADCT/CF, **109**
- Correção monetária. Incidência, **70**
- Correção monetária. Salário. Art. 459 DA CLT, **149**
- Culpa recíproca, **17**
- Custas, **21, 24, 28**
- Dano moral. Competência da Justiça do Trabalho, **157**
- Decisão interlocutória. Irrecorribilidade, **78**
- Depósito recursal, **58**
- Depósito recursal. Credenciamento bancário. Prova dispensável, **80**
- Depósito recursal. Prazo, **88**
- Depósito. Condenação a pagamento em pecúnia, **67**
- Descontos previdenciários e fiscais. Competência. Responsabilidade pelo pagamento. Forma de cálculo, **136**
- Descontos salariais. Art. 462 da CLT, **125**
- Deserção. Massa falida. Empresa em liquidação extrajudicial, **38**
- Despedida. Justa causa, **33**
- Despedimento. Ônus da prova, **77**
- Diárias de viagem. Salário, **50**
- Diárias. Base de cálculo para sua integração no salário, **113**
- Diferenças salariais. Planos econômicos. Limite, **114**
- Digitador. Intervalos intrajornada. Aplicação analógica do art. 72 da CLT, **127**
- Diretor eleito. Cômputo do período como tempo de serviço, **95**
- Dirigente sindical. Despedida. Falta grave. Inquérito judicial. Necessidade, **148**
- Dirigente sindical. Estabilidade provisória, **141**
- Embargos de declaração. Omissão no julgado, **97**
- Embargos declaratórios contra decisão monocrática do relator calcada no art. 557 do CPC. Cabimento, **179**
- Embargos declaratórios. Omissão em recurso de revista. Preclusão, **70**

- Embargos. Agravo. Cabimento, **129**
- Equiparação salarial. Art. 461 da CLT, **10**
- Estabilidade provisória. Acidente do trabalho. art. 118 da Lei nº 8.213/1991. Constitucionalidade. Pressupostos, **147**
- Estabilidade provisória. Pedido de reintegração. Concessão do salário relativo ao período de estabilidade já exaurido. Inexistência de julgamento *"extra petita"*, **161**
- Estabilidade. Art. 41 da CF/1988. Celetista. Administração direta, autárquica ou fundacional. Aplicabilidade. Empregado de empresa pública e sociedade de economia mista. Inaplicável, **156**
- Falta ao serviço, **39**
- Fazenda Pública. Duplo grau de jurisdição, **108**
- Feriado local. Ausência de expediente forense. Prazo Recursal. Prorrogação. Comprovação. Necessidade, **152**
- Férias proporcionais. Contrato de Trabalho. Extinção, **68**
- Férias proporcionais. Pedido de demissão. Contrato vigente há menos de um ano, **91**
- Férias, **15, 35**
- Férias. Terço constitucional, **115**
- Ferroviário, **30**
- FGTS. Incidência sobre parcelas prescritas, **76**
- FGTS. Indenização. Equivalência. Compatibilidade, **44**
- FGTS. Prescrição, **132**
- Financeiras, **29**
- Fundo de Garantia do Tempo de Serviço. Incidência sobre o aviso prévio, **109**
- Fundo de garantia, **31**
- Gestante. Estabilidade provisória, **87**
- Gorjetas. Natureza jurídica. Repercussões, **130**
- Gratificação de função, **52**
- Gratificação de função. Supressão ou redução. Limites, **144**
- Gratificação natalina, **27, 63**
- Gratificação por tempo de serviço. Compensação, **76**
- Gratificação por tempo de serviço. Natureza salarial, **76**
- Gratificação semestral. Congelamento. Prescrição parcial, **144**
- Gratificação semestral. Repercussões, **89**
- Gratificação, **65**
- Gratificação. Ajuste tácito, **64**
- Gratificação. Ferroviário, **32**
- Greve. Competência da Justiça do Trabalho. Abusividade, **71**
- Honorários advocatícios. Art. 133 da CF/1988, **115**
- Honorários advocatícios. Hipótese de cabimento, **81**
- Honorários do assistente técnico, **125**

- Hora suplementar. Cálculo, **93**
- Horas *"in itinere"*. Obrigatoriedade de cômputo na jornada de trabalho, **113**
- Horas *"in itinere"*. Tempo de serviço, **40**
- Horas extras habituais. Apuração. Média física, **127**
- Horas extras, **102**
- Horas extras. Gratificações semestrais, **55**
- Horas extras. Limitação. Art. 59 da CLT. Reflexos, **146**
- Indenização adicional. Valor, **86**
- Indenização adicional. Verbas rescisórias. Salário corrigido, **112**
- Indenização, **22**
- Insalubridade, **26, 35**
- Insalubridade. Adicional. Fornecimento do aparelho de proteção. Efeito, **100**
- Intimação da sentença, **23**
- IPC de março/1990. Lei nº 8.030, de 12.04.1990. (Plano Collor). Inexistência de direito adquirido, **112**
- Jornada de trabalho, **56**
- Jornada de trabalho. Gerente bancário, **99**
- Jornada de trabalho. Horas extras, **56**
- Jornada de trabalho. Intervalo, **52**
- Jornada de trabalho. Registro. Ônus da prova, **122**
- Juiz. Identidade física, **60**
- Juntada de documento, **15**
- Juros de mora e correção monetária. Independência do pedido inicial e do título executivo judicial, **77**
- Juros de mora. Incidência, **75**
- Juros. Irretroatividade do Decreto-Lei nº 2.322, de 26.02.1987, **109**
- Licença-prêmio. Conversão em pecúnia. Regulamento da empresa, **70**
- Mandado de segurança visando à concessão de liminar ou homologação de acordo, **178**
- Mandado de segurança. Antecipação de tutela (ou liminar) concedida antes ou na sentença, **172**
- Mandado de segurança. Art. 284 do CPC. Aplicabilidade, **173**
- Mandado de segurança. Decisão judicial transitada em julgado, **23**
- Mandado de segurança. Execução. Lei nº 8.432/1992. Art. 897, § 1º, da CLT. Cabimento, **173**
- Mandado de segurança. Penhora em dinheiro, **174**
- Mandato e substabelecimento. Condições de validade, **160**
- Mandato. Arts. 13 e 37 do CPC. Fase recursal. Inaplicabilidade, **150**
- Marítimo, **44**
- Massa falida. Arts. 467 e 477 da CLT. Inaplicabilidade, **154**
- Médico e engenheiro. Jornada de trabalho. Leis nº 3.999/1961 e 4.950/1966, **143**
- Mora, **17**

- Mudança de regime celetista para estatutário. Extinção do contrato. Prescrição bienal, **150**
- Multa convencional. Cobrança, **151**
- Norma coletiva. Categoria diferenciada. Abrangência, **145**
- Norma Regulamentar. Vantagens e opção pelo novo regulamento. Art. 468 da CLT, **27**
- Notificação, **19**
- Opção pelo regime trabalhista. Supressão das vantagens estatutárias, **86**
- Optante, **28**
- Periculosidade, **24**
- Pessoal de obras, **29**
- Petição inicial. Indeferimento. Instrução obrigatória deficiente, **92**
- Petroleiros. Lei nº 5.811/1972. Turno ininterrupto de revezamento. Horas extras e alteração da jornada para horário fixo, **156**
- Poder normativo do TST. Condições de trabalho. Inconstitucionalidade. Decisões contrárias ao STF, **72**
- Policial militar. Reconhecimento de vínculo empregatício com empresa privada, **152**
- Prazo judicial, **9**
- Prazo judicial. Notificação ou intimação em sábado. Recesso forense, **92**
- Prazo, **74**
- Preposto. Exigência da condição de empregado, **146**
- Prequestionamento. Oportunidade. Configuração, **103**
- Prescrição intercorrente, **53**
- Prescrição quinquenal, **110**
- Prescrição, **64**
- Prescrição. Desvio de função e reenquadramento, **95**
- Prescrição. Interrupção. Ação trabalhista arquivada, **94**
- Prescrição. Prazo, **65**
- Prescrição. Termo inicial. Ação de cumprimento. Sentença normativa, **128**
- Previdência privada, **39**
- Procuração. Juntada, **67**
- Professor, **16**
- Professor. Repouso semanal remunerado. Art. 7º, § 2º, da Lei nº 605, de 05.01.1949 e art. 320 da CLT, **129**
- Punição, **34**
- Quadro de carreira, **20, 58**
- Quebra de caixa. Natureza jurídica, **89**
- Quitação. Validade, **116**
- Radiologista. Salário profissional. Lei nº 7.394, de 29.10.1985, **131**
- Readmissão, **61**
- Reajustes salariais (*"gatilhos"*). Aplicação aos servidores públicos contratados sob a égide da Legislação Trabalhista, **113**

- Reajustes salariais previstos em norma coletiva. Prevalência da legislação de política salarial, **145**
- Recurso adesivo. Pertinência no processo do trabalho. Correlação de matérias, **98**
- Recurso contra sentença normativa. Efeito suspensivo. Cassação, **97**
- Recurso de revista. Acórdão proferido em agravo de instrumento, **81**
- Recurso de revista. Admissibilidade parcial pelo Juiz-Presidente do Tribunal Regional do Trabalho. Efeito, **99**
- Recurso de revista. Admissibilidade. Execução de sentença, **94**
- Recurso ordinário em mandado de segurança, **75**
- Recurso ordinário. Efeito devolutivo em profundidade. Art. 515, § 1º, do CPC, **159**
- Recurso, **20**
- Recurso. Apelo que não ataca os fundamentos da decisão recorrida. Não conhecimento. Art. 514, II, do CPC, **180**
- Recurso. Cabimento, **58**
- Recurso. Divergência jurisprudencial. Especificidade, **102**
- Recurso. Fac-símile. Lei nº 9.800/1999, **153**
- Recursos de revista e de embargos. Conhecimento, **121**
- Recursos de revista ou de embargos. Violação de lei. Indicação de preceito. Interpretação razoável, **82**
- Repouso remunerado. Horas extras. Cálculo, **68**
- Repouso semanal. Cálculo. Gratificações por tempo de serviço e produtividade, **83**
- Rescisão do contrato, **32**
- Revelia. Atestado médico, **57**
- Salário complessivo, **42**
- Salário profissional, **62**
- Salário. Empresa. Cessação de atividades, **69**
- Salário-família. Termo inicial da obrigação, **90**
- Salário-família. Trabalhador rural, **126**
- Salário-utilidade. Alimentação, **86**
- Salário-utilidade. Percentuais, **90**
- Seguro-desemprego. Competência da Justiça do Trabalho. Direito à indenização por não liberação de guias, **155**
- Sentença normativa. Vigência. Repercussão nos contratos de trabalho, **96**
- Serviço extraordinário, **21**
- Serviço suplementar, **25**
- Sindicato. Substituição processual. Convenção e acordo coletivos, **99**
- Sobreaviso. Eletricitários, **84**
- Sociedade de economia mista. Custas, **68**
- Substituição de caráter não eventual e vacância do cargo, **66**
- Tarefeiro. Férias, **63**
- Telefonista. Art. 227, e parágrafos, da CLT. Aplicabilidade, **69**
- Tempo de serviço, **28**

- Termo de conciliação. Ação rescisória, **91**
- Testemunha. Ação contra a mesma reclamada. Suspeição, **131**
- Trabalho em domingos e feriados, não compensado, **63**
- Trabalho noturno. Petróleo, **53**
- Transferência, **22, 24**
- Turno ininterrupto de revezamento. Fixação de jornada de trabalho mediante negociação coletiva. Validade, **180**
- Turnos ininterruptos de revezamento. Intervalos intrajornada e semanal, **131**
- Utilidades *"in natura"*. Habitação. Energia elétrica. Veículo. Cigarro. Não integração ao salário, **135**
- Vigia portuário. Terminal privativo. Não obrigatoriedade de requisição, **110**
- Vigia, **31, 62**
- Vigilante, **90**

# Parte II – OJs do SDI-1, 181

- Abono previsto em norma coletiva. Natureza indenizatória. Concessão apenas aos empregados em atividade. Extensão aos inativos. Impossibilidade, **258**
- Ação de cumprimento fundada em decisão normativa que sofreu posterior reforma, quando já transitada em julgado a sentença condenatória. coisa julgada. Não configuração, **240**
- Ação declaratória. Complementação de aposentadoria, **240**
- Ação rescisória. Réu sindicato. Legitimidade passiva *"ad causam"*. Admitida, **181**
- Ação rescisória. Réu sindicato. Substituto processual na ação originária. Inexistência de litisconsórcio passivo necessário, **197**
- Acordo coletivo de trabalho. Cláusula de termo aditivo prorrogando o acordo para prazo indeterminado. Inválida, **252**
- Acordo de compensação de jornada. *"Semana espanhola"*. Validade, **252**
- Acordo de compensação. Extrapolação da jornada, **227**
- Adicional de insalubridade ou periculosidade. Condenação. Inserção em folha de pagamento, **217**
- Adicional de insalubridade. Base de cálculo, na vigência do Decreto-Lei nº 2.351/1987. Piso Nacional de Salários, **181**
- Adicional de insalubridade. Base de cálculo. Mesmo na vigência da CF/1988: salário-mínimo, **181**
- Adicional de insalubridade. Deficiência de iluminamento. Limitação, **212**
- Adicional de insalubridade. Integração na remuneração, **201**
- Adicional de insalubridade. Lixo urbano, **182, 216**
- Adicional de insalubridade. Óleos minerais. Sentido do termo *"manipulação"*, **216**
- Adicional de insalubridade. Perícia. Local de trabalho desativado, **241**
- Adicional de insalubridade. Raios solares. Indevido, **217**
- Adicional de insalubridade. Repouso semanal e feriados, **201**
- Adicional de periculosidade. Acordo coletivo ou convenção coletiva. Prevalência, **236**

- Adicional de periculosidade. Eletricitários. Base de cálculo. Lei nº 7.369/1985, art. 1º. Interpretação, **241**
- Adicional de periculosidade. Exposição eventual. Indevido, **241**
- Adicional de periculosidade. Exposição permanente e intermitente. Inflamáveis e/ou explosivos. Direito ao adicional integral, **182**
- Adicional de periculosidade. Horas de sobreaviso. Indevido, **217**
- Adicional de periculosidade. Radiação ionizante ou substância radioativa. Devido, **258**
- Adicional de periculosidade. Sistema elétrico de potência. Decreto nº 93.412/86, art. 2º, § 1º, **252**
- Adicional de periculosidade. Sistema elétrico de potência. Lei nº 7.369, de 20.09.1985, regulamentada pelo Decreto nº 93.412, de 14.10.1986. Extensão do direito aos cabistas, instaladores e reparadores de linhas e aparelhos em empresa de telefonia, **259**
- Adicional de transferência. Cargo de confiança ou previsão contratual de transferência. Devido. Desde que a transferência seja provisória, **203**
- Adicional noturno. Base de cálculo. Adicional de periculosidade. Integração, **236**
- Adicional noturno. Prorrogação em horário diurno, **182**
- Advogado. Atuação fora da seção da OAB onde o advogado está inscrito. Ausência de comunicação, **182**
- Agravo de instrumento. Acórdão do TRT não assinado. Interposto anteriormente à Instrução Normativa nº 16/1999, **241**
- Agravo de instrumento. Juízo de admissibilidade *"ad quem"*, **242**
- Agravo de instrumento. Peças essenciais. Traslado realizado pelo agravado. Validade, **242**
- Agravo de instrumento. Recurso de revista. Procedimento sumaríssimo. Lei nº 9957/2000. Processos em curso, **236**
- Agravo de instrumento. Traslado. Ausência de certidão de publicação. Etiqueta adesiva imprestável para aferição da tempestividade, **242**
- Agravo de instrumento. Traslado. Carimbo do protocolo do recurso ilegível. Inservível, **242**
- Agravo de instrumento. Traslado. Lei nº 9.756/1998. Guias de custas e de depósito recursal, **226**
- Agravo de instrumento. Traslado. Mandato tácito. Ata de audiência. Configuração, **243**
- Agravo de instrumento. Traslado. Não exigência de certidão de publicação do Acórdão Regional. Res. 52/1996 – Instrução Normativa nº 6/1996, **199**
- Agravo regimental. Peças essenciais nos autos principais, **207**
- Ajuda alimentação. PAT. Lei nº 6321/1976. Não integração ao salário, **207**
- Alçada. Ação rescisória. Não se aplica a alçada em ação rescisória, **183**
- Alçada. Decisão contrária à entidade pública. Cabível a remessa de ofício. Decreto-Lei nº 779/1969 e Lei nº 5.584/1970, **183**

- Alçada. Mandado de segurança, **183**
- Alçada. Vinculação ao salário mínimo. Duplo grau. Recorribilidade, **183**
- Anistia. Art. 8º, § 1º, ADCT. Efeitos financeiros. ECT, **199**
- Anistia. Emenda Constitucional nº 26/1985. Efeitos financeiros da promulgação, **183**
- Anistia. Lei nº 6.683/1979. Tempo de afastamento. Não computável para efeito de indenização e adicional por tempo de serviço, licença-prêmio e promoção, **218**
- Anistia. Lei nº 8.878/1994. Efeitos financeiros devidos a partir do efetivo retorno à atividade, **227**
- Aposentadoria espontânea. Efeitos, **218**
- Aposentadoria espontânea. Unicidade do contrato de trabalho. Multa de 40% do FGTS sobre todo o período, **262**
- APPA. Decreto-Lei nº 779/1969. Depósito recursal e custas. Não isenção, **184**
- Art. 462, do CPC. Fato superveniente, **197**
- Aumento salarial concedido pela empresa. Compensação no ano seguinte em antecipação sem a participação do sindicato profissional. Impossibilidade, **252**
- Autenticação. Documentos distintos. Despacho denegatório do recurso de revista e certidão de publicação, **243**
- Autenticação. Pessoa jurídica de direito público. Dispensada. Medida provisória nº 1.360, de 12.03.1996, **207**
- Aviso prévio de 60 dias. Elastecimento por norma coletiva. Projeção. Reflexos nas parcelas trabalhistas, **264**
- Aviso prévio indenizado. Superveniência de auxílio-doença no curso deste, **208**
- Aviso-prévio cumprido em casa. Verbas rescisórias. Prazo para pagamento, **184**
- Aviso-prévio. Baixa na CTPS, **198**
- Aviso-prévio. Indenizado. Prescrição, **198**
- Aviso-prévio. Início da contagem. Art. 125, Código Civil, **205**
- Aviso-prévio. Proporcionalidade, **198**
- Bancário. Advogado. Cargo de confiança, **227**
- Bancário. Cargo de confiança. Art. 224, § 2º, CLT. Gratificação. Pagamento a menor, **243**
- Bancário. Gratificação de função superior a 1/3 e inferior ao valor constante de norma coletiva. Inexistência de direito às 7ª e 8ª horas. Direito à diferença do adicional, se e quando pleiteada, **184**
- Bancário. Intervalo de 15 minutos. Não computável na jornada de trabalho, **218**
- Bancários. Ajuda-alimentação, **205**
- Banco do Brasil. ACP. Adicional de caráter pessoal. Indevido, **184**
- Banco do Brasil. AP e ADI, **184**
- Banco do Brasil. Complementação de aposentadoria. Média trienal, **185**
- Banco do Brasil. Complementação de aposentadoria. Média trienal. Valorizada, **243**
- Banco do Brasil. Complementação de aposentadoria. Proporcionalidade somente a partir da Circ. Funci nº 436/1963, **185**

- Banco do Brasil. Complementação de aposentadoria. Telex DIREC 5003/1987. Não assegurada, **208**
- Banco do Brasil. Complementação de aposentadoria. Teto. Cálculo. AP e ADI. Não integração, **186**
- Banco Meridional. Circular nº 34.046/1989. Dispensa sem justa causa, **208**
- Bancos. Sucessão trabalhista, **237**
- Banrisul. Complementação de aposentadoria, **212**
- BNDES. Arts. 224/226, CLT. Aplicável a seus empregados. Entidade sujeita à legislação bancária, **218**
- BRDE. Entidade autárquica de natureza bancária. Lei nº 4.594/1964, art. 17. Res. Bacen 469/1970, art. 8º. CLT, art. 224, § 2º. CF, art. 173, § 1º, **186**
- Cartão de ponto. Registro, **186**
- Cartão de ponto. Registro. Horas extras. Minutos que antecedem e sucedem a jornada de trabalho. Tempo utilizado para uniformização, lanche e higiene pessoal, **253**
- Cigarro não é salário-utilidade, **186**
- Cipa. Suplente. Antes da CF/1988. Não tem direito à estabilidade, **186**
- Coisa julgada. Planos econômicos. Limitação à data-base na fase de execução, **237**
- Comissionista puro. Abono. Lei nº 8.178/1991. Não incorporação, **218**
- Comissões. Alteração ou supressão. Prescrição total, **217**
- Comissões. Alteração. Prescrição total. Súmula nº 294. Aplicável, **233**
- Comissões. Correção monetária. Cálculo, **218**
- Compensação de jornada. Acordo individual tácito. Inválido, **228**
- Compensação de jornada. Acordo individual. Validade, **219**
- Competência da Justiça do Trabalho. Complementação de pensão requerida por viúva de ex-empregado, **187**
- Competência material. Justiça do Trabalho. Ente Público. Contratação irregular. Regime especial. Desvirtuamento, **223**
- Competência residual. Regime jurídico único. Lei nº 8.112/1990. Limitação, **234**
- Competência residual. Regime jurídico único. Limitação da execução, **208**
- Complementação de aposentadoria. Banco do Brasil, **185**
- Complementação de aposentadoria. Banco Itaú, **219**
- Complementação de aposentadoria. Caixa Econômica Federal. Auxílio-alimentação. Supressão. Súmulas nos 51 e 288. Aplicáveis, **234**
- Complementação de aposentadoria. Diferenças. Prescrição, **212**
- Complementação de aposentadoria. Fundação Clemente de Faria. Banco Real, **213**
- Complementação de aposentadoria. Reajuste. Lei nº 9.069/1995, **228**
- Conab. Estabilidade concedida por norma interna. Não assegurada. Aviso Direh nº 2/1984, **187**
- Confissão ficta. Produção de prova posterior, **219**
- Contrato de concessão de serviço público. Responsabilidade trabalhista, **228**

- Contrato de trabalho com a Associação de Pais e Mestres – APM. Inexistência de responsabilidade solidária ou subsidiária do Estado, **219**
- Contrato nulo. Administração pública. Efeitos. Conhecimento do recurso por violação do art. 37, II e § 2º, da CF/1988, **255**
- Contrato nulo. Efeitos. Devido apenas o equivalente aos salários dos dias trabalhados, **198**
- Contrato nulo. Efeitos. FGTS. Medida Provisória 2.164-41, de 24.08.2001, e art. 19-A da Lei nº 8.036, de 11.05.1990. Irretroatividade, **263**
- Contrato por prazo determinado. Lei especial, **237**
- Contribuição sindical patronal. Ação de cumprimento. Incompetência da Justiça do Trabalho, **244**
- Conversão de salários de cruzeiros para cruzados. Decreto-Lei nº 2.284/1986, **190**
- Correção monetária sobre as diferenças salariais. Universidades Federais. Devida. Lei nº 7.596/1987, **187**
- Correção monetária. Salário. Art. 459, CLT, **205**
- Crédito trabalhista. Cédula de crédito rural. Cédula de crédito industrial. Penhorabilidade, **228**
- Custas. Comprovação de recolhimento. DARF eletrônico. Validade, **213**
- Custas. Condenação acrescida. Inexistência de deserção quando as custas não são expressamente calculadas e não há intimação da parte para o preparo do recurso, devendo, então, ser as custas pagas ao final, **201**
- Custas. Embargos de terceiro interpostos anteriormente à Lei nº 10.537/2002. Inexigência de recolhimento, **244**
- Custas. Inversão do ônus da sucumbência. Deserção. Não ocorrência, **220**
- Custas. Mandado de segurança. Recurso ordinário. Exigência do pagamento, **187**
- Custas. Prazo para comprovação, **187**
- Dano moral. Competência da Justiça do Trabalho, **253**
- Data de pagamento. Salários. Alteração, **213**
- Décimo terceiro salário. Dedução da 1ª parcela. URV. Lei nº 8.880/1994, **220**
- Decisão normativa que defere direitos. Falta de interesse de agir para ação individual, **220**
- Denunciação da lide. Processo do Trabalho. Incompatibilidade, **229**
- Depósito recursal e custas. Diferença ínfima. Deserção. Ocorrência, **209**
- Depósito recursal e custas. Empresa em liquidação extrajudicial. Súmula nº 86. Não pertinência, **187**
- Depósito recursal. Agravo de petição. IN/TST nº 3/1993, **220**
- Depósito recursal. Complementação devida. Aplicação da Instrução Normativa nº 3/1993, II, **209**
- Depósito recursal. Condenação solidária, **221**
- Depósito recursal. PIS/PASEP. Ausência de indicação na guia de depósito recursal. Validade, **238**

- Descontos legais. Sentenças trabalhistas. Contribuição previdenciária e imposto de renda. Devidos. Provimento CGJT 3/1984, **188**
- Descontos legais. Sentenças trabalhistas. Lei nº 8.541/1992, art. 46. Provimento da CGJT 3/1984 e alterações posteriores, **229**
- Descontos previdenciários e fiscais. Competência da Justiça do Trabalho, **209**
- Descontos previdenciários e fiscais. Condenação do empregador em razão do inadimplemento de verbas remuneratórias. Responsabilidade do empregado pelo pagamento. Abrangência, **263**
- Descontos previdenciários. Acordo homologado em juízo. Inexistência de vínculo empregatício. Parcelas indenizatórias. Ausência de discriminação. Incidência sobre o valor total, **264**
- Descontos salariais. Autorização no ato da admissão. Validade, **213**
- Descontos. Frentista. Cheques sem fundos, **234**
- Deserção. Custas. Carimbo do banco. Validade, **188**
- Desmembramento de municípios. Responsabilidade trabalhista, **199**
- Desvio de função. Quadro de carreira, **205**
- Diárias. Integração ao salário. Art. 457, § 2º, da CLT, **244**
- Dirigente sindical. Despedida. Falta grave. Inquérito judicial. Necessidade, **203**
- Dirigente sindical. Estabilidade provisória, **188**
- Dirigente sindical. Extinção da atividade empresarial no âmbito da base territorial do sindicato. Insubsistência da estabilidade, **198**
- Dirigente sindical. Registro de candidatura no curso do aviso prévio. Não tem direito à estabilidade provisória, **188**
- Domingos e feriados trabalhados e não compensados. Aplicação da Súmula nº 146, **200**
- Dono da obra. Responsabilidade, **221**
- Efeito devolutivo. Profundidade. Recurso ordinário. Art. 515, § 1º, do CPC. Aplicação, **257**
- Embargos à SDI contra decisão de turma do TST em agravo do art. 557, § 1º, do CPC. Cabimento, **244**
- Embargos à SDI contra decisão em recurso de revista não conhecido quanto aos pressupostos intrínsecos. Necessária a indicação expressa de ofensa ao art. 896 da CLT, **244**
- Embargos declaratórios. Efeito modificativo. Vista à parte contrária, **209**
- Embargos declaratórios. Prazo em dobro. Pessoa jurídica de direito público. Decreto-Lei nº 779/1969, **221**
- Embargos para SDI. Divergência oriunda da mesma turma do TST. Inservível, **200**
- Embargos. Exigência. Indicação expressa do dispositivo legal tido como violado, **200**
- Embargos. Recurso não conhecido com base em orientação jurisprudencial. Desnecessário o exame das violações legais e constitucionais alegadas na revista, **255**

- Embargos. Revista não conhecida por má aplicação de súmula ou de orientação jurisprudencial. Exame do mérito pela SDI, **245**
- Embargos. Violação do art. 896 da CLT, **188**
- Empregado que exerce atividade rural. Empresa de reflorestamento. Prescrição própria do rurícola, **189**
- Empresa em liquidação extrajudicial. Execução. Créditos trabalhistas. Lei nº 6.024/1974, **210**
- Engenheiro. Jornada de trabalho. Lei nº 4.950/1966, **189**
- Enquadramento funcional. Prescrição extintiva, **210**
- Entidade Pública. Exploração de atividade eminentemente econômica. Execução. Art. 883 da CLT, **198**
- Equiparação salarial. Atendente e auxiliar de enfermagem. Impossibilidade, **245**
- Equiparação salarial. Cargo com a mesma denominação. Funções diferentes ou similares. Não autorizada a equiparação, **253**
- Equiparação salarial. Mesma localidade. Conceito. Art. 461 da CLT, **234**
- Equiparação salarial. Quadro de carreira. Homologação. Governo Estadual. Válido, **221**
- Equiparação salarial. Servidor público da administração direta, autárquica e fundacional. Art. 37, XIII, da CF/1988, **245**
- Equiparação salarial. Sociedade de economia mista. Art. 37, XIII, da CF/1988. Possibilidade, **260**
- Equiparação salarial. Trabalho intelectual. Possibilidade, **246**
- Estabilidade contratual e FGTS. Compatibilidade, **246**
- Estabilidade provisória. Acidente de trabalho. É constitucional o art. 118, da Lei nº 8.213/1991, **202**
- Estabilidade provisória. Cooperativa. Lei nº 5.764/1971. Conselho fiscal. Suplente. Não assegurada, **235**
- Estabilidade provisória. Delegado sindical. Inaplicável, **265**
- Estabilidade provisória. Membro de Conselho Fiscal de Sindicato. Inexistência, **263**
- Estabilidade provisória. Pedido de reintegração. Concessão do salário relativo ao período de estabilidade já exaurido. Inexistência de julgamento "*extra petita*", **202**
- Estabilidade provisória. Período estabilitário exaurido. Reintegração não assegurada. Devidos apenas os salários desde a data da despedida até o final do período estabilitário, **204**
- Estabilidade. Aquisição no período do aviso prévio. Não reconhecida, **189**
- Estabilidade. Art. 19 do ADCT. Servidor público de fundação regido pela CLT, **263**
- Estabilidade. Art. 41 da CF/1988. Celetista. Administração direta, autárquica ou fundacional. Aplicabilidade, **238**
- Estabilidade. Art. 41 da CF/1988. Celetista. Empresa Pública e Sociedade de Economia Mista. Inaplicável, **229**

- Estabilidade. Cipeiro. Suplente. Extinção do estabelecimento. Indenização indevida, **254**
- Estabilidade. Dirigente sindical. Categoria diferenciada, **210**
- Estabilidade. Dirigente sindical. Limitação. Art. 522 da CLT, **238**
- Estabilidade. Instrumento normativo. Vigência. Eficácia, **189**
- Estabilidade. Lei nº 8.213/1991. Art. 118 c/c art. 59, **229**
- Estagiário. Desvirtuamento do contrato de estágio. Reconhecimento do vínculo empregatício com a Administração Pública Direta ou Indireta. Período posterior à Constituição Federal de 1988. Impossibilidade, **264**
- Execução trabalhista. Correção monetária. Juros. Lei nº 8.177/1991, art. 39, e Lei nº 10.192/2001, art. 15, **246**
- Fac-símile. Lei nº 9.800/1999, art. 2º. Prazo. Apresentação dos originais, **256**
- Fac-símile. Lei nº 9.800/1999. Aplicável só a recursos interpostos na sua vigência, **221**
- Feriado local. Prazo recursal. Prorrogação. Comprovação. Necessidade, **214**
- Férias indenizadas. FGTS. Não incidência, **222**
- Férias. Abono instituído por instrumento normativo e terço constitucional. Simultaneidade inviável, **230**
- Férias. Salário substituição. Devido. Aplicação da Súmula nº 159, **200**
- FGTS. Diferenças. ônus da prova. Lei nº 8.036/1990, art. 17, **246**
- FGTS. Incidência. Empregado transferido para o exterior. Remuneração, **230**
- FGTS. Índice de correção. Débitos trabalhistas, **247**
- FGTS. Multa de 40%, **190**
- FGTS. Multa de 40%. Aviso prévio indenizado. Atualização monetária. Diferença indevida, **235**
- FGTS. Multa de 40%. Diferenças decorrentes dos expurgos inflacionários. Responsabilidade pelo pagamento, **257**
- FGTS. Multa de 40%. Diferenças decorrentes dos expurgos inflacionários. Prescrição. Termo Inicial, **258**
- FGTS. Multa de 40%. Diferenças dos expurgos inflacionários. Prescrição. Interrupção decorrente de protestos judiciais, **265**
- FGTS. Multa de 40%. Saques. Atualização monetária. Incidência, **202**
- FGTS. Opção retroativa. Concordância do empregador. Necessidade, **210**
- Gestante. Contrato de experiência. Estabilidade provisória. Não assegurada, **222**
- Gestante. Estabilidade provisória, **199**
- Gestante. Salário maternidade, **190**
- Gratificação de função percebida por 10 ou mais anos. Afastamento do cargo de confiança sem justo motivo. Estabilidade financeira. Manutenção do pagamento, **190**
- Gratificação semestral. Congelamento. Prescrição parcial, **191**
- Gratificação semestral. Repercussão no 13º salário. Súmula nº 78 do TST. Aplicável, **222**
- Gratificação. Redução. Impossibilidade, **247**

- Honorários advocatícios. Assistência judiciária. Declaração de pobreza. Comprovação, **247**
- Honorários advocatícios. Base de cálculo. Valor líquido. Lei nº 1.060, de 05.02.1950, **259**
- Honorários advocatícios. Requisitos. Justiça do Trabalho, **247**
- Honorários periciais. Atualização monetária, **222**
- Hora extra. Adicional de insalubridade. Base de cálculo, **191**
- Hora noturna reduzida. Subsistência após a CF/1988, **206**
- Horas *"in itinere"*. Horas extras. Adicional devido, **231**
- Horas *"in itinere"*. Incompatibilidade de horários. Devidas. Aplicável a Súmula 90, **191**
- Horas *"in itinere"*. Tempo gasto entre a portaria da empresa e o local do serviço. Devidas. Açominas, **200**
- Horas extras pactuadas após a admissão do bancário não configura pré-contratação. Súmula 199. Inaplicável, **191**
- Horas extras. Adicional de periculosidade. Base de cálculo, **238**
- Horas extras. Adicional noturno. Base de cálculo, **200**
- Horas extras. Comprovação de parte do período alegado, **230**
- Horas extras. Folha individual de presença, **230**
- Horas extras. Limitação. Art. 59 da CLT, **204**
- Horas extras. Ônus da prova. Registro invariável, **247**
- Horas extras. Reflexos, **199**
- Horas extras. Salário por produção, **230**
- Horas extras. Uso do BIP. Não caracterizado o *"sobreaviso"*, **191**
- Indenização adicional. Leis nos 6.708/1979 e 7.238/1984. Aviso prévio. Projeção. Estabilidade provisória, **238**
- Instrumento normativo. Cópia não autenticada. Documento comum às partes. Validade, **188**
- Intervalo interjornadas. Inobservância. Horas extras. Período pago como sobrejornada. Art. 66 da CLT. Aplicação analógica do § 4º do art. 71 da CLT, **261**
- Intervalo intrajornada para repouso e alimentação. Não concessão ou redução. Previsão em norma coletiva. Validade, **257**
- Intervalo intrajornada, **248**
- Intervalo intrajornada. Art. 71, § 4º, da CLT. Não concessão ou redução. Natureza jurídica salarial, **260**
- Irregularidade de representação. Substabelecimento anterior à procuração, **254**
- Irregularidade de representação. Substabelecimento não datado. Inaplicabilidade do art. 654, § 1º, do Código Civil, **265**
- Jogo do bicho. Contrato de trabalho. Nulidade. Objeto ilícito. Arts. 82 e 145 do Código Civil, **222**
- Jornada de trabalho. Alteração. Retorno à jornada inicialmente contratada. Servidor público, **248**

- Justiça gratuita. Declaração de insuficiência econômica. Mandato. Poderes específicos desnecessários, **254**
- Justiça gratuita. Requerimento de isenção de despesas processuais. Momento oportuno, **239**
- Legislação eleitoral. Aplicável a pessoal celetista de empresas públicas e sociedades de economia mista, **191**
- Lei Estadual, norma coletiva ou norma regulamentar. Conhecimento indevido do recurso de revista por divergência jurisprudencial, **210**
- Lei Estadual, norma coletiva ou regulamento de empresa. Interpretação. Art. 896, "*b*", da CLT, **248**
- Lei nº 8.880/1994, art. 31. Constitucionalidade, **211**
- Litisconsortes. Procuradores distintos. Prazo em dobro. Art. 191 do CPC. Inaplicável ao processo do trabalho, **249**
- Mandato expresso. Ausência de poderes para substabelecer. Válidos os atos praticados pelo substabelecido. , **202**
- Mandato tácito. Substabelecimento inválido, **222**
- Mandato. Art. 13 do CPC. Regularização. Fase recursal. Inaplicável, **211**
- Mandato. Art. 37 do CPC. Inaplicável na fase recursal, **249**
- Mandato. Cláusula com ressalva de vigência. Prorrogação até o final da demanda, **249**
- Mandato. Cláusula fixando prazo para juntada, **249**
- Mandato. Contrato social. Desnecessária a juntada, **235**
- Mandato. Juntada de nova procuração. Ausência de ressalva. Efeitos, **259**
- Mandato. Procurador da União, Estados, Municípios e Distrito Federal, suas Autarquias e Fundações Públicas. Dispensável a juntada de procuração, **191**
- Massa falida. Dobra salarial. Art. 467 da CLT. Inaplicável, **250**
- Médico. Jornada de trabalho. Lei nº 3.999/1961, **192**
- Minascaixa. Legitimidade passiva "*ad causam*" enquanto não concluído o procedimento de liquidação extrajudicial, **202**
- Ministério público do trabalho. Ilegitimidade para recorrer, **231**
- Ministério público do trabalho. Legitimidade para recorrer. Sociedade de economia mista e empresa pública. Contrato nulo, **256**
- Ministério público do trabalho. Nulidade do contrato de trabalho não suscitada pelo ente público no momento da defesa. Arguição em parecer. Impossibilidade, **259**
- Minutos que antecedem e sucedem a jornada de trabalho. Lei nº 10.243, de 27.06.2001. Norma coletiva. Flexibilização. Impossibilidade, **266**
- Motorista. Empresa. Atividade predominantemente rural. Enquadramento como trabalhador rural, **250**
- Motorista. Horas extras. Atividade externa. Controle de jornada por tacógrafo. Resolução nº 816/86 do CONTRAN, **254**
- Mudança de regime celetista para estatutário. Extinção do contrato. Prescrição bienal, **206**
- Multa convencional. Horas extras, **231**

- Multa prevista em vários instrumentos normativos. Cumulação de ações, **211**
- Multa. Art. 477 da CLT. Contagem do prazo. Aplicável o art. 132 do Código Civil de 2002, **214**
- Multa. Art. 477 da CLT. Massa falida. Inaplicável, **223**
- Multa. Art. 477 da CLT. Pessoa jurídica de direito público. Aplicável, **231**
- Multa. Art. 477, § 8º, da CLT. Verbas rescisórias reconhecidas em juízo, **260**
- Multa. Cláusula penal. Valor superior ao principal, **192**
- Norma coletiva. Categoria diferenciada. Abrangência, **192**
- Norma regulamentar. Opção pelo novo regulamento. Art. 468 da CLT e Súmula nº 51. Inaplicáveis, **214**
- Nossa Caixa-Nosso Banco, **193**
- Oficial de justiça *"ad hoc"*. Inexistência de vínculo empregatício, **214**
- PCCS. Devido o reajuste do adiantamento. Lei nº 7.686/1988, art. 1º, **193**
- Penhora. Sucessão. Art. 100 da CF/1988. Execução, **257**
- Perícia. Engenheiro ou médico. Adicional de insalubridade e periculosidade. Válido. Art. 195, da CLT, **215**
- Petrobras. Pensão por morte do empregado assegurada no Manual de Pessoal. Estabilidade decenal. Opção pelo regime do FGTS, **215**
- Petroleiros. Horas extras. Lei nº 5.811/1972. Recepcionada pela CF/1988, **232**
- Petroleiros. Turno ininterrupto de revezamento. Alteração da jornada para horário fixo. Art. 10 da Lei nº 5.811/1972 recepcionado pela CF/1988, **255**
- Petromisa. Sucessão. Petrobras. Legitimidade, **223**
- Plano Bresser. IPC jun/1987. Inexistência de direito adquirido, **193**
- Plano Collor. Servidores de Fundações e Autarquias do GDF. Celetistas. Legislação Federal, **232**
- Plano Collor. Servidores do GDF. Celetistas. Lei Distrital nº 38/1989, **226**
- Plano econômico (Collor). Execução. Correção monetária. Índice de 84,32%. Lei nº 7.738/1989. Aplicável, **223**
- Plano Verão. URP de fevereiro de 1989. Inexistência de direito adquirido, **193**
- Policial militar. Reconhecimento de vínculo empregatício com empresa privada, **215**
- Portuários. Adicional de risco. Lei nº 4.860/1965, **250**
- Portuários. Hora noturna. Horas extras, **193**
- Portuários. Horas extras. Base de cálculo: ordenado sem o acréscimo dos adicionais de risco e de produtividade. Lei nº 4.860/1965, art. 7º, § 5º, **194**
- Preposto. Exigência da condição de empregado, **201**
- Prequestionamento inexigível. Violação nascida na própria decisão recorrida. Súmula nº 297. Inaplicável, **204**
- Prequestionamento. Configuração. Tese explícita. Súmula nº 297, **235**
- Prequestionamento. Decisão regional que adota a sentença. Ausência de prequestionamento, **211**
- Prequestionamento. Pressuposto de recorribilidade em apelo de natureza extraordinária, **194**

- Prequestionamento. Tese explícita. Inteligência da Súmula nº 297, **204**
- Prescrição total. Horas extras. Adicional. Incorporação, **232**
- Prescrição total. Horas extras. Pré-contratadas e suprimidas. Termo inicial. Data da supressão, **194**
- Prescrição total. Planos econômicos, **232**
- Prescrição. Complementação da pensão e auxílio funeral, **206**
- Prescrição. Contagem do prazo. Art. 7º, XXIX, da CF, **223**
- Prescrição. Ministério Público. Arguição. *"Custos legis"*. Ilegitimidade, **207**
- PROBAM. Súmula nº 239. Inaplicável. Não são bancários seus empregados, **194**
- Procedimento sumaríssimo. Recurso de revista fundamentado em contrariedade a orientação jurisprudencial. Inadmissibilidade. Art. 896, § 6º, da CLT, acrescentado pela Lei nº 9.957, de 12.01.2000, **260**
- Professor adjunto. Ingresso no cargo de professor titular. Exigência de concurso público não afastada pela Constituição Federal de 1988, **194**
- Professor. Horas extras. Adicional de 50%, **224**
- Professor. Redução da carga horária. Possibilidade, **232**
- Professor. Repouso semanal remunerado. Lei nº 605/1949, art. 7º, § 2º e art. 320, da CLT, **195**
- Programa de incentivo à demissão voluntária (PDV). Créditos trabalhistas reconhecidos em juízo. Compensação. Impossibilidade, **261**
- Programa de Incentivo à Demissão Voluntária. Indenização. Imposto de renda. Não incidência, **224**
- Programa de Incentivo à Demissão Voluntária. Transação extrajudicial. Parcelas oriundas do extinto contrato de trabalho. Efeitos, **239**
- Radiologista. Gratificação de raios X. Redução. Lei nº 7.923/1989, **224**
- Radiologista. Salário profissional, **195**
- Reajustes salariais previstos em norma coletiva. Prevalência dos Decretos-Leis nᵒˢ 2.283/1986 e 2.284/1986. *"Plano Cruzado"*, **195**
- Reajustes salariais. Bimestrais e quadrimestrais, **195**
- Recesso forense. Suspensão dos prazos recursais (arts. 181, I, e 148 do RI/TST), **224**
- Recurso de revista ou de embargos fundamentado em Orientação Jurisprudencial do TST, **227**
- Recurso de revista ou de embargos. Nulidade por negativa de prestação jurisdicional, **204**
- Recurso de revista. Divergência jurisprudencial. Aresto oriundo do mesmo Tribunal Regional. Lei nº 9.756/1998. Inservível ao conhecimento, **203**
- Recurso ordinário. Cabimento, **195**
- Recurso. Assinatura da petição ou das razões recursais. Validade, **204**
- Recurso. Fundamentação. Violação legal. Vocábulo violação. Desnecessidade, **236**
- Recurso. Interposição antes da publicação do acórdão impugnado. Extemporaneidade. Não conhecimento, **261**

- Reintegração convertida em indenização dobrada. Efeitos. Aplicação da Súmula nº 28, **201**
- Remessa *"ex officio"*. Ação rescisória. Decisões contrárias a Entes Públicos (art. 1º, inc. V, do Decreto-Lei nº 779/1969 e inc. II, do art. 475, do CPC). Cabível, **195**
- Remessa *"ex officio"*. Mandado de segurança concedido. Impetrante e terceiro interessado pessoas de direito privado. Incabível, ressalvadas as hipóteses de matéria administrativa, de competência do Órgão Especial, **196**
- Remessa *"ex officio"*. Mandado de segurança. Incabível. Decisões proferidas pelo TRT e favoráveis ao Impetrante Ente Público. Inaplicabilidade do art. 12 da Lei nº 1.533/1951, **196**
- Remessa *"ex officio"*. Recurso de revista. Inexistência de recurso ordinário voluntário de ente público. Incabível, **255**
- Repositório de jurisprudência autorizado após a interposição do recurso. Validade, **250**
- Representação irregular. Autarquia, **250**
- Representação irregular. Procuração apenas nos autos de agravo de instrumento, **203**
- Representação regular. Estagiário. Habilitação posterior, **251**
- Revelia. Atraso. Audiência, **232**
- Revelia. Ausência da reclamada. Comparecimento de advogado, **196**
- Revelia. Pessoa jurídica de direito público. Aplicável, **212**
- Rurícola. Prescrição. Contrato de emprego extinto. Emenda constitucional nº 28/2000. Inaplicabilidade, **239**
- Salário. Reajuste. Entes públicos, **201**
- Salário-mínimo e piso salarial proporcional à jornada reduzida. Possibilidade, **261**
- Salário-mínimo. Servidor. Salário-base inferior. Diferenças. Indevidas, **239**
- Salário-utilidade. Veículo, **233**
- Seguro-desemprego. Competência da Justiça do Trabalho, **225**
- Seguro-desemprego. Guias. Não liberação. Indenização substitutiva, **225**
- Serpro. Norma regulamentar. Reajustes salariais. Superveniência de sentença normativa. Prevalência, **225**
- Servidor público. Celetista concursado. Despedida imotivada. Empresa pública ou sociedade de economia mista. Possibilidade, **233**
- Sistema de protocolo integrado. Norma interna. Eficácia limitada a recursos da competência do TRT que a editou. Art. 896, § 2º, da CLT, **251**
- Substabelecimento sem o reconhecimento de firma do substabelecente. Inválido, **196**
- Substituição dos avanços trienais por quinquênios. Alteração do contrato de trabalho. Prescrição total. CEEE, **196**
- Substituição processual. Diferença do adicional de insalubridade. Legitimidade, **205**
- Substituição processual. Sindicato. Legitimidade. Prescrição. Interrupção, **262**
- SUDS. Gratificação. Convênio da União com Estado. Natureza salarial enquanto paga, **215**
- Súmula nº 239. Empresa de processamento de dados. Inaplicável, **206**

- *"Telemarketing"*. Operadores. Art. 227 da CLT. Inaplicável, **239**
- Telex. Operadores. Art. 227 da CLT. Inaplicável, **225**
- Testemunha que move ação contra a mesma reclamada. Não há suspeição, **197**
- Teto remuneratório. Empresa Pública e Sociedade de Economia Mista. Art. 37, XI, da CF/1988, **256**
- Turno ininterrupto de revezamento. Dois turnos. Horário diurno e noturno. Caracterização, **262**
- Turno ininterrupto de revezamento. Ferroviário. Horas extras. Devidas, **240**
- Turno ininterrupto de revezamento. Fixação de jornada de trabalho mediante negociação coletiva. Validade, **216**
- Turno ininterrupto de revezamento. Horista. Horas extras e adicional. Devidos, **240**
- Turnos ininterruptos de revezamento. Jornada de seis horas, **197**
- URP de abril e maio de 1988. Decreto-Lei nº 2.425/1988, **197**
- URPs de junho e julho de 1988. Suspensão do pagamento. Data-base em maio. Decreto-Lei nº 2.425/1988. Inexistência de violação a direito adquirido, **225**
- Vacância do cargo. Salário do sucessor. Súmula nº 159. Inaplicável, **203**
- Vale-transporte. Ônus da prova, **226**
- Vale-transporte. Servidor público celetista. Lei nº 7.418/1985. Devido, **226**
- Vantagem *"in natura"*. Hipóteses em que não integra o salário, **207**
- Vínculo empregatício com a administração pública. Período anterior à CF/1988, **251**

# Parte III – OJs do SDI-2, 267

- Ação anulatória. Competência originária, **303**
- Ação cautelar. Efeito suspensivo ao recurso ordinário em mandado de segurança. Incabível. Ausência de interesse. Extinção, **299**
- Ação civil pública. Competência territorial. Extensão do dano causado ou a ser reparado. Aplicação analógica do art. 93. do Código de Defesa do Consumidor, **303**
- Ação rescisória de ação rescisória. Violação de lei. Indicação dos mesmos dispositivos legais apontados na rescisória primitiva, **293**
- Ação rescisória e mandado de segurança. Irregularidade de representação processual verificada na fase recursal. Procuração outorgada com poderes específicos para ajuizamento de reclamação trabalhista. Vício processual insanável, **309**
- Ação rescisória e mandado de segurança. Recurso de revista de acórdão regional que julga ação rescisória ou mandado de segurança. Princípio da fungibilidade. Inaplicabilidade. Erro grosseiro na interposição do recurso, **310**
- Ação rescisória. Ação cautelar incidental. Planos Econômicos, **267**
- Ação rescisória. Ação cautelar para suspender exceção da decisão rescindenda. Pendência de trânsito em julgado da ação rescisória principal. Efeitos, **304**
- Ação rescisória. Ação cautelar para suspender execução. Juntada de documento indispensável. Possibilidade de êxito na rescisão do julgado, **288**
- Ação rescisória. Acordo homologado. Alcance. Ofensa à coisa julgada, **304**

- Ação rescisória. Adicional de Insalubridade. Base de Cálculo. Salário Mínimo. Cabível, **267**
- Ação rescisória. Antecipação de tutela de mérito requerida em fase recursal. Recebimento como medida acautelatória. Medida Provisória nº 1.906 e reedições, **268**
- Ação rescisória. Aplicação da Súmula nº 83 do TST. Matéria controvertida. Limite temporal. Data de inserção em Orientação Jurisprudencial do TST, **288**
- Ação rescisória. Art. 485, II, do CPC. Arguição de incompetência absoluta. Prequestionamento inexigível, **302**
- Ação rescisória. Art. 485, III, do CPC. Silêncio da parte vencedora acerca de eventual fato que lhe seja desfavorável. Descaracterizado o dolo processual, **302**
- Ação rescisória. Art. 485, IV, do CPC. Ação de cumprimento. Ofensa à coisa julgada emanada de sentença normativa modificada em grau de recurso. Inviabilidade, **300**
- Ação rescisória. Art. 485, IV, do CPC. Ofensa a coisa julgada. Necessidade de fixação de tese na decisão rescindenda, **295**
- Ação rescisória. Ausência de defesa. Inaplicáveis os efeitos da revelia, **303**
- Ação rescisória. Banco do Brasil. Adicional de Caráter Pessoal. ACP, **268**
- Ação rescisória. Banco do Brasil. AP e ADI. Horas Extras. Súmula nº 83 do TST. Aplicável, **268**
- Ação rescisória. Certidão de trânsito em julgado. Descompasso com a realidade. Presunção relativa de veracidade, **296**
- Ação rescisória. Cipeiro suplente. Estabilidade. ADCT da CF/1988, art. 10, II, "a". Súmula nº 83 do TST, **269**
- Ação rescisória. Colusão. Fraude à lei. Reclamatória simulada extinta, **293**
- Ação rescisória. Competência. Criação de Tribunal Regional do Trabalho. Na omissão da lei, é fixada pelo art. 678, inc. I, "c", item 2, da CLT, **269**
- Ação rescisória. Complementação de aposentadoria. Banespa. Súmula nº 83 do TST, **269**
- Ação rescisória. CONAB. Aviso DIREH 02/1984. Súmula nº 83 do TST. Aplicável, **269**
- Ação rescisória. Concurso público anulado posteriormente. Aplicação da Súmula nº 363 do TST, **303**
- Ação rescisória. Contradição entre fundamentação e parte dispositiva do julgado. Cabimento. Erro de fato, **296**
- Ação rescisória. Contrato Nulo. Administração Pública. Efeitos. Art. 37, II e § 2º, da CF/1988, **270**
- Ação rescisória. Correção Monetária. Lei nº 7.596/1987. Universidades Federais. Implantação tardia do Plano de Classificação de Cargos. Violação de lei. Súmula nº 83 do TST. Aplicável, **270**
- Ação rescisória. Cumulação sucessiva de pedidos. Rescisão da sentença e do acórdão. Ação única. Art. 289 do CPC, **288**

- Ação rescisória. Decadência afastada. Imediato julgamento do mérito. Inexistência de ofensa ao duplo grau de jurisdição, **289**
- Ação rescisória. Decadência. *"Dies a quo"*. Recurso deserto. Súmula nº 100/TST, **289**
- Ação rescisória. Decadência. *"Dies a quo"*. Recurso Intempestivo, **271**
- Ação rescisória. Decadência. *"Dies ad quem"*. Art. 775 da CLT. Aplicável, **271**
- Ação rescisória. Decadência. Consumação antes ou depois da edição da Medida Provisória nº 1.577/1997. Ampliação do prazo, **270**
- Ação rescisória. Decadência. De acordo. Momento do trânsito em julgado, **296**
- Ação rescisória. Decadência. Duas decisões rescindendas, **271**
- Ação rescisória. Decadência. Exceção de incompetência, **271**
- Ação rescisória. Decadência. Ministério Público. *"Dies a quo"* do prazo. Contagem. Colusão das partes, **301**
- Ação rescisória. Decadência. Não consumação antes da edição da Medida Provisória nº 1.577/1997. Ampliação do prazo, **272**
- Ação rescisória. Decadência. Não esgotamento das vias recursais. Prazo legal do recurso extraordinário, **308**
- Ação rescisória. Decadência. União. Lei Complementar nº 73/1993, art. 67. Lei nº 8.682/1993, art. 6º, **272**
- Ação rescisória. Decisão em agravo regimental. Aplicação da Súmula nº 333. Juízo de mérito, **304**
- Ação rescisória. Decisão rescindenda de mérito. Sentença declaratória de extinção de execução. Satisfação da obrigação, **297**
- Ação rescisória. Decisão rescindenda que extingue o processo sem resolução de mérito por acolhimento da exceção de coisa julgada. Conteúdo meramente processual. Impossibilidade jurídica do pedido, **309**
- Ação rescisória. Decisão rescindenda. Agravo de instrumento. Não substituição. Impossibilidade jurídica, **296**
- Ação rescisória. Decisão rescindenda. Ausência de trânsito em julgado. Descabimento de ação rescisória preventiva, **297**
- Ação rescisória. Decisão rescindenda. Preclusão declarada. Formação da coisa julgada formal. Impossibilidade jurídica do pedido, **305**
- Ação rescisória. Depósito recursal. Pedido rescisório procedente. Condenação em pecúnia. Instrução normativa nº 3/93, III, **300**
- Ação rescisória. Descontos legais. Fase de execução. Sentença exequenda omissa. Inexistência de ofensa à coisa julgada, **289**
- Ação rescisória. Desligamento Incentivado. Imposto de Renda. Abono Pecuniário. Violação de Lei. Súmula nº 83 do TST. Aplicável, **272**
- Ação rescisória. Documento novo. Dissídio coletivo. Sentença normativa, **272**
- Ação rescisória. Duplo grau de jurisdição. Trânsito em julgado. Inobservância. Decreto-Lei nº 779/1969, art. 1º, V. Incabível, **273**
- Ação rescisória. Erro de fato. caracterização, **305**

- Ação rescisória. Estabilidade provisória. Reintegração em período posterior. Direito limitado aos salários e consectários do período da estabilidade, **274**
- Ação rescisória. Estabilidade. Art. 41, CF/1988. Celetista. Administração Direta, autárquica ou fundacional. Aplicabilidade, **273**
- Ação rescisória. Estabilidade. Período pré-eleitoral. Violação de Lei. Súmula nº 83 do TST. Aplicável, **273**
- Ação rescisória. Expressão *"lei"* do art. 485, V, do CPC. Indicação de contrariedade à Súmula ou Orientação Jurisprudencial do TST. Descabimento, **300**
- Ação rescisória. Expressão *"lei"* do art. 485, V, do CPC. Não inclusão do ACT, CCT, Portaria, Regulamento, Súmula e Orientação Jurisprudencial de Tribunal, **274**
- Ação rescisória. Fundamento para invalidar confissão. Confissão ficta. Inadequação do enquadramento no art. 485, VIII, do CPC, **297**
- Ação rescisória. Gratificação de Nível Superior. SUFRAMA, **274**
- Ação rescisória. Honorários advocatícios, **275**
- Ação rescisória. Início do prazo para apresentação da contestação. Art. 774 da CLT, **308**
- Ação rescisória. Interpretação do sentido e alcance do título executivo. Inexistência de ofensa à coisa julgada, **302**
- Ação rescisória. Juízo rescisório. Restituição da parcela já recebida. Deve a parte propor ação própria, **275**
- Ação rescisória. Litisconsórcio. Necessário no polo passivo e facultativo no ativo, **290**
- Ação rescisória. Manifesto e inescusável equívoco no direcionamento. Inépcia da inicial. Extinção do processo. , **286**
- Ação rescisória. Matéria constitucional. Súmula nº 83 do TST e Súmula nº 343 do STF. Inaplicáveis, **275**
- Ação rescisória. Ministério Público. Legitimidade *"ad causam"* prevista no art. 487, III, *"a"* e *"b"*, do CPC. As hipóteses são meramente exemplificativas, **290**
- Ação rescisória. Multa. Art. 920 do Código Civil de 1916, **275**
- Ação rescisória. Multa. Violação do art. 920 do Código Civil. Decisão rescindenda em execução, **276**
- Ação rescisória. Pedido de antecipação de tutela. Descabimento, **301**
- Ação rescisória. Petição inicial. Ausência da decisão rescindenda e/ou da certidão de seu trânsito em julgado devidamento autenticadas. Peças essenciais para a constituição válida e regular do feito. Arguição de ofício. Extinção do processo sem julgamento do mérito, **290**
- Ação rescisória. Petição inicial. Causa de pedir. Ausência de capitulação ou capitulação errônea no art. 485 do CPC. Princípio *"iura novit curia"*, **276**
- Ação rescisória. Petição inicial. Violação literal de lei. Princípio *"iura novit curia"*, **276**
- Ação rescisória. Planos Econômicos, **277**
- Ação rescisória. Planos Econômicos. Coisa Julgada. Limitação à data-base na fase de execução, **277**

- Ação rescisória. Prazo prescricional. Total ou parcial. Violação do art. 7º, XXIX, da CF/1988. Matéria infraconstitucional, **301**
- Ação rescisória. Prequestionamento quanto à matéria e ao conteúdo da norma, não necessariamente do dispositivo legal tido por violado, **286**
- Ação rescisória. Prequestionamento. Violação ocorrida na própria decisão rescindenda, **277**
- Ação rescisória. Prescrição quinquenal. Matéria constitucional. Súmula nº 83 do TST e Súmula nº 343 do STF. Inaplicáveis, **278**
- Ação rescisória. Professor-Adjunto. Ingresso no cargo de professor titular. Exigência de concurso público, **278**
- Ação rescisória. Reajustes bimestrais e quadrimestrais. Lei nº 8222/1991. Súmula nº 83 do TST. Aplicável, **278**
- Ação rescisória. Reajustes salariais previstos em norma coletiva. Prevalência da legislação de política salarial quando a norma coletiva é anterior à lei, **278**
- Ação rescisória. Reexame de fatos e provas. Inviabilidade, **298**
- Ação rescisória. Réu sindicato. Substituto processual na ação originária. Legitimidade passiva *"ad causam"*. Inexistência de litisconsórcio passivo necessário, **298**
- Ação rescisória. Salário profissional. Fixação. Múltiplo de salário mínimo. Art. 7º, inciso IV, da Constituição Federal de 1988, **286**
- Ação rescisória. Sentença *"citra petita"*. Cabimento, **279**
- Ação rescisória. Sentença de mérito. Competência do TST. Acórdão rescindendo do TST. Não conhecimento de recurso. Súmula nº 192. Não aplicação, **279**
- Ação rescisória. Sentença de mérito. Decisão de Tribunal Regional do Trabalho em agravo regimental confirmando decisão monocrática do relator que, aplicando a Súmula nº 83 do TST, indeferiu a petição inicial da ação rescisória. Cabimento, **279**
- Ação rescisória. Sentença de mérito. Decisão homologatória de adjudicação. Incabível, **280**
- Ação rescisória. Sentença de mérito. Decisão homologatória de arrematação. Incabível, **280**
- Ação rescisória. Sentença de mérito. Questão processual, **280**
- Ação rescisória. Sentença de mérito. Violação do art. 896, *"a"*, da CLT, **280**
- Ação rescisória. Sentença e acórdão. Substituição, **281**
- Ação rescisória. Sentença homologatória de acordo. Dolo da parte vencedora em detrimento da vencida. Art. 485, III, do CPC. Inviável, **298**
- Ação rescisória. Sentença homologatória de cálculo. Existência de contraditório. Decisão de mérito. Cabimento, **291**
- Ação rescisória. Valor da causa, **308**
- Ação rescisória. Vício de intimação da decisão rescindenda. Ausência da formação da coisa julgada material. Carência de ação, **294**
- Ação rescisória. Violação de lei. Decisão rescindenda por duplo fundamento. Impugnação parcial, **298**

- Ação rescisória. Violação do art. 37, *"caput"*, da CF/1988. Necessidade de pre-questionamento, **305**
- Ação rescisória. Violação do art. 5º, I, LIV e LV, da Constituição Federal. Princípios da legalidade, do devido processo legal, do contraditório e da ampla defesa, **294**
- Antecipação de tutela. Competência, **285**
- Art. 557 do CPC. Constitucionalidade, **287**
- Competência funcional. Conflito negativo. TRT e Vara do Trabalho de idêntica Região. Não configuração, **299**
- Competência. Execução por carta. Embargos de terceiro. Juízo deprecante, **299**
- Conflito de competência. Incompetência territorial. Hipótese do art. 651, § 3º, da CLT. Impossibilidade de declaração de ofício de incompetência relativa, **309**
- Custas. Mandado de Segurança. Recurso Ordinário. Exigência do pagamento, **308**
- Embargos declaratórios contra decisão monocrática do relator, calcada no art. 557 do CPC. Cabimento, **287**
- Fungibilidade recursal. Indeferimento liminar de ação rescisória ou mandado de segurança. Recurso para o TST. Recebimento como agravo regimental e devolução dos autos ao TRT, **285**
- *"Habeas corpus"*. Depositário. Termo de depósito não assinado pelo paciente. Necessidade de aceitação do encargo. Impossibilidade de prisão civil, **292**
- *"Habeas corpus"*. Penhora sobre coisa futura e incerta. Prisão. Depositário infiel, **307**
- Mandado de segurança contra liminar, concedida ou denegada em outra segurança. Incabível, **306**
- Mandado de segurança para cassar liminar concedida em ação civil pública. Cabível, **283**
- Mandado de segurança para conceder liminar denegada em ação cautelar, **307**
- Mandado de segurança. Ação de cumprimento fundada em decisão normativa que sofreu posterior reforma, quando já transitada em julgado a sentença condenatória proferida na ação de cumprimento, **281**
- Mandado de segurança. Antecipação de tutela concedida em sentença. Reintegração. Não cabimento, **281**
- Mandado de segurança. Antecipação de tutela. Cabimento, **281**
- Mandado de segurança. Antecipação de tutela. Sentença superveniente. Perda de objeto, **291**
- Mandado de segurança. Art. 284, CPC. Aplicabilidade, **282**
- Mandado de segurança. Autenticação de cópias pelas secretarias dos Tribunais Regionais do Trabalho. Requerimento indeferido. Art. 789, § 9º, da CLT, **293**
- Mandado de segurança. Cabível para atacar exigência de depósito prévio de honorários periciais, **295**
- Mandado de segurança. Cooperativa em liquidação extrajudicial. Lei nº 5.764/1971, art. 76. Inaplicável. Não suspende a execução, **282**
- Mandado de segurança. Decadência. Contagem. Efetivo ato coator, **303**

- Mandado de segurança. Dirigente sindical. Art. 494 da CLT. Aplicável, **306**
- Mandado de segurança. Embargos de terceiro. Cumulação. Penhora. Incabível, **282**
- Mandado de segurança. Esgotamento de todas as vias processuais disponíveis. Trânsito em julgado formal. Descabimento, **295**
- Mandado de segurança. Execução. Lei nº 8.432/1992. Art. 897, § 1º, da CLT. Cabimento, **282**
- Mandado de segurança. Execução. Ordem de penhora sobre valores existentes em conta salário. Art. 649, IV, do CPC. Ilegalidade, **310**
- Mandado de segurança. Execução. Pendência de recurso extraordinário, **283**
- Mandado de segurança. Existência de recurso próprio, **293**
- Mandado de segurança. Incompetência da Justiça do Trabalho. Cobrança de honorários advocatícios. Contrato de natureza civil, **306**
- Mandado de segurança. INSS. Tempo de serviço. Averbação e/ou reconhecimento, **283**
- Mandado de segurança. Liminar em ação civil pública. Sentença de mérito superveniente. Perda de objeto, **306**
- Mandado de segurança. Penhora em dinheiro. Banco, **283**
- Mandado de segurança. Penhora em dinheiro. Execução definitiva. Depósito em banco oficial no Estado. Arts. 612 e 666 do CPC, **284**
- Mandado de segurança. Penhora em dinheiro. Execução provisória, **284**
- Mandado de segurança. Penhora. Carta de fiança bancária, **283**
- Mandado de segurança. Possibilidade da penhora sobre parte da renda de estabelecimento comercial, **293**
- Mandado de segurança. Proibição de prática de atos futuros. Sentença genérica. Evento futuro. Incabível, **307**
- Mandado de segurança. Recusa à homologação de acordo. Inexistência de direito líquido e certo, **301**
- Mandado de segurança. Reintegração em execução provisória. Impossibilidade, **291**
- Mandado de segurança. Reintegração liminarmente concedida, **284, 307**
- Mandado de segurança. Reintegração liminarmente concedida. Dirigente sindical, **285**
- Mandado de segurança. Reintegração. Ação cautelar, **284**
- Mandado de segurança. Sentença homologatória de adjudicação. Incabível, **285**
- Mandado de segurança. Transferência. Art. 659, IX, da CLT, **285**
- Mandado de segurança. Valor da causa. Custas processuais. Cabimento, **292**
- Recurso ordinário para o TST. Decisão de TRT proferida em agravo regimental contra liminar em ação cautelar ou em mandado de segurança. Incabível, **295**
- Recurso ordinário. Apelo que não ataca os fundamentos da decisão recorrida. Não conhecimento. Art. 514, II, do CPC, **292**
- Remessa de ofício. Ação rescisória. Prequestionamento. Decisão regional que simplesmente confirma a sentença, **287**

# Parte IV – OJs do SDC, 311

- Ação rescisória. Ministério Público. Legitimidade restrita. Hipóteses do art. 487, incisos I e III do CPC, **318**
- Acordo coletivo. Descumprimento. Existência de ação própria. Abusividade da greve deflagrada para substituí-la, **311**
- Acordo extrajudicial. Homologação. Justiça do Trabalho. Prescindibilidade, **318**
- Acordo homologado. Extensão a partes não subscreventes. Inviabilidade, **311**
- Arresto. Apreensão. Depósito. Pretensões insuscetíveis de dedução em sede coletiva, **312**
- Contribuições para entidades sindicais. Inconstitucionalidade de sua extensão a não associados, **315**
- Custas. Ausência de intimação. Deserção. Caracterização, **317**
- Descontos autorizados no salário pelo trabalhador. Limitação máxima de 70% do salário base, **315**
- Disputa por titularidade de representação. Incompetência da Justiça do Trabalho, **312**
- Dissídio coletivo contra empresa. Legitimação da entidade sindical. Autorização dos trabalhadores diretamente envolvidos no conflito, **315**
- Dissídio coletivo contra pessoa jurídica de direito público. Impossibilidade jurídica, **312**
- Dissídio coletivo. Natureza jurídica. Imprescindibilidade de realização de assembleia de trabalhadores e negociação prévia, **312**
- Dissídio coletivo. Natureza jurídica. Interpretação de norma de caráter genérico. Inviabilidade, **313**
- Dissídio coletivo. Pauta reivindicatória não registrada em ata. Causa de extinção, **313**
- Edital de convocação da AGT. Disposição estatutária específica. Prazo mínimo entre a publicação e a realização da assembleia. Observância obrigatória, **319**
- Edital de convocação da AGT. Publicação. Base territorial. Validade, **317**
- Edital de convocação e ata da assembleia geral. Requisitos essenciais para instauração de dissídio coletivo, **317**
- Empregados de empresa de processamento de dados. Reconhecimento como categoria diferenciada. Impossibilidade, **319**
- Empregados de entidades sindicais. Estabelecimento de condições coletivas de trabalho distintas daquelas às quais sujeitas as categorias representadas pelos empregadores. Impossibilidade jurídica. Art. 10 da Lei nº 4.725/1965, **319**
- Empregados sindicalizados. Admissão preferencial. Condição violadora do art. 8º, V, da CF/1988, **316**
- Enquadramento sindical. Incompetência material da Justiça do Trabalho, **313**
- Estabilidade da gestante. Renúncia ou transação de direitos constitucionais. Impossibilidade, **317**
- Estabilidade do acidentado. Acordo homologado. Prevalência. Impossibilidade. Violação do art. 118 da Lei nº 8.213/1991, **318**

- Greve abusiva não gera efeitos, **313**
- Greve. Imprescindibilidade de tentativa direta e pacífica da solução do conflito. Etapa negocial prévia, **313**
- Greve. Qualificação jurídica. Ilegitimidade ativa *"ad causam"* do sindicato profissional que deflagra o movimento, **314**
- Greve. Serviços essenciais. Garantia das necessidades inadiáveis da população usuária. Fator determinante da qualificação jurídica do movimento, **320**
- Ilegitimidade *"ad causam"* do sindicato. Ausência de indicação do total de associados da entidade sindical. Insuficiência de *quorum*, **316**
- Legitimação da entidade sindical. Assembleia deliberativa. *"Quorum"* de validade. Art. 612 da CLT, **314**
- Legitimidade *"ad causam"* do sindicato. Correspondência entre as atividades exercidas pelos setores profissional e econômico envolvidos no conflito. Necessidade, **316**
- Legitimidade *ad causam*. Sindicato representativo de segmento profissional ou patronal. Impossibilidade, **316**
- Negociação prévia insuficiente. Realização de mesa redonda perante a DRT. Art. 114, § 2º, da CF/1988. Violação, **316**
- Reivindicações da categoria. Fundamentação das cláusulas. Necessidade. Aplicação do Precedente Normativo nº 37 do TST, **318**
- Salário normativo. Contrato de experiência. Limitação. Tempo de serviço. Possibilidade, **316**
- Salário normativo. Menor empregado. Art. 7º, XXX, da CF/1988. Violação, **316**
- Sindicato. Base territorial excedente de um município. Obrigatoriedade da realização de múltiplas assembleias, **314**
- Sindicato. Legitimidade *"ad processum"*. Imprescindibilidade do registro no Ministério do Trabalho, **314**
- Taxa de homologação de rescisão contratual. Ilegalidade, **315**

# PROF. GLEIBE PRETTI

Advogado militante em São Paulo

Professor de Direito e Processo do Trabalho

Especialista em Teletrabalho

Presidente da Associação Paulista dos Advogados Trabalhistas

site: www.professorgleibe.com.br

**Contém Índice Organizado por Temas e Jurisprudência por Ordem Alfabética**

Edição de Luxo
Capa Dura
Formato 16x23cm
808 Páginas

# Outras obras do autor:

Direito e Processo do Trabalho - Livro I

Direito e Processo do trabalho - Livro 2

Direito Material e Processual do Trabalho

Direito Processual Civil

Direito Comercial e Empresarial

Direito do Trabalhador de A a Z